PRYNU LEIN DDILLAD...
Dyddiaduron 1980-92

Hafina Clwyd

Argraffiad cyntaf: 2009

Rhif rhyngwladol: 978-1-84527-237-1

Mae'r cyhoeddwr yn cydnabod cefnogaeth ariannol
Cyngor Llyfrau Cymru

Cynllun clawr: Sian Parri

Cyhoeddwyd gan Wasg Carreg Gwalch,
12 Iard yr Orsaf, Llanrwst, Conwy, LL26 0EH.
Ffôn: 01492 642031 Ffacs: 01492 641502
e-bost: llyfrau@carreg-gwalch.com
lle ar y we: www.carreg-gwalch.com

Cynnwys

Pwy ydy Pwy

Cliff – gŵr

Helen a Cliff – chwaer a'i phriod

Walter ac Edward – eu meibion

Alan a Buddug – brawd a'i briod

Ffion, Ioan, Gwenno a Sian Alwen – eu plant

Bryn a Myfanwy – brawd a'i briod

Alun a Helen Mair – eu plant

Lesley, Simon a Benjamin – llysferch, ei phriod a'u mab

Shôn, Eirlys ac Elin Dwyryd – ffrindie

Bill a Heulwen Evans – ffrindie

Eirian a Gareth Evans – cyfnither a'i gŵr

Rita a Stan Morton – cyfnither a'i gŵr

Gwyn ac Eifion Evans – Gwasg y Sir

Luned a David Meredith – perchnogion *Y Faner*

Meg Elis – Is-olygydd *Y Faner*

Dad – Alun Jones, Rhydonnen 1907-1980

Mam – Morfydd Jones, 1910-71

May, Ivor, Glynne, Dorothy, Marie –
         brodyr a chwiorydd Cliff, y gŵr

Angharad – ffrind coleg

1980
Blwyddyn y Newid Mawr

Ionawr 1

Un bore o fis Hydref y llynedd, mi ruthrais i ystafell yr athrawon yn ysgol Islington Green yn llawn cyffro gan ddweud fy mod wedi prynu lein ddillad. A bod yna dŷ yn sownd ynddi. Chwarddodd pawb am fy mhen. Ond roedd yn wir – oherwydd dyma ni yn y tŷ.

Ac mi ryden ni'n cychwyn cyfnod newydd sbon yn ein bywyd. Dridie yn ôl gadawsom Lundain a dyma ni yn ein cartref newydd, Tafwys, yn Erw Goch yn Rhuthun a'r tŷ yn bendramwnwgl. Wedi dewis yr enw oherwydd bod gennym atgofion melys am grwydro ar hyd glan afon Tafwys ac am hwylio ar y llonge pleser mewn rhyw barti neu'i gilydd ar nosweithie o haf. Byddem yn mynd ar fwrdd y llong gerllaw cofgolofn y Frenhines Buddug ar Bont Westminster. Maent yn dweud ei bod hi wedi'i chladdu dan blatfform 10 yng ngorsaf King's Cross.

Mae eira ar lawr yma a'r car wedi rhewi a Llewelyn y Gath bron â marw eisiau mynd allan ac yn eistedd ar sil y ffenest a'i lygaid fel lampau Harley-Davidson. Cysgodd fel twrban neithiwr ar waelod y gwely – wel, nid gwely iawn, dim ond matras ar lawr. Popeth mewn bocsys a dim ond rhyw lathen o le ar yr aelwyd i eistedd ac mae yna deulu a phobl yn galw bob munud i'n croesawu. Llawn hyder y bydd popeth yn iawn. Bythefnos yn ôl llosgwyd tŷ haf oedd yn eiddo i Saeson. Beth petai rhywun wedi clywed bod 'hen bethe Llunden' wedi symud i Erw Goch?

Dridie yn ôl roedd yna dri dyn o'r Rhyl yn llwytho lorri yn Shelley Court N4 a'u cefnau ar sigo. Cawsant fraw wrth weld yr holl lyfre a'r cwestiwn, yn ôl y disgwyl, oedd, 'Have you read them all?' Wydden nhw ddim bod yna gymaint o lyfre wedi cael eu sgwennu, meddent. Yn ystod y marathon o bacio carcharwyd Llewelyn y Gath mewn cawell ac yno y bu'r truan yn ysgyrnygu ac yn rhegi'n ddwyieithog wrth weld ei gartref yn cael ei ymddihatru. Diffodd y nwy a'r trydan ac un tro o gwmpas y fflat rhag ofn bod teclyn amhrisiadwy yn dal i guddio yng nghornel cwpwrdd. Clec ar y drws. Gwraig drws nesaf yn nadu dros y lle. Ninnau heb sylweddoli fod ganddi gymaint o feddwl ohonom. Ond mynd i hiraethu ar ôl y gath roedd hi fel yr eglurodd

7

rhwng ochneidiau. Ond doedd y gath yn malio dim amdani. Roedd yn y fasged ar wastad ei chefn a'i phedeircoes yn gweithio tatŵ ar nenfwd ei charchar gwiail a'i llygaid gwyrdd yn addo celanedd. Rhegodd bob cam i fyny'r M1. Y tro diwethaf iddi fod mewn basged yn y car oedd ar ymweliad â'r milfeddyg pan gafodd amser digon peth'ne yn cael ei dad-gwrcatheiddio. Stwffio sosej i Llewelyn drwy fariau'r gawell ac mi dawodd yn y man.

Cyrraedd Tafwys. Tŷ gwag. Deirawr yn ddiweddarach mi ddaeth y lorri. Rhy hwyr i wneud dim byd, meddai'r dynion a ffwrdd â nhw i lawr y ffordd a finne'n rhedeg ar eu holau yn gweiddi, 'Hei! Stop! Dwi isio 'ngwely.'

Gadael Llundain yn dipyn o ysgytwad. Cliff yno ers diwedd y rhyfel a minnau ers Medi 1957, ac mi fuom mor hapus yn y fflat. Cawsom fflat athrawon gan Bwyllgor Addysg Llundain gan eu bod eisiau inni aros ac nid oedd athrawon yn ennill digon o gyflog i gael morgais. Mi glywsom hefyd gan un o'r Arolygwyr ein bod wedi cael ein blocio pan geisiodd Cliff am swydd yn Sir y Fflint. 'London needs you,' medde'r pwysigyn hunanol oedd ddim yn dallt.

Mi gawsom ni nifer o bartïon ffarwelio. Rhagfyr 13 – dagrau lu wrth ganu'n iach i'r Cwmni Drama yng Nghlwb Cymry Llundain a hel atgofion am yr hwyl a gawsom wrth berfformio *Y Cymro Cyffredin; Under Milk Wood; Hanes Rhyw Gymro; Modryb Charlie; Gwanwyn a Gwin* ac ati. Cystadlu yn y Genedlaethol a pherfformio ar lwyfan yr Albert Hall hyd yn oed. Y brif seren ar un adeg oedd Ryan ac mae pobl yn dal i sôn am ei berfformiad fel Modryb Charlie 'o Frasil yr un fath â'r cnau.'

Drama gomisiwn gan John Gwilym Jones oedd *Hanes Rhyw Gymro*, sef stori Morgan Llwyd, a ni gafodd y gwahoddiad i'w pherfformio yn Eisteddfod Llandudno 1963. Roeddwn yn cymryd rhan: roedd gen i ddau air a sgrech. Perfformiwyd *Under Milk Wood* am bum noson ac roedd hanner cant ohonom yn cymryd rhan. Wedyn actiwyd darnau ohoni ar lwyfan yr Albert Hall mewn cyngerdd Gŵyl Ddewi. Poli Gardas oeddwn i ac roeddwn ar fy ngliniau hefo bwced yn sgrwbio llwyfan yr Albert Hall – roedd y darn glân i'w weld yno am fisoedd.

Ac wedyn, y diwrnod olaf un yn yr ysgol – cael parti gan y Llywodraethwyr ac anrheg o lun gan un o artistiaid y fro, o Duncan Terrace lle roeddem yn byw. Wedyn parti gan y staff ar do'r ysgol seith-llawr a'r tywydd yn glaear. Dawnsio a chwerthin a siampên a theyrngedau a gwerth £600 o offer garddio ac roeddem fel llwyth Abram Wood yn mynd adre a'r car yn llawn parseli oddi wrth y disgyblion a phawb yn nadu.

Methu credu 'mod i adre wedi'r holl flynyddoedd. Wedi bron chwarter canrif o fyw mewn fflatiau, hiraethwn am lein ddillad. Rŵan roedd fy ffiol yn llawn. Roeddwn yn edrych ymlaen am weld fy nillad purwyn yn dawnsio yng ngwyntoedd Dyffryn Clwyd. Dychmygu rhewynt Ionawr yn cledu'r cryse nes eu gweddnewid yn rhes o ysgerbyde anystwyth ar y lein fel byddin o 'sgelingtons', chwedl plant Llunden. Euthum ar sgawt gyffrous i brynu pegie. Nid oeddwn eisiau rhai plastig sy'n hollti gyda chlec ac yn eich brathu ond rhai go-iawn wedi'u naddu gan grefftwr. Yr un fath â'r rhai yr arferai Mam eu prynu oddi wrth y sipsi wrth y drws cefn. Fe'i gwelaf yn awr, yr hen Fisus Lee, gyda'i hwyneb cryd-melyn a'r babi diweddaraf mewn siôl ar ei chefn. Ac amdani hi roeddwn yn meddwl wrth brynu pegie yn Chapel Market, ac ychydig a wyddai'r hen begor wrth y stondin tipyn-bach-o-bopeth eu bod yn mynd i fyw yng Nghymru. A chan fod ei blant wedi bod yn ein hysgol ni, cawsom ostyngiad!

Yn yr ysgol y cyfarfu Cliff a fi. Fy niwrnod cyntaf yno, yntau'n un o'r penaethiaid ac yn cerdded i mewn i ystafell yr athrawon i rannu bwletin y dydd, dyn penfelyn, llygatlas, ysgafndroed ac athletig. Ac am ryw reswm anelodd ein llygaid am ei gilydd. Daeth i eistedd ataf i holi pwy oeddwn. Nid yn unig roedd o wedi bod yn y Coleg Normal ond roedd hefyd yn hanu o'r ochr arall i Fwlch Pen Barras, sef o Garden City yn Sir y Fflint. Er bod yna nythaid o bobl gyda'r cyfenw Coppack ar Lannau Dyfrdwy nid oeddwn erioed wedi dod ar draws yr enw o'r blaen. Ymhen blwyddyn roeddwn innau'n newid f'enw i Coppack!

Ionawr 3

Prynu coler i Llewelyn. Rhoi rhif ei ffôn arni (gan nad yw hyd yn hyn wedi dysgu ei rif newydd) a chloch hefyd er mwyn i'r adar gael cyfle i ddengid. Mi wylltiodd Llew yn gaclwm a rhuthro o gwmpas fel corwynt ac i fyny ac i lawr y grisie a cheisio cael gwared o'r gwrthrych dieithr am ei wddf. Heddiw prynais beiriant golchi a bleind i'r gegin, a galwodd John Davies i'n croesawu ar ran *Y Bedol*, y papur bro. Roeddwn wedi bod yn ei chael drwy'r post ac yn meddwl ei bod yn wych, ac wedi sgwennu at y golygydd ers rhai wythnosau i ddweud yr hoffwn helpu'r *Bedol*, ond roeddwn wedi cael fy rhybuddio nad oedd merched yn cael ymhél â'r papur. Heblaw i wneud y baned. Arwel y Saer yma hefyd i olwg y wardrob. Mae hi'n rhy dal i'r llofft a bydd rhaid ei thocio. Mae Arwel yn aelod o Barti Menlli a chanddo lais bas fel yr eigion.

Ionawr 5

Llond tŷ o ymwelwyr ac mae bron popeth heblaw'r tegell a'r matras a bwyd cath yn dal mewn bocsys. Drwy'r post daeth englyn o waith Elwyn Evans (ap Wil Ifan):

> Doed cerddor a llenor llwyd – i Dafwys
> Doed ifanc a phenllwyd,
> Pâr hael ar gynnes aelwyd
> Yw Cliff a Hafina Clwyd.

Rhywbeth i'w drysori. Mae ef yn un o'r rhai y bydd gen i hiraeth amdano – un o'r dynion mwynaf erioed. Ei waith yw hyfforddi cynhyrchwyr y BBC. Llenwi'r silffoedd llyfrau heddiw – ac mae yna gannoedd yn y garej.

Ionawr 5

Fy ngwallt fel pe bai wedi'i dynnu drwy'r gwrych ac wrth gwrs mi ddaeth Glyn Saunders Jones o'r *Bedol* i dynnu fy llun. Mae Teleri, merch Hywel Hughes, Bogota, a'i mab wedi cael eu herwgipio ac maent yn gofyn am £100,000 o bridwerth. Ac mi dorrodd y lein ddillad. Fy nillad yn blastar yn y mwd a'r gath (a chath drws nesaf a chath rhif 38) yn rhowlio ynddynt wedi darganfod gêm newydd. Dyna lle roeddynt, y blewog lu, yn chwarae mig yn y cynfase ac yn gweld llygod dychmygol ym mhlygion y cryse.

Ionawr 18

Profiad newydd sbon heno: mynd i 'blygu'r *Bedol*' yn festri'r Tabernacl. Braf cael dianc o'r tŷ am dipyn – wedi gwneud dim byd ers dyddie heblaw llenwi silffoedd, gosod llenni, prynu lampau, golchi llestri, gwagu bocsys, bwyta-ffordd-agosa. Y llenni wedi cael eu gwneud yn arbennig ac wrth eu gosod yn y llofft gweld bod un yn hirach na'r llall. Pe bawn wedi gwneud Gwyddor Tŷ yn hytrach na Lladin yn yr ysgol buaswn yn medru gwneud fy llenni fy hun wrth gwrs. Ond chawsom ni ddim dewis. Medraf redeg *mensa mensae* ond ni fedraf roi edau mewn nodwydd. Criw braf yn y plygu a chawsom groeso mawr. Cais gan y golygydd am golofn fisol o'r enw 'Maes y Musus'. Os ydio'n disgwyl ryseitiau, rhaid iddo feddwl eto!

Ionawr 20
Nid chwedl yw Deddf Myrffi. Mae hi'n bod. Wedi trychineb y lein ddillad penderfynodd y peiriant golchi newydd gamfihafio. Bûm mor ddiniwed â dilyn y cyfarwyddiadau ar y paced sebon golchi a mesur a phwyso'n ofalus. Pwrpas y cyfarwyddiadau yw sicrhau eich bod yn defnyddio mwy na sydd raid. Daeth dilyw ewynnog o fol y peiriant. Ymnyddodd swigennod o'i grombil gan donni ar draws y llawr yn araf fel seren fôr. Gwthiodd y gath ei thrwyn busneslyd i'r ffrwd strim-stram ac yna sgrialu dan disian a chodi'i thraed fel eboles. A daeth llond drws o 'nheulu-yng-nghyfraith ar sgawt i ganol y llanast a 'nal â mheneliniau'n goch. Ehedodd aderyn 'fel dart heibio' gan adael neges ddiamwys yn slwj ar ffenest y lolfa. Cysuro fy hun drwy ddweud bod angen golchi'r ffenest beth bynnag. Ond yng ngeiriau Awstin Sant, 'Ddim heddiw.'

Ionawr 23
Rwyf yn un o ddwy filiwn heddiw – bûm yn swyddfa'r dôl. Nid oes dim byd ar gael i mi. Bydd rhaid i mi gael swydd o ryw fath oherwydd mae'n amlwg na fedrwn fyw ar bensiwn Cliff a graddfa morgeisi mor uchel.

Ionawr 25
Mae yna helyntion waeth bynnag i ble'r edrychwch. Y gweithwyr dur ar streic ers tair wythnos; nifer o wledydd yn bygwth peidio mynd i'r Gêmau Olympaidd ym Moscow oherwydd bod Rwsia wedi goresgyn Affganistan; gwystlon yn dal yn gaeth yn Iran a'r pedwerydd tŷ haf ar ddeg ar dân heddiw. A daeth llythyr dienw drwy'r drws. Roeddem wedi bwriadu ymuno â'r gangen leol o Blaid Cymru ond yn ôl y llythyr, 'nid ydym eisiau blydi Cymry Llundain'. Efallai yr awn at y Rhyddfrydwyr myn diân i.

Chwefror 1

Mynd i siop B&Q yn y Rhyl – eisiau prynu *kapok* neu rywbeth i lenwi clustog llawr. Nid oedd ganddynt ddim, meddai'r ddynes wrthyf yn reit swta. 'O'r uwd,' medde fi, 'bydd rhaid i mi fynd adre i bluo iâr' a gwelwn ei hwyneb llawn penbleth twp yn diflannu rhwng y rhesi silffoedd.

Chwefror 2

Fy nhad yn gadael Rhydonnen a symud atom. Mae o'n edrych ymlaen at fyw yn y dre a chael eistedd ar y sgwâr yn sgwrsio hefo'r ffermwyr eraill sydd wedi mudo i'r dre.

Chwefror 8

Syrpréis neis iawn heddiw – ymweliad gan Heulwen sy'n byw yn Golygfa, nid nepell oddi yma, ger yr ysbyty – hefo afalau a jam. Hen ffrind o blith Cymry Llundain ac nid oeddwn wedi sylweddoli ei bod yn byw yn Rhuthun. Mi fyddai hi a'i brawd, Afan, yn ymwelwyr cyson â'r fflat enwog honno oedd gennym yn Willesden Green (a lysenwyd 'Y Llysgenhadaeth Gymreig') a'r atgof pennaf sydd gan ein criw ni am Afan yw pan aeth ei ambarél ar dân un noson yn yr Aelwyd. Roedd o'n ŵr busnes cefnog ac yn ei siwt streip a'i ambarél ddu bob amser ganddo. Dyma rhywun yn gollwng stwmp sigarét i mewn i'r ambarél a'r peth nesaf a welsom oedd y fflamau'n esgyn a gadawyd yr ambarél yn edrych fel nyth sguthan. A chwarae teg i Afan, mi chwarddodd yn uwch na neb gan wneud sŵn fel bastad mul.

Chwefror 25

Dau dŷ haf arall yn wenfflam, yn gwneud cyfanswm o 22 ac mae nifer o'r Saeson yn ei miglo hi dros y gorwel. Bu farw Caradog Prichard yn 75 oed. Dyn tawel ydoedd, myfyrgar, smociwr mawr a gwên fach ddireidus yn tywynnu ei wyneb yn aml er bod y felan hefyd yn rhan o'i fywyd. Mor wahanol i Mati, ei wraig, ac eto roeddynt, nid fel dwy lwy, ond fel cyllell a fforc. Cofio'r noson honno yn eu cartref ym Maida Vale pan oedd Mati'n cael un o'i *soirées* enwog. Dyma'r noson y cyfarfu Ryan a Rhydderch ag Isabella Wallich a ddotiodd arnynt a threfnu iddynt dorri eu record gyntaf. Mewn gwirionedd roedd yna gryn dipyn o waith mireinio ar eu canu, yn arbennig y cerdd dant, ond roeddent yn swynol iawn. Er hynny, o wrando ar eu record gyntaf fe sylwir eu bod yn camacennu ac yn rhoi gormod o bwyslais ar eiriau dibwys sydd, mewn cerdd dant, yn swnio'n annaturiol iawn.

Yn rhyfedd iawn, nid fel bardd y bydd Caradog yn cael ei gofio eithr fel awdur rhyddiaith eithriadol iawn. Roedd Mati'n ysgrifennu colofn i'r *Cymro* ac roedd yn cael llawer o'r clecs yn syth o lygad y ffynnon yn Stryd y Fflyd, lle roedd Caradog yn gweithio.

Chwefror 28

Erbyn hyn mae deg o'n cyn-gydweithwyr wedi dod i weld sut hwyl sydd arnom ac yn synnu ein bod o fewn ychydig wythnose wedi canfod sut i gadw'n brysur. Yn falch iawn fod Cliff yn cynefino: yn dipyn o newid iddo fo – heb fyw yng Nghymru ers 1941 ac yn ddi-Gymraeg. Aeth yn syth o'r coleg i'r rhyfel. A heddiw daeth y piano (piano Mam oedd o) yma o Rydonnen. Dyna beth oedd ffars. Ei gludo ar dractor a bu cryn stryffaglio i gael y creadur afrosgo i mewn i'r tŷ. Sigwyd llawer bawd a blodyn. Eisteddodd Helen o'i flaen yn wyneb haul a llygad goleuni a chwarae 'Ar Hyd y Nos' allan yn yr ardd. (Nid oes gennym hyd yn hyn 'Flodau ger y Drws'.) A ffenestri'r stryd yn cyniwair fel baneri. Ffaith ddiddorol yw fod piano'n swnio'n fwy allan-o-diwn nag arfer wrth ei chwarae yn yr awyr agored.

Mi fu raid gwthio a gwrthdynnu cryn dipyn cyn i'r anghenfil faglu dros y rhiniog a sgriffinio'r paent. Aeth i'w le ac mae o'n eistedd yn llond ei fahogani a'i res o ddannedd yn gwenu arnaf yr eiliad hon. A safodd Llewelyn ar ganol y llawr a'i wrychyn fel brwsh tŷ bach. Rhedodd rhith megis llygoden dan groen ei feingefn. Y rheswm oedd i Helen fynd at y berdoneg a chydiodd Cliff yn ei ffidil. Yn sgil y gwichian amhersain daeth rhyw adlais o hen wehelyth i gof y gath a chynhyrfodd cronicl achyddol drwy wythiennau Llewelyn. Credaf iddo amau mai allan o berfedd ei hen nain y gwnaed y llinynnau oedd yn griddfan dan anwes y bwa. Allan â fo heb gyffwrdd ochrau drws-y-gath ac i lawr y ffordd a'i gynffon fel llyw, ei farf yn clecian a'i lygaid yn bygwth *hari-kari*. Ofnais ei fod am adael cartref. Suddodd y piano i'w rigol a daeth Llewelyn adre eisiau bwyd ac mae echel y byd yn ei lle unwaith eto.

Mawrth 1

Noson Lawen yn y Clwb Golff heno. Er bod y rhan fwyaf o'r aelodau yn Gymry Cymraeg, Saesneg oedd iaith y gweithgareddau. Ond dyna'r unig achlysur yn y fro i ddathlu gŵyl ein nawddsant – meddwl yr hoffem fod yn yr Albert Hall heno. Cofio Ryan a Rhydderch yn canu yno un gŵyl Ddewi a Ry yn dweud, 'Hand I would like to thank Halbert for the loan of 'is 'all.' Roedd Ryan yn medru bod yn anghredadwy o ddoniol.

Mawrth 14

I Gaernarfon i Wasg Gwynedd i nôl *Y Bedol* a chael paned ym Maesincla hefo Minnie a Rovi. Welais i neb tebyg i Rovi (Ivor Parry yw ei enw iawn) am wneud tricie hefo cardie; mae ganddo straeon dirifedi am ei berfformiade yn Las Vegas ac mae o wedi bod yn llywydd y Cylch Cyfrin. Ar y ffordd adre, yr heddlu yn ein stopio ym Metws-y-coed eisiau gwybod pwy oeddem a ble buom, i ble'r awn, ein dyddiad geni a pham. Rhywbeth i'w wneud â llosgi tai haf. Mae saith ar hugain wedi mynd yn lludw erbyn hyn. Y plismyn yn amheus iawn o glywed f'enw ac angen i mi sillafu Mair Hafina Clwyd. Nid oeddynt yn hoff iawn o'r Coppack chwaith. A minnau wedi meddwl mai dim ond yn Llundain roedd rhaid i mi sillafu f'enw. Walia Wen, beth sydd yn digwydd i ti?

Mawrth 17

Mynd â Llewelyn y Gath at y milfeddyg gan fod ganddo glust yn cosi. Y milfeddyg Gwynn Llywelyn yn gofyn 'Enw?' 'Llewelyn.' 'Nage, fi ydy Llywelyn – enw'r gath.' Synnu at y modd dethe mae milfeddyg yn gafael mewn cath er mwyn ei harchwilio. Pan fyddaf i'n ceisio stwffio pilsen i lawr ei chorn glag mae yna sgrechiadau megis o ddyfnder Annwn ac angen gwisgo menig cau a chael potel o iodin wrth law heb sôn am dabledi gwrthfeiotig rhag ofn haint oddi wrth y sgriffiniadau. Anodd dygymod â chath sydd fel arfer yn gryndod o grwth i gyd yn sydyn yn trawsnewid yn deigr ffyrnig.

Mawrth 21

Mae hi'n ddiwedd y byd, yn ôl y cyfryngau. Mae rhywun wedi saethu JR.

Mawrth 29

Tipyn o ensyniadau atgas yn codi ymhlith caredigion *Y Bedol*. Gofynnwyd i Cliff a fyddai'n barod i gasglu hysbysebion i'r papur o gwmpas y dre ac fe wnaeth yn llawen. Mae o'n un da am berswadio pobl ac yn gwneud hynny'n foesgar a chyfeillgar. Cafodd lwyddiant eithriadol. Clywed wedyn fod yna rai'n cwyno na ddylid cael neb di-Gymraeg i helpu'r papur. Esgus gwan yw hyn gan fod yna nifer o ddysgwyr yn rhan o'r tîm. Mae'r Fonesig Maelor wedi marw yn 82 oed, mam fy ffrind annwyl, Angharad. Roedd hi'n foneddiges o'i chorun i'w sawdl ac wedi bod yn gefn mawr i'w gŵr, T.W. Jones, pan oedd yn AS dros Feirionnydd. Cefais lawer o groeso ar ei haelwyd.

Mawrth 30
Sul y Blodau yw'r enw swyddogol ar heddiw ond ym myd yr heddlu Operation Tân oedd hi ac fe aethpwyd â dros ddeg ar hugain o bobl i'r ddalfa dan amheuaeth o fod yn gyfrifol am losgi tai. Nid oes yna unrhyw brawf na chyhuddiad yn eu herbyn. Ar las y wawr dyma blismyn yn torri i mewn i gartrefi pobl ym mhob rhan o Gymru. Bu raid rhyddhau'r rhan fwyaf ohonyn nhw am nad oedd yna unrhyw dystiolaeth o gwbl yn eu herbyn. Brawychus iawn. Pwy fydd nesaf? Mae yna jôcs yn mynd o gwmpas. Meibion Glyndŵr (dyna elwir y Llosgwyr) yn cynnal eu cinio blynyddol yng Nghastell Rhuthun ac yn archebu 'cottage pie' ond fedren nhw mo'i bwyta hi am ei bod wedi llosgi . . .

Ebrill 12
Heddiw roedd angladd Violet Pen-y-graig – cantores o fri ond i'w gyrfa gael ei ddifetha gan y rhyfel ac iddi fethu mynd i nifer o gyhoeddiadau dramor. Ei gŵr, Towyn Roberts, yn gyn-reolwr banc ac yn dod o ben draw Meirion. Roedd mam Violet yn gyfnither i fy nhaid Gwrych Bedw ac yn gwisgo gwallt coch y teulu. Magwyd hi ym Mhen-y-graig, Llanelidan, ac roedd Towyn yn addoli ôl ei throed.

Ebrill 13
Mae Gwyn Thomas wedi marw. Cymeriad ffraeth – aelod o deulu mawr o'r Porth, y Rhondda, a'r plant hynaf yn siarad Cymraeg, ond nid y criw ieuengaf, ac oherwydd hynny roedd ganddo ryw gymhlethdod rhyfedd oedd yn peri ei fod yn lladd ar yr iaith o hyd. Athro Sbaeneg oedd o ond roedd hefyd yn boblogaidd ar y teledu gan ei fod yn medru siarad yn dda a medrai raffu'r iaith Saesneg

rownd ei fys bach. Un o'r dramâu cyntaf a welais yn Llundain oedd *The Keep* o'i waith yn Sloane Square. Mae Cliff yn hoff o'i waith ac yn syrthio allan o'r gwely wrth chwerthin cymaint uwchben rhai o'i straeon.

Ebrill 29
Mae Jean Paul Sartre wedi marw. Nid oeddwn yn deall ei athroniaeth er fy mod yn cymryd arnaf fy mod i pan oeddwn yn ymwneud â chriw uchel-ael fy ngŵr cyntaf yn y 60au. Ond pwysigrwydd Sartre i mi yw mai ei gymar oedd Simone de Beauvoir ac roeddwn yn deall yn iawn beth oedd yn ei meddwl hi yn ei chyfrol *The Second Sex.* Cyfrol ddylanwadol a hi fu'n bennaf cyfrifol am sefydlu'r hyn elwir erbyn hyn yn ffeministiaeth. Ac eto roedd yn goddef Jean Paul a'i amrywiol garwriaethau. Beth bynnag am hynny, fe wnaeth hi gryn argraff arnom ni, griw ifanc, a pheri inni sylweddoli pa mor annheg oedd pethau; byddaf yn meddwl yn aml am yr adeg pan oeddem ni, ferched llywaeth y fflat, yn golchi dillad ein ffrindiau gwrywaidd. A'u smwddio. A chofiaf Meirion Stiniog yn dweud y drefn wrthyf am ddifetha'i grys drip-drei drwy ei wasgu. Mi ddylwn fod wedi dweud 'Gwna fo dy hun 'te' wrtho fo. Ond yn y dyddie hynny derbyniem y drefn.

Hefyd bu farw Alfred Hitchcock yn 80 oed. Cynhyrchodd nifer o ffilmiau poblogaidd ac roedd yn ymddangos ym mhob un ohonyn nhw – er mai camp oedd dod o hyd iddo ambell dro. Byddai'n sefyll dan y cloc mewn gorsaf neu mewn ciw bws yn rhywle. Tasg ddifyr oedd sbotio'r Hitch. Cofiaf fynd i weld y ffilm *The Birds* yn yr Odeon, Finsbury Park ac mor wirion y teimlwn yn cerdded allan i'r awyr agored a 'nwylo rownd fy mhen rhag ofn i ryw aderyn ymosod arna i. Dyna pa mor real oedd y ffilm . . . Ac nid fi oedd yr unig un. Gwelwyd torf yn cerdded i lawr y stryd yn edrych yn ofnus ar yr awyr.

Mai 2
Bu farw Dad. Roedd yn sâl yn y nos ac aeth yn waeth yn ystod y dydd a daeth y meddyg yma deirgwaith. Erbyn min nos roedd mewn poen ac aed ag o i Langwyfan a bu farw o fewn hanner awr. Trawiad ar y galon. Daeth y nyrs i ddweud wrthym ac roeddem yn methu credu. Teimlo y dylsai fod wedi cael mynd i'r ysbyty yn ystod y bore. Roedd yn 73 oed. Roedd o'n dad gofalus iawn ond yn hynod o strict hefo ni.

Roedd un gair yn ddigon. Mi fuasai wedi bod yn neis cael bod yn fwy o ffrindie hefo fo. Roedd yn un o naw o blant ac fe'i magwyd ar fferm Gwrych Bedw yn Llanelidan, fferm oedd yn perthyn i stad Nantclwyd a'n teulu ni yno ers o leiaf 1668. Yn 1929 aeth i Ganada am nad oedd gobaith iddo gael ei fferm ei hun a daeth yn ôl ym mhen pedair blynedd hefo £500 yn ei boced a phrynu fferm Cefnmaenllwyd yng Ngwyddelwern.

Mai 3

Mae'r *Daily Post* ar streic ac mae hynny'n achosi trafferth. Ond roedd Bryn Gwrych Bedw a Nan Vaughan Roberts yn priodi heddiw ac fe glywodd llawer y newydd yn y fan honno. Trefnu'r daflen a dewis emynau, gan gynnwys 'Calon Lân' – canwyd honno yn angladd Mam hefyd yn 1971. Dim ond 60 oedd hi. Dewis englyn allan o awdl 'Yr Amaethwr' gan Geraint Bowen i'w roi ar y daflen. Yn gorffen, 'A heuo faes, gwyn ei fyd!' Roedd Dad yn ffermwr wrth reddf ac yn un da iawn, ac roedd pawb yn dweud y gellid bwyta eich swper oddi ar lawr y buarth. Roedd yn ddyn egwyddorol a deddfol a phenderfynol. Mi weithiodd yn galed ddychrynllyd gan greu un o ffermydd gore'r Dyffryn.

Mai 4

Cafodd y pedwar ohonom, Helen, Alan a Bryn a fi, y newydd syfrdanol nad oedd Dad wedi arwyddo ei ewyllys a hynny oherwydd bod y cyfrifydd wedi gwastraffu amser ac oedi. Dene lanast. Twrne'n dweud y cymerith wyth mlynedd i sortio pethe allan oherwydd bod yna fferm yn y fantol.

Mai 5

Aeth ias drwy'r wlad pan glywsom fod Gwynfor Evans yn bygwth ymprydio i farwolaeth os na fyddai Llywodraeth Thatcher yn anrhydeddu'r addewid y caem ni sianel i ni ein hunain yn y Gymru Gymraeg.

Mai 7

Diwrnod angladd Dad ac am chwech y bore daeth Llewelyn y Gath i'm hysgwyd a mewian a cherdded at y drws ac yn ôl dro ar ôl tro nes o'r diwedd i mi synhwyro bod yna rywbeth o'i le. Yna clywed sŵn dŵr. Roedd y tanc wedi gollwng a socian popeth yn y cwpwrdd aerio. Gwasanaeth yng Nghapel Gellifor ac yna dilyn yr hers yn araf bach heibio Rhydonnen lle bu'n ffermio mor fodlon a chydwybodol. Ei osod hefo Mam ym mynwent Dinbych. Sylwi bod dyddiad geni Mam yn anghywir ar y garreg. Daeth ugeiniau lawer i gladdu er bod nifer ddim yn gwybod oherwydd bod y *Daily Post* ar streic. Mor eironig! Mi fyddai'n dweud y drefn pe gwyddai. Nid oedd ganddo amynedd o gwbl hefo streicwyr.

Mai 14

Bu farw'r actor Hugh Griffith yn 67 oed. Brodor o Farian-glas ac ewythr i Meri Rhiannon, geneth henffel ac annwyl. Roedd ei mam, Elen Roger Jones, yn actores dda a'i thad yn rheolwr banc yn Rhuthun cyn symud i'r Bala ac fe aeth Meri i'r Bala fel roeddwn i'n dod i Ruthun. Cwrddais hi a'i darpar ŵr, Richard Ellis, ar y Tiwb un noson. Roedd ei hewythr wedi ennill Oscar am ei ran yn y ffilm *Ben Hur* (pwy tybed a sylwodd fod yna gar modur i'w weld yn y ffilm hon o oes y Rhufeiniaid!) ac fe'i enwebwyd hefyd am ei ran ansbarthol yn *Tom Jones*. Cofiaf fod yn un o gyfarfodydd y Cymmrodorion (byddem yn cyfarfod yn Ysbyty'r Clefydau Trofannol) a cherddodd y dyn yma i mewn yn araf ac ymlwybro i'r sedd flaen yn ei gôt ddu at ei draed a barf ddu at waelod ei wasgod. Credodd rhai mai trempyn wedi crwydro o'r stryd ydoedd ond yr actor enwog oedd o! Roedd ei aeliau fel nyth brân. A'i Gymraeg yn gwbl ddilediaith.

Mai 16

Gwenno fach Rhydonnen, 8 mis oed, yn ysbyty newydd Glan Clwyd – y plentyn cyntaf yno. Ofni llid yr ymennydd ar y cychwyn ond roedd yn iawn.

Mai 19

Wedi cael gwahoddiad i gyfarfod yn Neuadd y Sir yn yr Wyddgrug i weld oes yna unrhyw ddiddordeb mewn ffurfio Cymdeithas Hanes Teuluoedd Clwyd a phenderfynwyd mynd ymlaen. Cliff a fi ar y pwyllgor. Wedi bod ag awydd hel f'achau ers y noson honno uwch swper yn ein fflat yn Llundain a 'Nhad yn dweud reit sydyn, 'Wyddet ti fod dy fam a finne yn perthyn?' Ond ni wyddai sut. Felly mi es ati i chwilota ychydig – ond braidd yn ddi-drefn – a darganfod bod nain fy nhad a hen nain fy mam yn ddwy chwaer! Roeddwn yn methu credu, a dweud y gwir. Sut na fuase rhywun wedi crybwyll y peth? Dwy ferch i Edward ac Ann Edwards, Llwyn y Brain, Bryn Saith Marchog, oedd Jane ac Ann. Priododd Jane â Robert Hughes, Tŷ Mawr Morfudd, Carrog, a phriododd Ann â Hugh Roberts, Clegir Mawr, Melin y Wig. Jane oedd hen nain fy mam ac Ann yn nain i 'Nhad. Roedd Edward Edwards, eu tad, yn cael ei alw 'yr Hen Ddewin'. Soniodd Elias Owen amdano yn ei gyfrol *Welsh Folk Lore* a enillodd wobr yn Eisteddfod Genedlaethol Llundain 1887 a gynhaliwyd yn yr Albert Hall. Mae'n dweud i'r Hen Ddewin gael ei alw i Foel Fawn, Derwen, i ddadreibio'r fuddai gan fod y menyn yn gwrthod clapio. Gosododd frigyn o griafolen dan y caead, yngan rhyw eiriau ac fe gafwyd menyn ardderchog. Teimlo'n falch iawn o'r hen bagan oedd yn hen hen daid i mi a hefyd yn hen hen hen daid. Bu farw yn 1868 ac mae ei garreg fedd ym mynwent Derwen. Bydd rhaid mynd i dynnu ei llun cyn i'r glaw asid ei difetha.

Mai 31

I Eisteddfod yr Urdd yn Abergele. Iwan Llwyd o Fangor enillodd y Gadair a Gwenan Jones, athrawes o Gaergybi, y Goron ac Elin ap Hywel y Fedal Ryddiaith. Elin yn ferch i Rebecca oedd yn yr un dosbarth â mi yn Ysgol Ramadeg y Merched yn y Bala: hi a fi a Dilys ar frig y dosbarth bob yn ail. Roedd tad Dilys yn brifathro yng Ngharrog ac yn un o fechgyn Tyddyn 'Ronnen, Llanuwchllyn – llinach gadarn.

Jennie Eirian wedi gofyn i mi sgwennu erthygl i'r *Faner* am yr Eisteddfod – heb gael gwahoddiad i sgwennu i'r *Faner* ers canol y 60au pan oedd 'Llythyr Llundain' yn achosi tipyn o gythrwfl yn y colomendy a phobl fel Geraint 'Twm', Neil ap Siencyn a Dafydd Iwan yn meddwl mai fi oedd y wrach fwyaf ffiaidd a droediodd ddaear Llundain a gweddill y byd erioed.

Cael fy swyno'n llwyr gan y gân olaf o lwyfan yr eisteddfod. Pedwar côr yn canu 'Y Carnifal' gan Rossini a geiriau Cymraeg Lili Richards aeth â'm bryd 'Mae'r ŵyl yn darfod . . .' Roedd natur y gerddoriaeth yn olwynog ac yn ein hatgoffa o gylch Eisteddfod yr Urdd ac y byddai pawb yn cyfarfod yn Nyffryn Teifi ymhen y flwyddyn. Ac yn sŵn storm enfawr o law a tharanau y ffarweliwyd â'r

19

Maes a Chôr Bro Cernyw yn ennill. Aeth chwe mlynedd heibio ers i mi fod yn yr Urdd ac roeddwn yn falch nad oedd dim byd wedi newid ac eto . . . popeth wedi newid. Bugeiliaid newydd sydd ar yr hen fynyddoedd. Mae yna lawer o sôn y dyddiau hyn am y Big Four O ond y pen-blwydd tristaf a gefais i oedd yr un yn 25ain oed oherwydd dyna pryd y bu i mi ymuno â lleng o wahangleifion eraill, sef y rhai nad oedd ganddynt hawl i gystadlu mwyach! A beth bynnag, bu farw Aelwyd Llundain – a fu mor llewyrchus ar un adeg – oherwydd diffyg mewnforion o Gymru.

Un peth rwyf wedi sylwi arno yn arbennig wedi dychwelyd i Gymru ydy'r lladd sydd yna ar athrawon. Ymhob papur y mae yna gollfarnu a rhyw Mrs Jones o Gaernarfon yn anfon yn gyson i golofn lythyrau'r *Daily Post* yn colbio athrawon! Bu'n gryn sioc. Mae yna barch aruthrol i athrawon yn Llundain – oherwydd bod y gwaith mor anodd yn un peth. Cenedl ar i waered yw honno sy'n dechrau troi ar ei hathrawon. Mae yma ddoniau mawr yng Nghymru ac mae llawer o ddiolch yn ddyledus i'r athrawon am hyfforddi ac am roi eu hamser yn ystod wythnos o wylie i fynd â nhw i'r Eisteddfod. Ond roedd yna rybudd amserol ar furiau un o'r pebyll yn dweud ein bod yn colli un siaradwr Cymraeg bob hanner awr. Ydy'r plant yma i gyd yn mynd i gael gwaith yng Nghymru? Yn magu eu plant i siarad yr iaith? Tybed. Oherwydd mae'r ddeuoliaeth yn amlwg. Gweld dau laslanc ar y maes: un yn gwisgo bathodyn yn datgan 'Rwyf ar dân dros Gymru' a'r llall '*I shot JR*'.

Mehefin 14

Buddug wedi gorfod mynd â Ffion i'r ysbyty – wedi stwffio darn o Lego i fyny ei thrwyn a methu ei gael oddi yno. Rwyf yn siŵr fod yna gryn sgrechian! Dwy o ffrindie coleg yma i swper – Olga o Ddinbych ac Angharad o'r Ponciau. Cliff druan wedi gwneud andros o siew inni a ddaru ni ddim sylwi ar beth oeddem yn ei fwyta gan ein bod yn siarad a chwerthin cymaint. Roedd Cliff yn flin ac yn dweud ei fod am wneud teisen poer a llwch brics y tro nesaf!

Mehefin 20

Darllen proflenni fy nghyfrol newydd, *Defaid yn Chwerthin*. Mae 'darllenydd' y Cyngor Llyfrau, sef Selyf Roberts, wedi newid geirie ac rwyf yn anghytuno ag o. Newid 'Rwyf' yn 'Yr wyf' ac ati. Mae gen i barch at Selyf ond mae o dipyn yn hŷn na fi a'i iaith ychydig yn fwy ffurfiol. Atgofion sydd yn y gyfrol ac rwyf eisiau i'r cyfan lifo'n esmwyth. Ond nid gen i mae'r gair olaf debyg.

Mehefin 22

Cael ein deffro am chwech y bore hefo'r sŵn mwyaf annaearol a dyna lle roedd Llewelyn ar y gwely hefo aderyn du ifanc yn ceisio dianc a'r gath yn poeri plu. A'r tu allan roedd y fam yn protestio'n groch. Sôn am lanast.

Mehefin 27

I Lundain am dro. Picio i'r hen ysgol – Islington Green – ac ymhen hanner awr teimlo nad oeddem erioed wedi gadael. Mwynhau siopa a sylwi bod bwyd yn llawer rhatach nag yn Rhuthun a'i bod hi'n llawer haws prynu bwyd Cymreig hefyd! Cofio fel yr aeth Cliff i'r Tesco bychan ar gornel Stryd Wynnstay yma a gofyn a oedd ganddyn nhw goffi go-iawn ac aeth y boi i'r cefn a dod â photel o goffi Camp iddo fo . . . Am dro i'r hen fflat a gweld y cymdogion – oedd eisiau gwybod sut oedd y gath. Pryd o fwyd yn y Mondello yn Holborn, ein ffefryn am fwyd Eidalaidd a chael ein cyfarch, 'Elo! Professore!' A chael potel o win am ddim. Synnu braidd bod yr ysgol a Chlwb Cymry Llundain yn gyrru ymlaen hebddom.

Mehefin 29

Am dro i Ddoc S. Katherine i weld y llongau (erioed wedi bod pan oeddem yn byw yma!), sef y *Discovery* ac yn fwy arbennig y *Kathleen and May*, sef llong John Coppack o Gei Conna sydd newydd gyrraedd yno. Teimlad od oedd gweld lluniau o deulu Cliff yng nghaban y capten. Hon oedd y sgwner olaf i hwylio o gwmpas Prydain ac adeiladwyd hi yng Nghei Conna. Roedd John Coppack yn frawd i daid Cliff. Yn ôl chwedloniaeth y teulu, o Norwy y daethant yn wreiddiol, sef dau frawd wedi hwylio i fyny'r Ddyfrdwy hefo llond llong o galch ond i ddŵr fynd i'r calch a'i fferru ac arhosodd y ddau yng Nghei Conna a phriodi dwy o ferched y plwy. Efallai y dylwn fynd ati i ddarganfod y gwirionedd, ond ar y llaw arall trueni fyddai difetha stori dda.

Gorffennaf 7

Trebor Hughes yn awgrymu y dylai Cliff sefyll etholiad am Gyngor y Dre. Ac yn ychwanegu y buaswn i'n fwy delfrydol, a dweud y gwir, ond nad oedd arnynt eisiau merched. Stwffiwch eich cyngor, ebe fi. Cyhoeddi rhestr y rhai sy'n cael eu derbyn i'r Orsedd heddiw ac yn eu plith mae Max Boyce, Gerald Davies, W. R. Evans a 'nghyfnither Sian Mair, a enillodd Wobr Goffa Llwyd o'r Bryn llynedd.

Gorffennaf 11

Mynd draw i Ysgol Maes Garmon gan fod y prifathro, Aled Lloyd Davies, wedi gofyn a fuaswn yn mynd yno am dridiau yr wythnos. Roedd yn swnio'n ddelfrydol ond cefais fraw pan gefais fy rhaglen waith a gweld nad oedd y tridiau hcfo'i gilydd – feisiau fore Llun a phnawn Mercher, er enghraifft. Anghyfleus iawn ac euthum i brotestio wrth Dafydd Marks, y cofrestrydd, ac er mawr syndod mi newidiodd bethau i mi yn reit sydyn.

Gorffennaf 14

Trist oedd clywed am farwolaeth Aneirin Talfan. Roedd ganddo lais fel mêl ac fe wnaeth gyfraniad mawr i fyd darlledu a llenyddiaeth. Bu am flynyddoedd yn gyfrifol am sgript cyngherddau Gŵyl Ddewi yr Albert Hall a'r llefarydd bob amser oedd Alun Williams, oedd yn eistedd mewn sedd y tu ôl i wydr yng nghornel chwith y neuadd. Wrth ddefnyddio'r gyfrol *Gwŷr Llên* yn yr ysgol ni freuddwydiais y buaswn ryw ddydd yn cyfarfod yr awdur ac mai'r sawl a gyhoeddodd y gyfrol oedd William Griffiths, Siop Griffs, pan oedd yn gweithio yn Foyles ar Heol Charing Cross. Anfon gair at Elinor Talfan, ei ferch, sydd yn weithgar hefo'r Ysgol Gymraeg yn Llundain a'i phriod, Lyn, yn llawfeddyg llwyddiannus ym myd iwroleg. Geilw ei hun yn blymar y brifddinas!

Gorffennaf 16

Ffair Sborion y blaid Ryddfrydol (cawsom groeso ganddyn nhw) a rhywun yn gofyn i Cliff a hoffai brynu riwbob ac yntau'n dweud nad oedd ganddo ddysgl ddigon hir i'w goginio. Y llall yn edrych yn hurt a dweud bod angen eu torri'n ddarnau gyntaf. Roedd o ddifri!

Gorffennaf 20

Erthygl flaen yn Gymraeg yn y *Sunday Times* heddiw! Mae bygythiad Gwynfor i ymprydio i farwolaeth yn tynnu sylw hyd yn oed y wasg Saesneg. Y tebyg yw nad ydynt mewn gwirionedd yn malio ffeuen beth ddigwyddith iddo – stori ydy hi iddyn nhw. Ond i ni yma adre mae'n loes.

Gorffennaf 24

Mae Peter Sellers wedi marw yn 54 oed, trawiad ar y galon. Ei gofio gyntaf fel aelod o'r Goons, un o'r rhaglenni doniolaf fu erioed ar y radio. Roedd yn actor da ac yn medru dynwared acen i'r dim – hyd yn oed acen Abertawe yn y ffilm *Only Two Can Play*. Er ei fod ymysg dynion digrifaf y byd roedd yn dioddef yn enbyd o'r felan, medden nhw.

Gorffennaf 27

Marw Shah Iran yn 60 oed yn yr Aifft. Roedd wedi cael ei ddiarddel o'r orsedd a'r Ayotola'n rheoli gyda dwrn dur. Mae yna dros hanner cant o Americaniaid yn wystlon yn Iran. Persia oedd hen enw'r wlad a chawsom ein dysgu yn yr ysgol Sul nad oedd modd newid nac addasu Deddf y Mediaid a'r Persiaid. Ymddengys bod rhywun yn rhywle wedi medru gwneud hynny a chael gwared o'u brenin, dyn prydweddol ond annoeth. Yn y cyfamser mae'r Gêmau Olympaidd yn cael eu cynnal ym Moscow ac enillwyd medalau aur gan Alan Wells, Steve Ovett, Duncan Goodhew a Daley Thompson. Ni chawsant eu hanrhydeddu yn sŵn anthem y Frenhines na chwaith gael Jac yr Undeb yn chwifio uwch eu pennau oherwydd roedd y Llywodraeth wedi dweud wrthynt am beidio mynd i Foscow. Hynny fel protest yn erbyn y ffaith fod Rwsia wedi anfon ei milwyr i Affganistan.

Gorffennaf 31

Mae pethau'n poethi. Helyntion yr Olympics ac Affganistan yn pylu o'u cymharu â brwydrau ar garreg ein drws oherwydd cafodd Dr Pennar Davies, Dr Merêd a Ned Thomas ddirwy o £500 yr un gan y llys yng Nghaerfyrddin am ddiffodd trosglwyddydd teledu. Y barnwr oedd Robin David a siaradodd drwy ei berwig. Y peth gwaethaf fedrwch ei wneud yng ngolwg rhai yw eu hamddifadu o'u teledu. Dafydd Iwan yn cael saith niwrnod o garchar ac mae Dyfan Roberts

a Silyn Huws hefyd yn cael eu cosbi. Mae yna hen ddihareb o
Tsieina: Bydded i chi fyw mewn dyddiau diddorol. Mae'n sicr yn wir
am Gymru ar hyn o bryd.

Awst 2-9

Eisteddfod Tre-gŵyr. Nid yw Llewelyn yn hoffi wythnos y Steddfod
ac mae'n 'moni'n syth pan wêl y cesys yn dod i lawr o'r daflod. Aros
ym motel y Langrove am yr wythnos a chael cryn dipyn o hwyl. Criw
da yno, Hywel Gwynfryn, Harri PJ a Rhydderch a chlywed ei fod ef
wedi priodi. *Defaid yn Chwerthin* ar werth ar y Maes: fy llun yn
ddwyflwydd oed ar y clawr. Ond mae'r dylunydd wedi colli'r llun. A
dim ond chwech sydd yn y byd i gyd. Wythnos wlyb iawn. Donald
Evans gafodd y Gadair a'r Goron. Jâms Niclas yn cael ei ethol yn
Archdderwydd. Robyn Lewis yn ennill y Fedal Ryddiaith am bedair
stori ar y thema 'Caethiwed'. Cefais row gan Norah Isaac am beidio
â chystadlu. Pete Goginan yn llawn cwrw yn dweud wrth Cliff mai ef
ddylswn i fod wedi'i briodi. Fy nghyfnither Sian Mair yn cael ei
derbyn i'r Orsedd a chael yr enw barddol – Sian Mair. Ni
dderbyniodd gyngor gwamal ei mam i gael ei galw yn Sian-Bob-Man
– gweinidog yw ei thad. Y carafanwyr yn gandryll ac eisiau eu harian
yn ôl oherwydd yr amgylchiadau erchyll yn y parc – mwd hyd fferau.

Awst 11

Lladd dau aderyn yn Wrecsam heddiw. Am naw y bore, yn fyw ar y
radio hefo Iorwerth *Daily Post* a John Bevan yn trafod adladd y
Steddfod ac yna fin nos yn rhoi'r cylchgrawn *Hel Achau* wrth ei
gilydd – y rhifyn cyntaf un. Bill Wynne-Woodhouse o Lansannan
ydy'r golygydd.

Awst 12

Teleri ac Owain Jones, Bogota, wedi cael eu rhyddhau am bridwerth
o £250,000. Mwynhau cyfrol newydd Tecwyn Lloyd, *Bore Da, Lloyd,*
sef cyfarchiad ein hen brifathrawes Dorothy Jones a adwaenid
gennym fel 'Cwac'. Oherwydd ei dull o gerdded. Dynes ryfedd ar y
naw ac wedi iddi ymddeol fe benodwyd Miss Whittington Hughes,
un o'r un anian. Bedyddiwyd hi yn Pws wrth gwrs. Roedd y ddwy'n
wrywaidd eu gwedd a distawai adar yn sŵn eu traed. Ond mae'n
debyg fod eu mamau wedi eu caru ryw dro.

Awst 22

O enau plant bychain. Alun yn gweld Llewelyn yn mynd allan drwy ddrws y gath ac yn dweud yn llawn syndod, 'Mae o wedi mynd allan drwy'r post.'

Awst 24

Teimlo fel saethu dyn y tywydd – wedi cael heulwen braf bron bob dydd ar ôl y Steddfod. Rhy hwyr. Hanesyn gan fy nghefnder Geraint am Saesnes yn curo ar ddrws ei babell yn y Steddfod ac yn gofyn pam nad oedd y Gymanfa Ganu wedi cael ei chynnal. Yntau'n dweud mai fin nos roedd hi i fod a hithau'n dangos y rhaglen iddo 'am 8 o'r gloch'. Egluro nad a.m. oedd yr am. Roedd ganddo stori arall hefyd am ffermwr o ardal y Bala yn gwerthu twrci i ryw Sais a hwnnw'n cynnig pris isel ac ebe'r ffermwr, 'What do you think it is, a roof bird?'

Awst 28

Cyfarfod athrawon ym Maes Garmon bore ddoe ond un pur wahanol i'r hyn gaem yn Islington, rhaid dweud. Dim llawlyfr i athrawon newydd a dim rhestrau o'r plant yn ein dosbarthiadau. A heddiw daeth y newydd bod ein ffrind annwyl Margaret Ackland (Osborne Thomas o Stiniog) wedi marw yn 43 oed a gadael ei phriod, George, a Gareth, 2 oed. Yn gyndyn iawn i ofyn am amser i ffwrdd mor fuan ar ôl dechrau swydd newydd ond chwarae teg i'r prifathro, dywedodd y cawn y pnawn i ffwrdd ddydd Iau. Mae'r ysgol mor wahanol i Islington Green. Y plant yn dod i mewn, eistedd i lawr a disgwyl yn ddistaw i'r athrawon ddweud rhywbeth. Dim o'r sgrechian a'r paffio yr arferwn â nhw. Rydw i braidd ar goll. Bydd rhaid addasu dull dysgu'n gyfan gwbl. Caf yr argraff nad yw'r staff yn meddwl y dylwn fod yno o gwbl – mae'r syndrom 'blydi Cymry Llundain' yn fyw ac yn iach. Rwyf hefyd wedi methu cael y llyfrau angenrheidiol na rhaglen waith gan y pennaeth adran sydd yn hel pob math o esgusion.

Medi 4

Gwasanaeth coffa i Margaret yng Nghapel y Bowydd. Roeddem yno yn ei phriodas dair blynedd yn ôl gyda'r wledd ym Mhortmeirion a Gwenllian Dwyryd ar y delyn. Criw o Lundain wedi dod i fyny. Roedd yn aelod o'r côr.

Medi 17

Enillwyd Brwydr y Bedwaredd Sianel! Y Llywodraeth yn newid ei
meddwl ac ni fydd rhaid i Gwynfor farw a chawn sianel Gymraeg.
Willie Whitelaw a Thatcher wedi gwneud tro pedol! Heb sylweddoli,
medden nhw, gymaint o deimladau cryfion sydd yna yng Nghymru.
Twt!

Medi 20

Mae angen arian i redeg papur bro a heddiw cawsom ffair, ac fel yr
agorwyd y drysau heidiodd y dyrfa i mewn gan sathru'r ddau borthor,
Gareth a Shôn, dan draed a 'sgythru am y stondin oedd dan ofal Cliff
a minnau. Sef y brics a'r bracs. Ac mae llanast un yn drysor i'r llall, fel
y gwelsom yn fuan. Cipiwyd hanner set o lestri te yn cynnwys dwy
gwpan heb glustiau o dan fy nhrwyn fel pe baent y porslen ceinaf o
Sevres. Mewn hanner awr gwerthwyd llond stondin o frics a llawer o
fracs. Sbectolau, sebon, sgidiau, sent, sosbenni, pyrsys, platiau, poteli,
pincwsys, perlau, cardiau, cwpanau, clustogau, canwyllbrenni,
cribau, tuniau, tlysau, tranglins. Be sy gynnoch chi am ddwy geiniog?
Be 'di hwn? Ydio'n gweithio? Dim ots, mi cyma i o.

Medi 23

Lladdwyd Deian a Loli, cathod Ffion. Aeth olwyn tractor drostyn
nhw. Roeddynt yn arbennig o ddel. Pan oeddwn i'n blentyn byddai
cathod yn marw drwy gael eu sathru gan fuwch. Yr oes fecanyddol
gaiff y bai heddiw. Mi fyddwn i'n mynd i'r bing i nadu pan fyddai
buwch wedi sathru cath.

Medi 30

Cliff yn arolygu arholiadau'r Brifysgol Agored yn Wrecsam a Jim
Callaghan yn ymddiswyddo. Rŵan am frwydr. A heno, cinio yn y
Castell er budd Cronfa Goffa Roland Jones a Pharti Menlli'n canu, a
Chymru'n curo Twrci 4-0.

Hydref 26

Nansi ar y ffôn yn gyffro i gyd. Eisiau gadael inni wybod bod Sian
gwraig y bardd Dic Jones, wedi cael efeilliaid a'u henwi yn Trystan ac
Esyllt. Clasurol iawn.

Tachwedd 2

Clywed bod Haulfryn Williams wedi marw. Bu'n Ysgrifennydd Anrhydeddus Gymdeithas y Cymmrodorion am flynyddoedd. Gŵr bonheddig a brodor o'r Porth, y Rhondda. Yn ei le penodwyd June Griffiths, un o forynion mwyn Maldwyn. A dyma'r tro cyntaf i ferch gael swydd hefo'r Gymdeithas, rwy'n meddwl. Pan ymunais i yn 1958 nid oedd yr un ferch ar y Cyngor (er bod Janet Evans wedi bod ar un adeg) ond yn sydyn dyma lythyr gan Syr John Cecil-Williams yn gofyn a fuaswn yn barod i fynd ar y Cyngor. Ac yn y cyfarfod cyntaf yn un o dai crand Sgwâr Woburn cofiaf wynebau syn y criw pan welsant fi yn fy sgert fini a 'ngwallt cynffon merlen. Ond deuthum yn hoff iawn o'r 'criw' ac yn eu plith roedd Dr Wyn Griffith, T. H. Parry-Williams, Tom Parry, Kyffin Jones, Syr Ben Bowen Thomas. Iechyd! roeddwn yn teimlo'n bwysig.

Tachwedd 4

Yn dilyn ymddiswyddiad Sunny Jim fel arweinydd y Blaid Lafur maen nhw wrthi fel lladd nadroedd yn San Steffan yn ceiso ethol arweinydd newydd, ac wedi'r bleidlais gyntaf roedd gan Denis Healey 112, Michael Foot 50 a Peter Shore a John Silkin 35 yr un. Bydd yr ail rownd rhwng y ddau gyntaf. Dim ots gen i, wir. Er 'mod i'n reit hoff o Foot, aelod o'r teulu peniog a elwir gennym yn Feet – mae ganddo ymennydd miniog ond rywsut neu'i gilydd mae o'n rhy freuddwydiol i arwain criw brith ei blaid sydd mor hoff o ymrafael ymysg ei gilydd. Arlliw o Ubu Roi.

Heddiw hefyd etholwyd Ronald Reagan yn arlywydd America gan guro Jimmy Carter yn rhacs. Ac yn drist iawn bu farw'r paffiwr Johnny Owen; roedd wedi bod yn anymwybodol am chwe wythnos wedi iddo gael ei lorio yn Los Angeles.

Tachwedd 5

Daeth llythyr heddiw gan ewythr na wyddwn ddim amdano fo. Howell yw ei enw ac mae'n hanner brawd i fy nhaid, Ben Jones, Gwrych Bedw. Roedd Taid yn ddegfed o un ar ddeg o blant i John ac Elinor Lloyd Jones, Llannerch Gron ym Mhwll-glas, ond wedi marw ei wraig yn 1895 mi ailbriododd John yn amheus o fuan ac o'r ail briodas y mae Howell. Ymddengys bod gweddill y plant yn flin iawn hefo'u tad ac ni fu llawer o sôn am Howell. Ys gwn i oedd fy nhad yn gwybod amdano. Yn Farringdon mae o'n byw.

Tachwedd 13

Mae'r artist Nefyl Williams wedi gwneud can copi caligraffi o 'Gwinllan a roddwyd i'm gofal . . .' allan o *Fuchedd Garmon.* Geiriau sydd yn ysbrydoli. Mae Saunders wedi cael rhif 1 a Gwynfor rhif 2. Prynais i rif 66 a sylwi mai Coppack yw enw canol Nefyl Williams. Rhaid dechrau holi.

Tachwedd 24

Tipyn o grechwen yn ystafell yr athrawon gan fod y papur lleol wedi cyhoeddi faint o arian adawodd Dad a gofynnodd un i mi yn reit faleisus pam fy mod yn ei slymio hi ym Maes Garmon o gwbl (ei geiriau hi) a minnau wedi cael ffortiwn. Nid wyf yn meddwl yr hoffai Aled glywed y gair 'slymio' yn cael ei gysylltu â Maes Garmon. Un arall yn dweud y dylai fod gen i gywilydd yn mynd allan i weithio a dwyn swydd rhywun arall. Ychydig a wyddant fod crynswth yr arian yn mynd i'r dreth etifeddiaeth a bod yna gymhlethdodau lu. Ypsetio'n lân.

Tachwedd 26

Mae corff Rachel Roberts wedi'i ganfod yn ei chartref yn Los Angeles wedi gwenwyno'i hun. Un o Lanelli oedd hi, merch i weinidog. Rex Harrison sy'n cael y bai oherwydd iddo ei hysgaru a thorri ei chalon ar ôl ei gorfodi i roi'r gorau i actio er mwyn edrych ar ei ôl. Roedd hi'n actores wych a chafodd ei henwebu am Oscar. Cofiaf fod mewn rhyw barti yn Hampstead a rhywun yn meddwl mai Rachel Roberts oeddwn i.

Heddiw carcharwyd pedwar am losgi tai haf, sef Alan Beeston, John Roberts, Edward Gresty ac Eurig ap Gwilym. Gwybod dim byd amdanyn nhw. Pobl yr ymylon fel Malachi Jones gynt. Ac i goroni diwrnod cymysg bu farw Mae West. Mae nifer o'i dywediadau yn enwog. Megis 'Nid y dyn yn fy mywyd sy'n bwysig ond y bywyd yn fy nyn.' Ac un sydd yn apelio ataf i yw 'Peth doeth yw cadw dyddiadur, ryw ddydd gall eich cadw chi.' Go brin!

Rhagfyr 5

Mynd i'r Clwyd Gate i wrando ar Dafydd Iwan. Mae ei record newydd *Magi Thatcher* wedi cael ei gwahardd gan y BBC am ei bod yn enghraifft o aelod o un blaid yn pardduo aelod o blaid arall. Maddeued f'anwybodaeth ond chlywais i erioed am ddeddf o'r fath. Ac onid yw hyn wedi bod yn digwydd ers dyddiau'r Phariseaid a'r Sadiwceaid? Ond mi ganodd Dafydd y gân heno ac fe ymunodd pawb hefo fo!

Rhagfyr 9

O! alaeth. Mae John Lennon wedi cael ei saethu'n farw yn Efrog Newydd gan rywun o'r enw Mark David Chapman. Ac aeth y byd yn wallgof. Rwyf wedi tyfu hefo'r Beatles ac nid oes yr un grŵp arall yn medru dal cannwyll iddynt. Cofio cael dadl hefo Gwilym R. Jones pan fynnai ef eu galw yn 'Chwilod' yn *Y Faner*. Beatles, nid Beetles, ydyn nhw, mynnais innau. Aeth Rhuthun yn wallgof hefyd oherwydd mae ei gyn-wraig Cynthia, a'u mab, Julian yn byw yma. Heidiodd y *paparazzi* a bu rhaid iddyn nhw fynd i guddio. Merch neis iawn ydy Cynthia.

Rhagfyr 18

Yr ysgol yn torri ac yn y pnawn cafwyd gwasanaeth Nadolig a naw cant ohonyn nhw'n sefyll yn ddistaw am hanner awr. Byddai plant Llundain wedi gweiddi a phaffio a cherdded allan a'r athrawon yn tynnu gwalltiau ei gilydd. Rwyf yn dal ar goll braidd, ddim wedi arfer hefo plant ufudd.

Rhagfyr 19

Roedd Berwyn Swift Jones, golygydd craff *Y Bedol*, wedi diolch i mi am y golofn ar gyfer rhifyn Rhagfyr ac yn dweud ei bod yn ddigon da i fynd ar y dudalen flaen OND nid yw'n beth doeth rhoi gwaith merch ar y dudalen flaen, meddai. Roeddwn yn fud a syfrdan. O! Simone de Beauvoir, beth ddywedet? Ond aethom i blygu'r papur heno yn Llanelidan ac roedd fy Salm i Famon ar y dudalen flaen wedi'r cwbl! Tipyn o dynnwr coes ydy Berwyn weithiau ond ei bod yn anodd penderfynu pryd. Ys gwn i fydd y darllenwyr yn sylweddoli fod pob brawddeg yn odli?

Onid gwir yw dweud yn blaen fod Gŵyl y Geni'n llawn o straen a gwraig y tŷ mewn ffwdan flin yn ceisio cadw hud a rhin y

Gwylie pan oedd hi yn fach – heb unwaith fynd i unrhyw strach? Ac onid teg yw dweud yn blwmp fod gŵr y tŷ yn rêl hen lwmp yn esgeuluso'i ddyletswydde, heb siopa rhemp na phluo'r gwydde na phrynu anrheg ddrud na cherdyn na sgwennu llith na gwneud y stwffin? Caiff fwyta llond ei fol mae'n siŵr (Nid sôn yr ydwi am fy ngŵr na chwaith amdanat ti, ddarllenydd, mae'n siŵr dy fod yn gymar dedwydd) ond llawer iawn o ddynion sydd yn cnewian ac yn swrth drwy'r dydd yn llowcio cnau a llyncu gwin. Does ryfedd fod sawl gwraig yn flin ar drothwy tymor ewyllys da. Fe aeth y peth yn wir yn bla.

Rhaid postio cardie i bedwar ban a chiwiau hirion ym mhob man ac wedi ymladd am bob bargen cario'r llwyth i'r tŷ. Yr argien, mi fydd yn falch pan ddaw yr haf, ffarwelio wna ar fod yn slaf i blant cwerylgar, hafin, barus, yn strancio uwchben tegan bregus ac yn plagio'n ddibaid ddydd a nos am sachaid lawn gan Santa Clôs. Rhaid gwisgo'r goeden, doed a ddelo, a threulio dyddiau yn coginio, pwdin plwm a theisen ffrwythe, pario tatws, golchi llysie, anfon llythyr llawn hanesion ar draws y byd i hen gyfeillion. Parseli lu yn rhes i'w lapio a thorri'r banc efo costau'r postio. Gwario gormod ar bresante a fydd cyn Calan yn deilchione. Swllt neu ddau i gôr cribddeiliog yn canu'n fflat ar ben y rhiniog am faban bach mewn beudy gwael. Nadolig llawen! Rhowch yn hael!

Pan ddaw y dydd bydd Mam yn ddreng a daw yr awr i fwydo'r lleng. Rhaid llenwi'r sosbyn, stemio'r pwdin, gwisgo'r twrci, sherri sydyn. Chwipio'r hufen, tanio'r brandi, bwyta gormod o gnau a chandi. Hwylio'r bwrdd â lliain amdo, gwydrau grisial yn disgleirio, aeron coch a chracars coeglwyd, hetiau gwirion, mins peis soeglyd. Pawb yn fodlon a glythedig wedi'r frwydr fawr niwrotig, yn y gegin drwy y bore a'r plant yn paffio yn lle chware. Pwy sy'n mynd i olchi llestri? Hel esgusion. Ble mae'r brandi?

O! annwyl, annwyl Santa Clôs, tyrd yn ddistaw ganol nos a llenwi fy hosan wnei di plis â thlysau drud – anghofia'r pris. Rho gic i ERNIE, bendith arno, efallai daw fy rhif o'i fol o. Os caf ganddo hanner miliwn, af ar fordaith. Ymbleserwn. Ac anghofio'r gost a'r penyd a ddaw bob blwyddyn yn sgil y Dolig.

1981
Blwyddyn Dal Chwiw yr Achau

Ionawr 2

Cychwyn go eironig i'r flwyddyn oherwydd aethom i Lundain! Pat a Roy, dau o'n cyn-gydweithwyr yn priodi yn neuadd y dref, Finsbury. Atgofion hyfryd am y lle gan mai dyna lle priodwyd ni ein dau hefyd. Bendithio'r briodas wedyn yn Eglwys Ioan yr Efengylwr yn Duncan Terrace. Roedd hwn yn lle braf i fyw ynddo gan ein bod yn medru cerdded i'r ysgol ac roedd y gamlas yn rhedeg yn gyfochrog. O fewn ychydig lathenni inni roedd plac glas ar y tŷ lle'r arferai Charles Lamb fyw. I lawr y ffordd mae Kenneth Griffith yn byw. Braf gweld y criw o'r ysgol. Ac yn dal i gwyno! Ac eisiau gwybod beth ar y ddaear gaem i'w wneud yn byw yng nghanol nunlle. O, medden ni, dim ond papur bro a chymdeithas hel achau, rhaglenni radio a chlwb golff a Probus a gwersi Cymraeg a'r Rhyddfrydwyr a'r ysgol a gweld ein teuluoedd o leiaf ddwywaith yr wythnos a chant a mil o bethau i'n cadw rhag eistedd yn y tŷ a'n pennau yn ein plu mewn hiraeth am y Wen Fawr. A heno aethom am bryd o fwyd i'r Flamingo hefo Lesley a Calvin.

Ionawr 4

O'r diwedd, mae'r Yorkshire Ripper wedi'i ddal. Peter Sutcliffe yw ei enw a bu'n lladd merched am bum mlynedd. Ei wraig yn athrawes! Y greadures fach. Llwyddodd i lithro fel slywen o ddwylo'r heddlu fwy nag unwaith am eu bod nhw'n chwilio am rywun gydag acen wahanol. Daeth y newydd fod Towyn Roberts, gweddw Violet Pen-y-graig, wedi rhoi £20,000 i'r Eisteddfod i greu Ysgoloriaeth er cof amdani. Roedd eisoes wedi rhoi £20,000 i Gronfa'r Mil o Filoedd. Mi fyddai'n braf cael ugeiniau fel efô.

Ionawr 7

Yn ôl yn yr ysgol ar ddiwrnod oer iawn. Clywed bod y pwyllgor addysg yn torri ar wariant a thros gant a hanner o athrawon yn gorfod mynd – yn cynnwys yr annwyl Carys Tudor Williams, athrawes fro gyda drama. Drama yn cael ei gyfrif yn bwnc rhy ymylol, mae'n amlwg. Mi fyddent yn wallgof yn cael gwared â rhai fel hi. Y Cynghorydd Schwarz yn awgrymu y dylem oll ddysgu dosbarthiadau

31

o drigain. Hoffwn ei weld ef yn trio. Llais cyfarwydd yn tawelu heddiw – bu farw Alvar Liddel, darllenydd newyddion ar y radio ac ef gyhoeddodd fod y rhyfel wedi dechrau yn 1939. Roeddent yn gorfod rhoi eu henwau wrth ddarllen y newyddion yr adeg honno ac un arall y cofiaf ei glywed oedd Stewart Hibberd. Bu tipyn o gwyno am Wilfred Pickles oherwydd bod ganddo acen gref swydd Efrog ond y syniad oedd na fedrai unrhyw Almaenwr ei efelychu. Nid oeddwn i'n siŵr iawn am hynny oherwydd roeddwn wedi darllen llyfr o'r enw *Helynt Ynys Gain* lle roedd yna ysbïwr Almaenig wedi dysgu Cymraeg yn berffaith!

Ionawr 17

Mae'r Parch. Curig Davies wedi marw yn 87 oed. Pan oedd ei fab Ednyfed yn Aelod Seneddol dros etholaeth Conwy roeddwn yn ysgrifenyddes iddo am gyfnod a chawn gerdded i mewn ac allan o'r Senedd fel y mynnwn. Roedd yna dwnnel cudd o orsaf dan-ddaear Westminster i mewn i'r Senedd ond heblaw am yr ASau ychydig iawn o bobl a wyddai amdano. Roedd gan Ednyfed ar y pryd gi o'r enw Gelert oedd yn ddall ac fe syrthiodd y truan i lawr ein grisiau yn y fflat a fi gafodd y bai oherwydd i mi ddweud 'Grisie' yn lle 'Steps'. Mi ges i flas mawr ar weithio yn y Senedd. Byddwn yn cael ras hefo Tom Driberg i weld pwy fedrai orffen croesair y *Times* yn gyntaf. Byddem yn cael coffi ar y teras ac un bore daeth Harold Wilson i gael sbec a gofyn i mi beth oedd f'enw a phan atebais, meddai, 'Oh! you must have been a summer baby!' Parodd hyn gryn syndod a phan ofynnais iddo sut oedd yn gwybod, meddai, 'Sir David Hughes Parry's wife told me.' Haf oedd ei henw hi ac roedd yn ferch i O.M. Edwards.

Ni wyddwn am gefndir Driberg yr adeg honno ond wedi'i farwolaeth daeth y cyfan i'r amlwg. Roedd yn un o gyfeillion agos Aleister Crowley ac ill dau yn ymddiddori yn yr ocwlt, ac roedd hefyd wedi cael ei gymryd i'r ddalfa nifer o weithiau am weithgaredd hoyw. Ef oedd yn gosod y croeseiriau yn *Private Eye*. Collodd Ednyfed ei sedd yn 1970 a dyna ddiwedd ar fy nhymor yn y Tŷ. Pethau eraill a gofiaf yw George Brown yn pinsio fy mhen-ôl, Enoch Powell yn siarad Cymraeg hefo fi a'r ffordd roedd Gwyneth Dunwoody yn trin ei gŵr.

Ionawr 20

Marwolaeth Maxwell Fraser, awdures a gweddw'r cyn-Archdderwydd Trefin. Pan gyhoeddwyd cofiant Trefin gofynnodd hi i mi ei gyfieithu iddi. Rwyf yn gwrido heddiw wrth feddwl am fy rhyfyg gan nad oeddwn erioed wedi gwneud dim byd tebyg o'r blaen. Ond cefais £25 ganddi a phrynais gôt swêd yn y Gallerie Lafayette yn Regent Street. Roedd yn rhywbeth roeddwn wedi'i ddeisyfu ond na allwn ei fforddio. Mae hi'n dal gen i ond am ryw reswm mae wedi mynd yn llai o faint. Byddai Maxwell yn dod i gyfarfodydd y Cymmrodorion ond tueddai pawb i'w hosgoi gan nad oedd dichon cael gwared ohoni unwaith roedd wedi cychwyn stori fawr hir. Cefais gerdyn Nadolig ganddi unwaith, sef llun Trefin yn derbyn y Tywysog Philip i'r Orsedd!

Chwefror 2

Cyrhaeddodd llond cist o lyfrau Cymraeg wedi'u hanfon gan Freddie, y gŵr bonheddig yr arferwn ei alw yn chwareus yn dadi siwgr. Byddai'n cael gwersi Cymraeg gen i ac wedi'r wers yn mynd â mi am bryd o fwyd i'r mannau mwyaf moethus. Fy hoff le oedd yr Epicure yn Soho ac yn y fan honno y cefais siampên pinc am y tro cyntaf ac rwŷf yn dal i gofio blas gogoneddus y *crêpe suzette*. Aeth â mi hefyd i Simpsons yn y Strand, oedd yn lle dethol iawn, a hyd yn oed i Claridges, lle gwelais Bob Hope. Dysgodd Freddie'r Gymraeg yn berffaith a hi oedd ei 27ain iaith. Roedd wedi bod yn ysbïwr adeg y rhyfel a llwyddodd i dwyllo Mussolini mai Eidalwr ydoedd. Roedd yn gweithio yn y Gyfnewidfa Stoc ac yn rowlio mewn pres.

Chwefror 9

Wrth fynd drwy gofrestr plwy Llandysilio-yn-Iâl, darganfod bedyddio plentyn siawns i fy hen hen daid Cae Llewelyn yn 1843. Rhaid dygymod â darganfod pethau felly wrth fynd ati i hel achau ac fel y dywedodd Bernard Shaw: 'Os dowch o hyd i ysgerbwd yng nghwpwrdd y teulu, gwnewch iddo ddawnsio.' Rwyf hefyd wedi darganfod bod fy hen daid, John Jones, Llannerch Gron, hefyd wedi tadogi plentyn siawns.

Chwefror 13

Bûm mewn parti pen-blwydd heddiw. Un pwysig iawn. Kate Roberts yn 90 oed. Roedd yr hoelion wyth o bell ac agos wedi hel i Ysgol Twm o'r Nant ac fel y dywedodd Ifor Bowen Griffith, 'Pe bai bom yn disgyn yma fyddai yna ddim sgwennwrs ar ôl yng Nghymru!' Yn ei chadair olwyn roedd hi, yn edrych yn llwyd ond yn wên i gyd hefyd.

Bedwyr oedd yn gwthio'i chadair. Cafwyd anerchiadau da gan Alun Llywelyn-Williams, Gwyn Erfyl, Gwyn Thomas, Bedwyr a Glyn Tegai. Pwy arall oedd yno – Mathonwy a Gwilym R., Syr Thomas Parry a Selyf Roberts, Geraint Morgan a John Gwilym Jones, David Meredith, Mrs J. E. Jones ac ymlaen. Diwrnod cofiadwy. Dywedir nad yw pobl Dinbych yn hoff ohoni ond mae hi wedi bod yn serchog tuag ataf i bob amser am ryw reswm.

Chwefror 17
Wrth chwilota yn yr Archifdy heddiw darganfod bod gan fy hen hen daid Evan Hughes, Tŷ Helyg, Bryneglwys, frawd o'r enw Owen oedd yn Ddirprwy Brif Gwnstabl Meirionnydd ac mai mab i hwnnw oedd Ernest Hughes, Athro Hanes cyntaf y Brifysgol yn Abertawe ac eisteddfodwr brwd. Trueni na chefais ei gyfarfod. Hefyd wedi darganfod sut oedd y dyn roedd Nain yn ei alw'n Yncl Cardiff yn perthyn. Thomas Davies oedd ei enw iawn a 'Bethel' ei enw barddol. Magwyd ef yn Llwyn y Brain hefo'i daid, yr Hen Ddewin, ac roedd yn blentyn siawns i fy hen hen nain, Jane Hughes, Tŷ Mawr Morfudd. Enillodd Gadair Eisteddfod Genedlaethol Abertawe 1907 am gerdd anhraethol hirwyntog ar John Bunyan. Yn ôl Pedrog, un o'r beirniaid, roedd yr awdl mor felys fel yr ofnai iddi ddod i ben yn rhy fuan. Ond ofnwn i na ddeuai byth i ben. Diolch bod yr iaith Gymraeg wedi ystwytho cryn dipyn ers Oes Victoria. Bu Bethel yn weinidog hefo'r Bedyddwyr Saesneg yn Sgwâr Mount Stuart, Caerdydd, weddill ei oes. Mae'r chwilota 'ma'n dechre cael gafel arnaf i!

Mawrth 23
Y *Daily Post* yn troi'n dabloid.

Mawrth 26
Roedd yna noson rieni ym Maes Garmon heno ond nid oedd neb wedi dweud wrthyf ei bod wedi cael ei symud o Ebrill 8fed. Dyna'r anfantais hefo bod yn rhan-amser, nid yw'r negeseuon yn fy nghyrraedd. Nid ydym yn cael bwletin dyddiol fel yn yr ysgol yn Islington. Felly doeddwn i ddim yno ac yn teimlo'n chwithig gan y bydd rhai yn siŵr o weld bai.

Mawrth 28

Mae hi'n flwyddyn y Cyfrifiad ac mae Cliff yn brysur gan ei fod wedi'i ddewis yn swyddog ac mi fu ar ei rownd drwy'r bore. Wedi cyfarfod pob math o bobl: hen bobl yn ofni rhoi eu manylion ar ddu a gwyn; pobl ifanc erioed wedi clywed sôn am y Cyfrifiad; gwragedd eisiau aros i'w gwŷr ddod adre; rhai yn gwrthod y ffurflen; rhai yn gwrthod agor y drws; rhai yn cau'r drws yn glep yn ei wyneb gan feddwl mai'r bwrdd dŵr neu nwy neu drydan oedd yno a run creadur wedi gofyn am ffurflen Gymraeg. Cafodd Cliff gryn drafferth i gael pentwr o rai Cymraeg beth bynnag. Nid wyf byth wedi cael cyflog. Mae'r undeb yn ymbil ar fy rhan. Ymddengys nad wyf yn bod. Mae'r sefyllfa ariannol yn reit boenus ar hyn o bryd gyda graddfa morgeisi yn 15%.

Mawrth 31

Noson anfarwol yn Rhyd-y-main. Rownd derfynol cystadleuaeth y Cyngor Llyfrau, sef portreadu awdur, a dwy Aelwyd a thri Clwb Ffermwyr Ifanc yn cystadlu. Clwb Maes-y-waen wedi penderfynu fy mhortreadu i. Chwarddais nes nadu wrth weld darnau o'm llyfrau yn cael eu hactio: cath enfawr wedi'i stwffio (cogio bod yn Llewelyn) yn neidio ar bry copyn anferthol; ffair sborion yn yr ysgol; Herbert yn dweud wrth ei giang, 'Leave Miss alone or 'er old man will getya.' Chwerthin cymaint fel nad oedd Gareth Edwards, y beirniad oedd yn eistedd o fy mlaen, yn medru clywed y ddeialog o'r llwyfan. A Maes-y-waen enillodd!

Ebrill 17

Priodas fy nghyfnither Sian Mair ac Irfon yng Nghapel Minffordd, ger Penrhyndeudraeth, lle mae ei thad yn weinidog. Roedd ei mam wedi gofyn i mi godi'r canu. Erioed wedi gwneud ffasiwn beth o'r blaen. Roedd ein cyfnither Meta wrth yr organ a Siwan, wyres Saunders Lewis, ar y delyn. Diwrnod hyfryd a Sian yn ddel.

Mai 5

Mae Bobby Sands AS ac aelod o'r IRA oedd yn y carchar wedi llwgu ei hun i farwolaeth. Ofnaf fy mod yn gweld hon yn weithred ddi-fudd. Ildio, dyna wnaeth. Onid gwell fyddai byw i geisio ennill y frwydr.

Mae yna fanylion teuluol yn dod yma o bob cyfeiriad ac mae pawb yn gwybod rhywbeth difyr am ein hynafiaid, fel mae'n digwydd. Llythyr gan f'ewythr D. J. Davies, Glanoge, Llansilin (Pleidiwr mawr sy'n eilunaddoli Gwynfor!). Roeddwn wedi gofyn iddo oedd o'n gwybod rhywbeth am Modryb Polly, chwaer ei fam a chwaer fy nhaid, fu farw yn Llundain. Tipyn o ddirgelwch, medde pobl wrthyf. Nid oedd DJ yn gwybod beth ddigwyddodd i'w merch fach ond mi wyddai fod Modryb Polly wedi priodi rhywun oedd yn nabod Dr Crippen! Mae un neu ddau ohonom wedi bod yn ceisio perswadio pwyllgor y Gymdeithas Hanes Teuluoedd i gynnal ambell i gyfarfod Cymraeg ac roedd yna un yng Nghorwen heno. Ond dim ond ni ein dau a Dafydd Hayes ddaru droi i fyny. Dyna hoelen yn yr arch yna.

Mai 14
Geraint Stanley Jones yn cael ei benodi'n bennaeth y BBC. Ei gofio ym Mangor ac roedd ei briod, Rhiannon, yn yr un dosbarth â mi yn yr ysgol yn y Bala ac rwyf newydd ddarganfod ein bod yn perthyn (andros o bell!) oherwydd y cysylltiad â Chwm Celyn.

Mai 30
Ugeiniau ohonom yn hel i iard yr hen orsaf i groesawu Côr Aelwyd Rhuthun adre yn dilyn eu buddugoliaeth yn yr Urdd yng Nghastellnewydd Emlyn. Mae yna fachgen ifanc o'r enw Robert Arwyn newydd ddod yma i'r gwasanaeth llyfrgell ac mae ganddo ddawn gerddorol. Daeth Llewelyn ag anrheg i'r tŷ, sef chwislen dew, ac roedd yn chwarae pêl-droed hefo hi ac yn canu ei grwth fel peiriant. Ceisiais ei hachub ond roedd Llew fel teigr.

Mehefin 26
I'r Wyddgrug i recordio *Wythnos i'w Chofio*. Bu'n dipyn o dasg. Gwrando ar bopeth a thapio er mwyn medru amseru. Rhaid oedd dweud wrth y cynhyrchydd, Iwan Thomas (gynt o Lundain), pa ddarn o ba raglen a sawl munud i mewn a ffitio popeth. Erbyn cael popeth at ei gilydd roeddwn ddau eiliad yn rhy hir. Ac mae'n rhaid gwneud yr un peth am wythnos arall. A hyn i gyd ar ben marcio papurau arholiad. Mae'n wyrthiol gweld plant di-Gymraeg yn dod yn siaradwyr rhugl ym Maes Garmon ond mae eu hiaith ysgrifenedig yn codi gwallt fy mhen. Ond mae yna blant galluog iawn yn yr ysgol ac rwyf yn sicr y bydd mwy o sôn am nifer ohonyn nhw. Rwyf hefyd yn llawn

edmygedd o'r penaethiaid: Aled, Rhys Jones ac Ednyfed Williams. Er hynny, mae yna garfan o'r staff sy'n medru bod yn bigog iawn.

Gorffennaf 17

A dyma fi'n ddi-waith unwaith eto. A hithau'n ddiwedd tymor, bu criw ohonom ym Mhlas Hafod yng Ngwernymynydd amser cinio a chefais dipyn o *in vino veritas* o'r diwedd gan rai o'r athrawon. Ymddengys bod yna griw bychan mewn un adran wedi penderfynu gwneud pethau mor anodd â phosib i mi; peidio gadael i mi gael gwerslyfrau, er enghraifft, na rhaglen waith chwaith. Am nad oeddynt yn meddwl y dylwn fod yn yr ysgol. Roeddwn i'n un o'r penaethiaid yn yr ysgol yn Llundain ac mi fuaswn yn flin iawn hefo unrhyw un fuasai'n ceisio gwneud bywyd athrawes newydd yn anodd.

Gorffennaf 23

Mae'r Arglwydd Goronwy Roberts wedi marw yn 67 oed. Arferwn weld cryn dipyn arno yn y dyddiau cynnar yn Llundain pan arferai Angharad a minnau fynd i'r Tŷ yn gyson i weld ei thad a'i gyfeillion. Ac un o'r rheiny oedd Goronwy R. Cafodd yrfa ddisglair ond sioc enbyd iddo yn 1974 oedd colli ei sedd i Dafydd Wigley.

Gorffennaf 27

I Aberystwyth am gyfweliad. Wedi penderfynu gwneud gradd allanol. Eisteddais o flaen criw yn cynnwys Walford Davies, Richard Hinks, Elan Closs, Cyril Williams, Geraint Jenkins a Ieuan Williams gan feddwl beth ar y ddaear wyf yn ei wneud fan hyn yn rhoi fy hun drwy'r mangl. Y cwestiwn cyntaf ofynnwyd i mi oedd: 'Pa lyfr ydych chi'n ei ddarllen ar hyn o bryd?' F'ateb oedd: '*Hanes Methodistiaeth Dwyrain Meirionnydd* gan William Williams, Glyndyfrdwy.' Chwarddodd pawb. Meddwl 'mod i'n grefyddol efallai. Ond y gwir yw mai chwilio am achau rydw i! A chlywed heno fod Bryn Williams, Bryn Patagonia, wedi marw. Dyn hyfryd gyda llais mwyn. Ni feddyliais erioed wrth wrando ar straeon 'Bandit yr Andes' a'r 'March Coch' ar *Awr y Plant* ers talwm y buaswn ryw ddydd yn cyfarfod yr awdur. Ond deuthum yn ffrindiau gyda'i ferch, Nan, yn y chweched dosbarth yn Ysgol Brynhyfryd a dod i nabod ei thad oedd yn weinidog ar y Tabernacl ac yn byw ar ben Jumbo Hill (sef yr enw lleol ar Bryn Goodman).

Gorffennaf 29

Dim byd ar y teledu drwy'r dydd ond priodas y Tywysog Charles a Diana Spencer. Roedd Spencer yn enw canol i Winston Churchill ac ys gwn i faint o bobl sydd yn sylweddoli eu bod o'r un llinach? Roedd yna hanner miliwn yn y Mall. Rhaid cyfaddef ei bod hi'n edrych yn ysblennydd – fel y dylai tywysoges fod.

Awst 1

Yn Eisteddfod Machynlleth am yr wythnos ac Alan wedi llusgo'r garafán yno inni. Gwyn Erfyl yn agor y Babell Lên; Ruth Price yn adrodd ei hanes yn hwylio i India'r Gorllewin ar gwch banana. Swnio'n wych. Dod i nabod Eddie a Martha Rea. Y tywydd yn berffaith. Selyf Roberts yn beirniadu cystadleuaeth y nofel ac yn atal y wobr a dweud bod iaith pob un yn warthus. A rhyw gyth yn meiddio gofyn i mi oeddwn i wedi cystadlu! Siôn Aled yn ennill y Goron; John Gruffydd Jones y Fedal Ryddiaith a John Gwilym Parc Nest, gŵr Avril Tŷ-isa'r Rhos, yn cael y Gadair. Ganol yr wythnos cefais lythyr yn dweud fy mod wedi cael fy nerbyn i Aberystwyth a Deian Hopkin yn dweud bod yna dros gant wedi gwneud cais. Cael pryd bob min nos yn y Wynnstay ac roedd nifer yn aros yno. Pwy ddaeth heibio ond Cledwyn Hughes a George Thomas. Andros o row yn y Wynnstay ar y nos Sadwrn olaf pan ddaeth Gwion Lynch ac Iwan Edgar i ymosod yn eiriol ar Robyn Lewys ac yn arbennig ar John Mitchinson, tenor o Sais oedd wedi bod yn canu mewn cyngerdd ar y Maes. Cafodd ei frifo'n arw ac ni allai ddeall beth oedd wedi achosi'r fath ymosodiad. Rhywbeth i'w wneud â'r Seiri Rhyddion gychwynnodd y ffrae. Roedd Towyn Roberts yn ofnadwy o flin hefo nhw. A Robyn hefyd gan ei fod wedi ymladd dros nifer o aelodau Cymdeithas yr Iaith mewn llysoedd barn. Rwyf yn gweld pam fod y criw ifanc yn brwydro mor ysig ond yn aml iawn nid ydynt yn gwybod pwy yw eu ffrindiau.

Awst 20

Mae hi'n wir yn ddiwedd cyfnod oherwydd bu eitem ar y rhaglen *Heddiw* a phennawd yn *Y Cymro* a barodd i mi sefyll yn stond. Sef clywed bod un o siopau enwocaf Llundain yn cau a'i bod ar werth. Na! nid Harrods na Selfridges, eithr Siop Griffs. Bu'n sefydliad; credwn ei bod yn ddiddarfod. Ymddengys i mi fod bywyd Cymraeg

Llundain yn araf ymddihatru. Cofio mynd i Griffs am y tro cyntaf a cherdded ar hyd y lôn gul, Cwrt Seisyllt, gan feddwl yn siŵr mai rhyw Gymry uchel-ael, soffistigedig a fyddai'n berchen siop mewn ardal mor ddethol, mor gosmopolitan yng nghanol y theatrau. Ar hyd y stryd fach roedd rhesi o siopau llyfrau hen a drud, siopau stampiau ac arbenigwyr yn y byd llyfryddol yn heidio hyd-ddi. Ofnwn mai chwerthin a wnâi perchnogion Siop Griffs wrth weld athrawes dlawd o gefn gwlad yn meiddio cerdded i'w cysegr sancteiddiolaf.

Ond dim o'r fath beth. Llond y lle o Gymraeg, paned o de, hel achau, dangos trysorau, mapiau Speed, llyfrau Gregynog. Ac nid oedd rhaid gwario chwaith, fyddai neb yn dal dig os awn allan yn waglaw. Ac nid anghofiaf eu caredigrwydd yn gadael i mi agor dyled 'ar y llechen' tan ddiwedd y mis a diwrnod haleliwia'r cyflog. Bu gen i ddyled ar y llechen am dros ugain mlynedd. A phan adewais Lundain ddeunaw mis yn ôl a chliro'r ddyled roedd yn rhyddhad ac yn chwithig. Mynd yno yn selog bob pnawn Iau ar wib yn syth o'r ysgol o orsaf danddaearol yr Angel i Leicester Square, rownd y gornel i Cecil Court, agor drws y siop, Josh yn gwenu'n braf a minnau'n carlamu i lawr y grisiau troellog i weld y llyfrau Cymraeg. Casglu'r *Faner* a'r *Cymro* a *Barn* a'r *Genhinen* a throi i mewn i gaban coffi yn Tin Pan Alley i'w darllen, ar goll mewn gloddest gan anwybyddu'r hwrli-bwrli y tu allan. Yn aml iawn, byddai Bryn Griffiths, y bardd o Abertawe, yn ymuno â mi. Yn 1967 cefais ganddo gopi o'i gyfrol gyntaf, *The Stones Remember*. Roedd yna bob amser ymwelwyr diddorol yn y siop a chofiaf gyfarfod â Jack Jones, Aneirin Talfan, Bryn Griffiths, Tom Earley a John Tripp.

Pedwar brawd oedd yno'n wreiddiol a William gafodd y weledigaeth pan oedd yn rhedeg yr adran Gymraeg yn Foyles, un o'r siopau llyfrau mwyaf yn y byd yr adeg honno. Gyda chymorth ei dri brawd, Arthur, John a Joseph, mentrodd agor eu siop fach eu hunain. Ergyd drom oedd marwolaeth William. Arthur ddaeth i'r adwy, gŵr hynaws a llawen; cafodd ei anrhydeddu â'r OBE am wasanaeth i ddiwylliant Cymru ac yn bwysicach fyth ei urddo i'r Orsedd fel 'Arthur Cerdin'. Ymfalchïai mewn dau beth yn bennaf – ei fab peniog, Teifion, a'r ffaith fod yna gerddor tan gamp o'r enw Dudley Moore yn byw drws nesaf iddo yn Dagenham.

Roedd John yn dawelach ond â chanddo sgwrs ddeallus. Fo fyddai yn y swyddfa yn cadw cownts a dyrnu'r teipiadur a mwg sigarennau'n gwmwl gwenwynig o'i gwmpas. Ac uwchben yn y siop roedd Josh, llawn herian a chwerthin. Calon y siop oedd Mary, gwraig John, yn llawn diddordeb ym mhopeth ac yn mwynhau enwogrwydd y brodyr. Mae pobl yn tueddu i anghofio ei bod hithau hefyd yn ddynes fusnes tan gamp.

Bu cyfraniad y teulu hwn yn un pwysig oherwydd yn ogystal â hybu gwerthiant llyfrau a recordiau a'r senedda yn y siop, buont hefyd yn gefn i achosion Cymraeg y ddinas. Bu William yn olygydd *Y Ddinas*, papur bro Cymry Llundain, am flynyddoedd. Rwyf yn falch nad wyf yn dal i fyw yn Llundain – beth wnawn i heb Siop Griffs?

Medi 3

Tristwch mawr yn Rhydonnen gan fod Alwen, mam Buddug, wedi marw heddiw yn 72 oed. Yn Eisteddfod Genedlaethol Corwen yn 1919 enillodd hi am adrodd dan 12 a'r un pryd enillodd fy mam a'i chwaer ar y ddeuawd dan 12: hanner canrif yn ddiweddarach roedd merch un yn priodi mab y llall.

Medi 11

Daeth llythyr gan yr Athro Glanmor Williams gyda thipyn o wybodaeth am yr Athro Ernest Hughes a oedd, rwyf newydd ddarganfod, yn gefnder i fy hen nain Bryn Tangor. Roedd yn fab i Owen Hughes a ddaeth yn Ddirprwy Brif Gwnstabl Meirionnydd. Gwelais yn *Y Faner* iddo gael ei wrthod fel Prif Gwnstabl am ei fod yn ormod o Gymro. Cafodd ei eni yn y Gelli Isa yn Rhyducha, ger y Bala. Roedd Ernest yn yr ysgol hefo R. T. Jenkins yn Nhŷ-tan-Domen. Ef oedd Athro Hanes cyntaf y brifysgol yn Abertawe yn 1920. Roedd yn Eisteddfodwr mawr a bu fyw tan ddechrau'r 50au, felly buaswn wedi medru ei gyfarfod pe gwyddwn am ei fodolaeth! Dyna sy'n digwydd hefo hel achau – cyfleon coll o hyd ac o hyd. Dywedodd Glanmor fod ganddo ŵyr o'r enw Mark Hancock yn dwrne yn Abertawe ac anfonais at hwnnw i awgrymu cyfarfod yn yr Eisteddfod fis Awst.

Medi 26

Wedi cael mis prysur yn rhedeg o gwmpas, a heddiw aethom i Aberystwyth i gofrestru ar gyfer y cwrs gradd er nad wyf yn hollol siŵr sut rwyf yn mynd i ddod i ben gan fy mod unwaith eto ar y dôl ac mae rhywbeth wedi mynd o'i le ar y peiriant biwrocratiaeth gan nad yw Cliff wedi cael ei bensiwn ers dau fis. Sylweddoli bod yna dipyn ar fy mhlât – Cymraeg a Hanes eleni, a Chrefydd y flwyddyn nesaf. Cyfarfod â gweddill y rhai sy'n cychwyn yr un pryd – Hilary Griffiths o Donypandy; Emyr Hywel o Flaen-porth; Dr Cedric Davies o Fangor; Brynmor Edwards o Landegfan a Gwerfyl Arthur o Lanuwchllyn.

Hydref 5

Sgwennu'r traethawd cyntaf i Aber, sef aralleirio *Pwyll, Pendevic Dyvet* a gwrando tâp o Bobi Jones yn darllen y 'Gododdin'. Gwych. Trueni fod yna golyn yn y gynffon – arholiadau.

Hydref 10

Yn Aber erbyn 9 y bore a chael dwy awr ar Gerdd Dafod gan D. J. Bowen. Roedd yn amlwg nad oedd yn fodlon gorfod gweithio ar fore Sadwrn. Cwbl ddieneiniad. Pawb yn edrych ar ei gilydd ar y diwedd gystal â dweud: ai dyma beth mae'r cwrs gradd yn ei olygu? Wedyn dwy awr o Gymraeg Canol hefo Rita Williams a braf oedd gweld rhywun mewn cariad â'i thestun.

Hydref 24

Yn Aberystwyth – darlith gan Beverley Smith ar 1282 ac yna Llinos Smith ar Glyndŵr a mwynhau'n aruthrol a chael pryd o fwyd yn y Groves gyda rhai o'r myfyrwyr a'r athrawon. Noson dda. Ond mae'r gwaith yn pentyrru a'r bore wedyn darlith ar 'Hunaniaeth y Boneddigion' gan Geraint Jenkins a John Davies yn y pnawn ar dwf cenedlaetholdeb.

Tachwedd 14

Cael trafferth i gwblhau'r holl draethodau gan fod yma ymwelwyr bob munud ac i wneud pethau'n waeth buom yn Llundain am dridiau i ddathlu pen-blwydd Cliff echdoe. Pryd o fwyd bythgofiadwy yn y Kew Rendezvous. A heddiw pryd ganol dydd yn Kenwood lle mae Chippy, un o'n cyn-gydathrawon, yn byw gan fod ei fab yn arddwr yno. Y tro cyntaf i mi fod yn Kenwood oedd yn 1958 pan fûm mewn cyngerdd awyr agored a chofiaf am byth nodau

'Aprés Midi' yn cario ar draws y llyn ac yn siglo dail yr helyg. Am dro hefyd i'r hen ysgol a sylwi pa mor flinedig mae pawb yn edrych. Traethawd ar Ddafydd ap Gwilym yn pwyso ar fy meddwl drwy'r amser.

Tachwedd 28
Prynu llyfrau ar gyfer y cwrs yn Siop Clwyd a galw yn Rhydonnen ar y ffordd adre, a dyna lle roedd golygfa fendigedig. Deunaw o blantos yn eistedd o gwmpas bwrdd y gegin ac yn stwffio'u hunain. Mae Ffion yn 6 oed fory. Dim ond chwech o blant oedd Buddug yn ei ddisgwyl i de ond Ffion wedi gwahodd pawb o Ysgol Twm o'r Nant.

Rhagfyr 20
Mae hi'n dywydd garw a phopeth ar stop, gan gynnwys darlithoedd Aber. Mae wedi bwrw eira'n drwm ar draws Cymru ac wedi lluwchio. Nid yw'r teledu'n gweithio a dim trydan o gwbl yng Ngwynedd, ac ar y 14eg collwyd bad achub Mousehole ac un ar bymtheg o'r criw mewn storm. Ar y teledu roedd yna ffermwr yn ei ddagrau am fod mil o foch wedi boddi pan ddaeth y meiriol ar y 15eg. Helen yn symud tŷ heddiw ac roeddwn yn medru cydymdeimlo â hi pan ddywedodd na welai ddim byd ond bocsys. Cefais B++ am fy nhraethawd ar Owain Glyndŵr.

Rhagfyr 31
Treulio Nos Galan yn y Golwythdy a chafwyd noson lawen yno hefo Eirlys Dwyryd ar y delyn, Leah Owen yn canu a Richard Foty Ddu yn dweud straeon.

1982
Yn Stiwdent Unwaith Eto

Ionawr 8

Mae hi'n dywydd drwg a ddoe cafwyd storm fawr o eira, y waethaf ers 1947 meddir. Rwyf yn cofio'r eira hwnnw yn iawn oherwydd fe gaewyd yr ysgol am saith wythnos a chofiaf fynd i lawr i'r pentre ar sled i nôl bara. Pob ffordd yn y canolbarth wedi cau a lorïau'n cael eu gadael ar y traffyrdd a phobl yn dwyn ohonynt! Bu Cliff a Noel drws nesaf yn clirio'r eira ac yna daeth yr arad eira a thaflu'r cwbl yn ôl ar y dreif! Fel yr hen Sisyphus gynt. Radio Cymru ar yr awyr drwy'r dydd yn rhoi gwybodaeth a help i bawb. Gwneud gwaith pwysig iawn. A Sulwyn yn ardderchog. Clywed bod Emwnt Fedw'r Gog, ger y Bala, wedi marw mewn lluwch.

Ionawr 12

Go brin fod neb wedi dathlu Hen Galan heddiw gan fod pentrefi dan eira a bwyd yn mynd yn brin. Rhoi galwad i *Stondin Sulwyn* i ddweud y bydd *Y Bedol* wythnos yn hwyr ac i goroni popeth mae'r rheilffyrdd ar streic.

Ionawr 13

Damwain erchyll yn Washington pan blymiodd awyren jet i afon Potomac oedd yn llawn rhew. Lladdwyd 78 o'r teithwyr. Dyna ddiwedd dychrynllyd.

Ionawr 19

Tipyn o newyddion da yng nghanol yr anhrefn. Canlyniad y Cyfrifiad yn dangos bod yna gynnydd yn y defnydd o'r Gymraeg ym Morgannwg a Gwent.

Chwefror 10

Wedi cael galwad i Ysgol Brynhyfryd ddoe i wneud tipyn o waith llanw. Teimlad od oedd rhannu ystafell athrawon hefo hen wynebau – Bob Edwards a Jones Bach a Gwynedd a John Evans. Hefyd fy nghyfnither, Rita. Dysgu Ffrangeg drwy'r bore ac Adfer yn y pnawn. A heddiw, Ysgrythur drwy'r dydd. Ysgol gyfeillgar iawn ac wrth gwrs

43

roeddwn yn gwybod fy ffordd o gwmpas. Mwynhau'n arw. Daeth traethawd yn ôl o Aber gyda'r sylw 'Arddull rhy rethregol'. Beth mae hynny'n ei feddwl, tybed?

Chwefror 26

Diwrnod i'w gofio. Cafodd Cliff ei sigarét olaf! Wedi cael rhybudd gan y meddyg fod ganddo bwysedd gwaed uchel. Ond roedd yn cael andros o drafferth i roi'r gorau iddi. Buom yn Llangollen yn gweld meddyg sy'n rhoi *acupuncture* a chafodd bìn yn ei glust a dweud wrtho am ysgwyd y pìn bob tro roedd yn teimlo fel cael ffag. Pryd o fwyd yn Valentine yng Nghorwen ar y ffordd adre. Y perchennog yn perthyn i Lewis Valentine.

Chwefror 27

Darlithoedd yn Aber heddiw ac ymddengys ein bod i gyd ar goll hefo Cymraeg Canol. Cael te yng nghartref Bobi Jones a phnawn dymunol iawn yno. Cyrraedd adre a chael y newyddion syfrdanol fod Berwyn Swift Jones wedi ymddiswyddo fel golygydd *Y Bedol*. Ymddengys fod yna ffraeo wedi bod am ryw erthygl flaen oedd i fynd i'r rhifyn nesaf. Beth, ni wn.

Chwefror 28

Pwyllgor Brys a phenderfynwyd gwrthod ymddiswyddiad Berwyn. Aeth Elwyn Wilson Jones, Glyn Saunders Jones, y Parch. John Owen a minnau i'w gartref i geisio'i berswadio i newid ei feddwl ond nid oedd dim yn tycio. Buom wrthi'n siarad am hydoedd. Trueni mawr oherwydd mae o wedi creu papur bro gwerth chweil sydd yn batrwm i weddill broydd Cymru.

Mawrth 1

Gŵyl Ddewi drist iawn gan inni fod mewn angladd yn y Bala; Iona Mair, Pengwern, Corwen gynt, cyfnither fy mam, wedi marw yn 47 oed gan adael John a dau fachgen bach, Prys yn 13 ac Armon yn 7. Clywed bod Berwyn wedi addo gofalu am rifynnau Mawrth ac Ebrill ond ei fod wedyn yn mynd. Methu deall.

Mawrth 5

Ofnaf fod Berwyn wedi penderfynu ymddiswyddo'n syth bìn a bu criw yma heno yn ceisio cael rhifyn at ei gilydd. Euthum i gael gair â Berwyn ac mae o'n reit ddigalon ac addawodd ailddechrau ym mis Medi. Nid wyf yn meddwl y bydd y gweddill yn fodlon ar hynny. Ac ar ben yr holl waith bu raid mynd i Frynhyfryd am wythnos i lenwi bwlch pennaeth y Gymraeg. Mwynhau yn arw. Cefnder arall i Mam wedi marw, sef Hywel Glyn oedd yn rheolwr banc. Roedd ei dad, Charles Jones, yn weinidog Wesle. Yng Nghinio Gŵyl Ddewi'r Henllys mi syrthiodd pìn *acupuncture* Cliff i mewn i'r cawl gan wneud ping clywadwy. Ond mae wedi gweithio!

Mawrth 16

Mae rhywun wedi gollwng y gath ac mae yna stori fawr yn *Y Cymro* dan y pennawd 'Trafferth Papur Bro'. Gwynn y Fet sy'n cael y bai gan Berwyn ond mae rhywun yn sicr yn troi'r llwy bren ac mae pethau'n dechrau mynd yn hyll.

Mawrth 23

Mae gan Berwyn lythyr yn *Y Cymro* heddiw a chanddo bethau bachog i'w dweud – gan gynnwys y ffaith fod y wasg wedi cael gafael ar y stori anghywir. Ac meddai, ' . . . digwyddaf fod yn edmygydd o Gymro mwyaf y canrifoedd diwethaf sef J. R. Jones, Ramoth a ddywedodd un tro fod pobl yn bwysicach nag unrhyw achos daearol.' Dywed hefyd nad erthygl flaen yn ymosod ar y Seiri Rhyddion oedd wedi achosi'r helynt. Ac wedi diwrnod arall yn Ysgol Brynhyfryd a chwblhau traethawd i Aber, pwyllgor eto heno i benderfynu be nesaf. Mae Cliff wedi fy rhybuddio i beidio cymryd mwy o waith ond heno roedd y pwyllgor yn troi yn ei unfan a dyma Gruff Hughes yn dweud nad oedd yna neb yn y fro fedrai ymgymryd â gwaith golygydd. Teimlais yn anweledig a meddwl – mi hoffwn i drio. Ond penodi panel golygyddol a wnaed, sef Elwyn Wils, Eirwyn Evans, John Owen, Glyn Saunders a minnau.

Ebrill 1

Yr Ariannin yn goresgyn Ynysoedd y Falklands neu'r Malfinas fel y maent yn eu galw. Fawr neb ohonom yn gwybod ble maent ond mae Magi Thatcher yn gandryll.

Ebrill 3

Parti priodas Gareth a 'nghyfnither Eirian yn y Bontuchel. Gareth Machno mae pawb yn ei alw am mai dyna enw ei gartref ac o Benmachno y daeth ei rieni. Mae ymddiswyddiad Berwyn wedi'i dderbyn, dim ond Glyn Saunders a fi oedd yn erbyn. Wrthi'n cael y rhifyn nesaf yn barod.

Ebrill 12

Y Llywodraeth yn anfon y llong *Uganda* i'r Malfinas fel ysbyty ac anfon mil o blant oedd yn mwynhau mordaith adre'n ddiseremoni. Dyna ddiwedd yr hen *Uganda,* mae'n siŵr. Cawsom amser gwych arni fwy nag unwaith hefo criw o blant.

Y panel golygyddol yn cael llythyr cas iawn gan Berwyn yn darnio'r rhifyn diweddaraf o'r *Bedol.* Hawdd deall ei siom; roedd wedi edrych ymlaen at ymddeol o'i waith a chanolbwyntio ar *Y Bedol* ac roedd ganddo syniadau cyffrous. Ei fai mwyaf yw ei fod yn medru bod fel matsien. Ond nid ef yw'r unig un.

Ebrill 23

Yn yr Wyddgrug yn stiwdio HTV ar banel y rhaglen *Dwy Farn* hefo Aled Rhys Wiliam, Harri Parri a Nerys Tudor, gyda Jennie Eirian yn cadeirio. Trafod erthylu ac ewthanasia. Bydd yn mynd allan 8 Mai.

Ebrill 2

Cael ein synnu gan y newydd fod Jennie Eirian wedi ymddiswyddo o olygyddiaeth *Y Faner:* wedi mynd yn ormod o faich ond yn mynd i gario ymlaen tan fis Gorffennaf. Soniodd hi yr un gair bnawn Gwener diwethaf.

Mai 3

Traethawd ar y Bardd Cwsg drwy'r dydd. Dim llawer o ddyddiau hirfelyn tesog ar hyn o bryd gan fod cawl *Y Bedol* yn dal i ffrwtian ac mae'r *Belgrano,* llong o'r Ariannin, wedi cael ei suddo. Magi Thatcher yn cael ei chornelu ac yn mynd yn ffrwcslyd ar y rhaglen *Nationwide* pan gafodd ei herio gan Diana Gould, a ddywedodd fod y *Belgrano* yn hwylio i ffwrdd pan saethwyd ati gan golli 320 o fywydau. Gwylltiodd Denis Thatcher yn gaclwm a galw cynhyrchwyr y BBC yn 'poofs and trots'. Dyna ddangos pa fath o foi ydy o. Y newydd arall yw fod Gwilym R. yn cael ei alw yn ôl i olygu'r *Faner.*

Mai 7
Gwrando ar y newyddion yn y gwely ac yn sydyn mi eisteddais i fyny fel bollt – Jennie Eirian wedi marw! Fydd y rhaglen ddim yn cael ei dangos fory a'r crwner eisiau gweld y tâp rhag ofn fod yna rywbeth wedi'i symbylu hi. Beth ar y ddaear ddigwyddodd?

Mehefin 3
Mae'r llong *Syr Galahad* wedi cael ei bomio yn y bae a hanner cant wedi'u lladd a nifer fawr wedi cael eu hanafu'n ddifrifol. Llawer ohonyn nhw'n Gymry. Mae hon wedi bod yn ffrwgwd waedlyd iawn ac mae nifer yn teimlo'n bur anghysurus ynglŷn â'r cyfan.

Mehefin 7-11
Ond yr arholiadau sydd ar fy meddwl. Papur 1af ar Gymraeg Canol a Cherdd Dafod. Roeddem yn flin iawn hefo D. J. Bowen am iddo chwarae tric budr hefo ni. Wedi dweud wrthym mai llinellau i'w dadansoddi a gaem ond yn hytrach gofynnwyd inni egluro deg o bethau e.e. 'y' lafarog, proest, lleddf a thalgron ac yn y blaen, ac eisiau inni roi enghreifftiau. Roedd meddwl am linellau yn dipyn o dasg. Yn ormod o dasg. Yr ail bapur yn draed moch gan gychwyn hanner awr yn hwyr am nad oedd y desgiau'n barod. Nerfau'n chwilfriw. Yna sioc! horror! cawsom y papur anghywir – nid papur Bobi Jones ond papur John Rowlands (oedd i fod fory) a phawb ohonom yn llawn braw. Wedyn Cymraeg 3 a mwynhau hwnnw ar Elis Wynne a Goronwy Owen ac roeddwn yn nabod y deg cyd-destun. Roedd arnaf ofn Hanes 1 gan nad oeddwn wedi cael digon o amser i adolygu ond llwyddais i ateb cwestiynau ar Bolisi Llywelyn ap Gruffydd, Y Diwygiad Methodistaidd a Thwf Rhyddfrydiaeth; nid oedd yna gwestiwn ar Owain Glyndŵr a minnau'n llawer mwy cyfarwydd efo hwnnw ar ôl cael marc da am y traethawd. Hanes 2 yn wych – medrwn ateb pob cwestiwn.

Mehefin 12
Ar ddiwedd yr arholiadau, fel y hyn y cenais yn *Y Bedol* am Egsamineitus:

Yr adeg hon o'r flwyddyn mae llu yn byw ar binne
wrth aros yn bryderus am rawd yr arholiade,
gan lyncu poer yn dejws a nerfus gnoi ewinedd,
rhaid dysgu bod yn bwyllog a meithrin pwyll a 'mynedd.

Mewn gwewyr rwy'n gweddïo ar y gestapo academig
i fod yn glên a thyner wrth stiwdent annysgedig,
a chofio wrth roi marcie am gawdel annealladwy
fod ambell iâr ardderchog weithiau'n dodwy cloncwy.

'Rôl gweithio am wythnose yn llipa dan y llafur
daeth dydd o brysur bwyso mewn panic uwchben papur.
Trafodwch! Dadansoddwch! Ystyriwch! Athronyddwch!
A 'nghalon a grebachodd mewn ing a dyrys fwrllwch
wrth weled cwestiwn astrus ar 'angerdd a chyfriniaeth'
Y Pêr Ganiedydd Williams, lladmerydd Methodistiaeth.
Ai chwerwder Saunders Lewis sydd yn ei ddrama *Branwen*?
Ai rhagfarnllyd ydoedd Elis Wynne, hen Dori cul aflawen
wrth wylio llu ellyllon llym yn ffrio a phicfforchio
gelynion y Wladwriaeth? Pob Sentar ga'dd ei ddamnio.
Brawdoliaeth a brogarwch, dyna sbardunodd Waldo.
Deuoliaeth y bardd Gwyn Tom a geiriau megis 'woblo'
yn destun trafod ffyrnig, a yw hyn yn anfarddonol?
Beth ddywedai JMJ am ei gerddi hir llunyddol?
Ffresni Dafydd ap, syberwyd Dafydd Nanmor,
gwrthdaro Enoc Huws a'r diafolaidd Gapten Trefor,
arddull y Mabinogi, Islwyn Ffowc a llawer rhagor –
Eisteddais yno fel sach o flawd a 'ngheg yn cau ac agor.

Gramadeg Cymraeg Canol fu'n achos lot o regi,
affeithiad y llafariaid a bery'n ddryswch i mi.
Chwysu chwartiau lu uwch dirgelion y gynghanedd
(Mae gallu timau'r Talwrn yn haeddu gwir edmygedd).
Annynad gymhlethodau y Sain a'r Groes Ewinog,
proest a'r 'n' ganolgoll a'r 'w' sy'n lled-lafarog
fu bron a'm seilomeiddio 'ngwneud yn swp ddiwalltog.

Diwrnod priodas Cliff a fi – y parti nos yng Nghlwb Cymry Llundain

Fy rhieni, Alun a Morfydd Jones, ar eu mis mêl

Ni ein pedwar – Helen, Bryn, fi ac Alan

Alun a Helen Mair, plant Bryn a Myfanwy

Simon a Lesley ddiwrnod bedyddio Ben, 1990

Helen a'i meibion, Walter ac Edward, yn aduniad teulu Cae Llewelyn, 1988

Teulu Rhydonnen: Alan a Buddug a'u plant, Ffion, Ioan, Gwenno a Sian Alwen yn 1992

Ar y rhaglen Hel Straeon: *cyflwyno'r oriawr i Delme*

Llewelyn y Gath wedi cael cadair

Cliff a minnau mewn dawns – roeddem wrth ein bodd yn dawnsio

Cliff a Helen

Aduniad Teulu Cae Llewelyn ym Mhlas Llanbedr, Hydref 1988

Lesley ar ddydd ei phriodas â Simon 1988

Myfanwy a Bryn

Ben a Sian Alwen a rhai o gathod Rhydonnen – hynafiaid y Cathod yn fy Mywyd *sef Jonsi, Lembit, Wigley a Menlli*

Derbyn Gwobr y Co-op am y papur bro gorau, 1988

Nid af i sôn hyd syrffed am ddirgelion Hanes Cymru,
am gestyll yr hen Edward, na cheisio penderfynu
ai da ai drwg i'r bobl oedd llunio Deddfau Uno,
na thrafod Dic Penderyn a chyfran, llain a bando.
Dyna'n fras y rheswm pam fod fy ngwallt yn britho
a'r bagiau dan fy llygaid yn chwyddo ac yn duo.
Ofnaf y bydd y maffia yn Aberystwyth draw
yn wfftio a chollfarnu a'u llygaid yn llawn braw.
Truenus, anobeithiol a fydd y canlyniadau,
Af yn ôl i fagu cathod, gwneud jam a hela achau.

Mehefin 15

Mae'r rhyfel ar ben. Mae yna ddeg mil o garcharorion Archentaidd, lladdwyd 255 o Brydeinwyr, 30 yn Gymry. Mae wedi bod yn loes inni oherwydd y cysylltiad â'r Wladfa ond y cyfan gafwyd gan Magi oedd, 'Rejoice! Rejoice!'

Gorffennaf 7

Daeth y llythyr. Rwyf wedi llwyddo yn yr arholiadau! Dathlu drwy fynd i Eisteddfod Llangollen a gweld fy nghyfyrder bach naw oed, Huw Edward, yn ennill ar y gân werin dan 15 oed, a 19 yn cystadlu. Eirlys yn canu yn y cyngerdd heno ac wedyn pryd o fwyd yn y Britannia ar y ffordd adre.

Gorffennaf 12

Am helynt! Rhywun wedi torri i mewn i Balas Buckingham a threulio deg munud efo'r Frenhines yn ei llofft. Mae hyd yn oed brenhines yn medru cael braw.

Awst 1-7

Eisteddfod Abertawe ac aros yn y Parkway yn Sgeti. Roedd yn wythnos boeth ac fel *sauna* yn y Babell Lên – pabell newydd wedi dod o'r Almaen. Eirwyn George yn ennill y Goron. Teimlo dros Eirian Davies oedd yn traddodi ac yna'n gorfod mynd yn syth adre i'r cwest ar ei wraig. Buasech yn meddwl y gallasai rhywun arall fod wedi traddodi yn ei le – ond efallai mai dyna ddymunai. Dweud wrth Selyf Roberts fy mod wrthi'n cywain dyddiaduron Llundain ar gyfer eu cyhoeddi dan y teitl *Buwch ar y Lein* a chefais res o gynghorion ganddo ond nid wyf yn mynd i'w dilyn chwaith! Er enghraifft, dywedodd y dylwn gynnwys darnau diflas megis: 'Glaw heddiw' neu 'Daeth y fuwch â llo' – er mwyn iddo swnio'n naturiol a diffuant. Dyna'r math o beth oedd gen i yn fy nyddiadur yn saith oed, neno'r uwd. Cafodd Angharad Tomos ei chymryd i'r ddalfa; gweld W. R. Evans wedi torri; John Williams, Albert Hall, a Vera yn dathlu eu Priodas Aur; Alun W. G. Davies yn gwirioni ar ei ddau fab bychan; Gwilym Jones, Lerpwl, yn ennill y Fedal Ryddiaith am *Ochr Arall y Geiniog*. Gwybod amdano fel Gwilym yr Hand, prifathro yn Toxteth, nes darganfod ei fod yn yr ystafell nesaf i Cliff yn y Normal a'r ddau heb weld ei gilydd ers 1941 pan aethant yn syth i'r rhyfel o'r Coleg. Ac maent yn dweud bod merched yn siarad. Gerallt Ll. Owen yn cael y Gadair am awdl i Gilmeri. Mae hon yn awdl aruthrol. Cyfarfod o'r Cymmrodorion ac Arthur Siop Griffs wedi dod â chopi o *Caniadau* T. Gwynn Jones o Wasg Gregynog i mi yn ddiolch am y deyrnged i'r siop a sgwennais yn y *London Welshman*. Towyn Roberts yn bytheirio yn erbyn y rheol Gymraeg gan yr hoffai weld Pavarotti yn cael gwahoddiad i gyngerdd yn y Steddfod. Pawb yn dweud Eisteddfod Dda Iawn, a daeth i ben gyda chyngerdd ffarwelio Geraint Evans. Aros noson yng nghartref Glyn ac Awena yn Abergwaun yn eu byngalo newydd uwchben y môr yn edrych i lawr ar y Garreg Wastad. Paradwys.

Medi 5

Cael neges yn dweud bod Berwyn yn dweud ei fod yn cychwyn papur bro yng Nghorwen a'i fod wedi perswadio Llangwm, Betws, Gwyddelwern ac un neu ddau arall i ymuno ag o. A minnau'n meddwl ei fod wedi dweud nad oedd am wneud drwg i'r papur. Dywedodd hefyd fy mod wedi gwthio fy hun ar y pwyllgor ac mai cael gwared ohono fo oedd fy mwriad o'r dechrau. Wel yn wir: fi oedd bron yr unig un ar y pwyllgor oedd eisiau iddo aros. Ac mewn llythyr i'r pwyllgor dywedodd, 'Nid fy mwriad wrth gychwyn *Y Bedol* oedd creu llwyfan i Hafina Clwyd i baldaruo oddi arno!' Wel am annheg! Doeddwn i ddim yma pan gychwynnodd *Y Bedol* beth bynnag. Ac ni chroesodd fy meddwl i wthio na chreu llwyfan. Ond chwarae teg iddo – rhaid cofio ei fod yn ddyn siomedig a maddau iddo.

Erbyn hyn, mae'r panel golygyddol wedi diflannu fwy neu lai ac mae'r cyfan ar fy nesg i. A Cliff yn dweud y drefn. Ysgrifennais air o ddiolch i Berwyn yn y rhifyn cyfredol gan ddweud 'ei fod yn ŵr deinamig a phrysur ac yn gwybod i'r dim beth yw anghenion papur bro. Yn ogystal â bod yn berchen ar y reddf newyddiadurol bwysig honno o fedru ffroeni stori dda a'i throsglwyddo ar bapur mewn ffordd hollol unigryw, medrai ddewis gair a llunio cystrawen ystwyth ac roedd ei arddull yn garlamus a darllenadwy.' Nid yw helyntion ein papur bro ni o fawr o ddiddordeb i Gymru yn gyffredinol efallai, ond mae o dragwyddol bwys i ni yma ac wedi achosi tipyn o gur pen.

Medi 8

Siom fawr heddiw, llythyr gan Lesley yn dweud ei bod hi a Calvin wedi gwahanu. Do, mi briododd y ddau yn ifanc iawn ond roeddent yn edrych mor hapus. Mae Cliff yn drist iawn – Cal fel mab iddo. Bu ei rieni, Dave a Nansi, yma'n ddiweddar a chawsom bnawn i'w gofio ar Hiraethog a cherdded i gael golwg iawn ar Wylfa Hiraethog neu'r Plas Pren, fel rydym yn ei alw. Byddant hwythau hefyd yn tristáu. Rydym wedi treulio tipyn o amser yn eu cartref yn Llandudoch a chael croeso mawr bob amser. Yno un bore Calan y gwelais hen draddodiad y credwn ei fod wedi darfod, sef llond rhiniog o blant yn canu ac yn hel calennig.

Medi 25

Ffair *Y Bedol* unwaith eto. Hwyl anwêdd, chwedl Tomos Bartley. Daeth gwraig at stondin y bric a bracs lle roedd Cliff a fi wrthi ac fel hyn yr aeth y sgwrs:

'Pwy sy'n rhedeg y ffair 'ma?'
'*Y Bedol*,' 'be fi.
'Be 'di hwnnw?' 'be hi.
'Ble dech chi'n byw? Affrica?' 'be fi.
'Nage. Dimbech,' ebe hithau.

Roedd yna fynd mawr ar y llenni (cyrtens yn Gymraeg). Sut mae rhywun yn medru prynu llenni heb fesur, tybed? Byddaf i'n mesur ffenestri gryn hanner dwsin o weithiau ac yn amau pob ateb. Ond roedd yna hwyl. Pen melyn Nerys yn ymddangos bob hyn a hyn uwch tomen o ddillad ail-law ac yn edrych fel pe bai cŵn Annwn ar ei gwarthaf; merched Llangynhafal yn ei morio hi mewn jam yn joli iawn; y cacennau yn gwerthu fel cacennau; Sioned a Beti yn jyglo'r pice ar y maen; Huw yn gwibio heibio hefo darnau o bapur pwysig; Dennis mewn perygl angheuol wrth gario hambwrdd o de berwedig o gwmpas; Stan yn gwerthu tatws mwy nag ef ei hun; Eirwyn yn fflachio (hefo'r camera) a'r Parchedig yn tisian uwchben ei stondin hen lyfrau. A chefais fargen. Anghofio am y jam eirin a'r bara brith a'r afale coch pan welais drysor-rhaid-i-mi-ei-gael ar stondin y Parchedig. Beibl anferth Peter Williams, cas lledr, lluniau ysgytwol a rhwng yr Apocryffa a'r Testament Newydd achau'r cyn-berchennog, sef John Williams, Daeglawdd, Aberdaron, ganwyd 1816.

Medi 18

I Aber i gofrestru a chyfarfod staff yr Astudiaethu Crefyddol – Cyril Williams, Islwyn Blythin, Walford Gealy a'r Tad Fitzgerald. Nid wyf yn edrych ymlaen at y cwrs hwn ond ymddengys bod rhaid gwneud tri phwnc.

Medi 27

Emyr Price yn cael ei benodi'n olygydd newydd *Y Faner* a Marged Dafydd yn ddirprwy.

Hydref 20

Mae Iorwerth Peate wedi marw. Bydd yn cael ei gofio am ei frwdfrydedd yn sefydlu'r Amgueddfa Werin yn Sain Ffagan ac am ei lyfr *The Welsh House,* sydd â llun o'n tŷ ni ynddo fo. Dyn diflewyn-ar-dafod hefyd ac yn dweud ei farn yn blwmp ac yn blaen ac ofnid sathru ei gyrn. Ond mi gefais i feirniadaeth garedig iawn ganddo fo unwaith, yn Eisteddfod y Drenewydd 1965, cystadleuaeth y Fedal Ryddiaith a enillwyd gan Eigra, er nad hi oedd ei ddewis ef chwaith. Dywedodd fy mod yn ysgrifennu'n rhy wrthrychol neu yn rhy oddrychol – ni allaf gofio p'run.

Tachwedd 1

Wedi bod yn gytrin o brysur rhwng popeth (recordio dwy raglen o *Wythnos i'w Chofio, Nabod y Teip,* dwy raglen o *Gwybod y Geirie* ar y radio ac *Ar Olwg* ar y teledu, ac Emyr Price yn gofyn i mi sgwennu colofn radio a theledu i'r *Faner* bob yn ail â Pete Goginan) ond rhaid oedd aros i mewn heno i wylio S4C yn agor. Gair o groeso gan Owen Edwards a ffwrdd â ni. A phob lwc iddi, medde fi. Ac fel y dywedais yng ngholofn olygyddol *Y Bedol*, '... mae'n RHAID i'r sianel newydd fod yn llwyddiant am mai dyma ein cyfle olaf ni i brofi bod y jeremeiaid yn anghywir ... Gwnaeth Syr O. M. Edwards ei ran yn hanes Cymru trwy roi lle teilwng i'r iaith a thrwy ei ymroddiad a'i weledigaeth fel arolygydd ysgolion a'r deunydd darllen difyr a baratowyd ganddo i'r werin ddeallus. Yn ei dro daeth ei fab Syr Ifan ab Owen i sefydlu Urdd Gobaith Cymru a thrwytho ein plant yn ein diwylliant ein hunain a pharatoi deunydd darllen difyr iddynt hwythau hefyd yn eu tro. Yn awr y mae'r ŵyr, Owen, yn wynebu her fwy; y mae'n awr dyngedfennol yn ein hanes ac y mae ei dasg yn anoddach gan fod y teledu ar ein haelwyd yn ddylanwad ac yn fwgan.'

Rhagfyr 31
Wrth inni gofio mewn syndod ein bod wedi bod adre dair blynedd erbyn hyn mae nifer o bethau wedi gwawrio arnaf. Nid yw'r Cymry mor neis ag y tybiwn. Mae yna eiddigedd mawr yn dod i'r wyneb yn gyson. Wedi bod yn Llundain am bron bedair blynedd ar hugain rwyf yn sylwi ar y gwahaniaeth mawr sydd yna yn yr iaith lafar o 'nghwmpas ac mai ymadroddion Seisnig ac Americanaidd sydd yn tra-arglwyddiaethu. Dywed pobl wrthyf nad yw o bwys, cyn belled â bod y plant a'r bobl ifanc yn siarad Cymraeg o ryw fath. Siŵr iawn, ond mi hoffwn ddiogelu golud yr iaith a'i hymadroddion. Hei lwc y medr S4C helpu.

Peth arall rwyf wedi sylwi arno gyda braw yw fod pob unigolyn dros ddeuddeg oed yn gwybod ble i gael gafael ar gyffuriau. Yn ystod fy nghyfnod yn Llundain ac mewn amrywiol bartïon a chwmnïoedd pobl o bob math chefais i erioed fy nhemtio i ysmygu canabis. Nicotin – ie, ond dim canabis. Ond cofiaf am yr hwyl a gawsom gan adroddiad un o Arolygwyr ei Mawrhydi yn canmol ystafell un o'r athrawon am fod ganddo blanhigion iach yn harddu'r lle ac yn annog pawb ohonom i'w efelychu. Yr hyn na wyddai'r cono oedd mai planhigion canabis oedd yno ar sil y ffenestri!

1983
Ailgysylltu â'r Faner

Ionawr 10

Ddim wedi cael amser i droi rownd gan fod Lesley wedi bod adre yn benisel ac angen tipyn o anwes er nad oedd yn barod i drafod beth sydd wedi digwydd i'w phriodas. Roedd *Y Bedol* hefyd ar y bwrdd ac angen sylw. A heddiw, gyda braw, dyma glywed am farwolaeth sydyn Carwyn James yn 53 oed yn Amsterdam. Gwyn Erfyl yn galw ac yn amau bod yna rywbeth od wedi digwydd. Beth bynnag a ddywedir, roedd Carwyn yn ŵr bonheddig a galluog. Gwyn newydd fod yn Soweto a daeth ag erthygl i'r *Bedol.* Agoriad llygad, medde fo. Aeth chwaer fy nhaid Gwrych Bedw i Dde Affrica ddechrau'r ganrif ond ni chadwyd llawer o gydit â'r teulu er fy mod yn gwybod iddynt gael bywyd reit foethus fel fferyllwyr. Anti Doble fydde fy nhad yn ei galw. Enw od ar ferch, meddyliais, nes darganfod mai Jane oedd ei henw a Doble ei chyfenw.

Ionawr 12

Ddoe, dechrau dysgu dosbarth Wlpan yn Heulfre, a heddiw Emyr o'r BBC eisiau cyfweliad am fod Cyngor y Dre wedi gwrthod cyfraniad ariannol i'r *Bedol* am nad yw'n ddwyieithog! Nefi wen! Selwyn Williams, y post-feistr lleol, sydd wedi rhoi'i droed i lawr ac roedd yntau hefyd ar y newyddion bore gan ddweud, 'Dwi'n Cymraeg ac isio pejen *bilingual.*' Llond tref yn chwerthin am ei ben.

Ionawr 21

Llywyddu heno yng Nghanolfan Gwyddelwern a Chôr Rhuthun yn canu. Roeddent yn disgwyl araith ac euthum ar ôl tipyn o atgofion – fel roeddwn yn arfer cerdded i'r ysgol heibio Cornel y Coed, i lawr Cae Ffynnon, i fyny lôn goed llawn briallu, osgoi stalwyn Maes Gamedd y Plas a chlagwydd y Foty, dros dair camfa a phompren dros afon Domwy a lawr y Deunant i'r llan ac edrych ar gloc yr eglwys ac mi roeddwn i'n hwyr yn aml oherwydd gorfod aros i Gron Bryn Du godi. Pawb yn chwerthin pan soniais am Emyr Llidiart y Gwaenydd yn rhoi cic i Nyrs Chwain.

A heddiw, fy ngholofn radio gyntaf yn *Y Faner.* Cychwyn drwy ganmol Radio Cymru gan ddweud ein bod yn ffodus iawn 'yn cael arlwy amrywiol, ddiddorol a thaclus'. Ac er i mi ganmol gonestrwydd panel *Hawl i Holi*, mi welais fai hefyd oherwydd i Nan Lewis gael ei chyflwyno fel 'gwraig gweinidog' ond na ddywedwyd dim am wragedd Dr Roger Thomas a Peter Hughes Griffiths!

Ionawr 28
Deall bod y papur *Sulyn* yn dod i ben ar ôl 14 rhifyn. Hen dro, ond mae hi'n anodd iawn cael digon o werthiant, digon o gyfalaf a threfnu dosbarthu. Chware teg iddyn nhw am wneud yr ymdrech. Wn i ddim beth sy'n bod arnom wir, mae yna leiafrifoedd bychain iawn sy'n Llundain yn medru cynnal papur dyddiol, heb sôn am wythnosol. e.e. y Groegiaid a'r Pwyliaid. Ond ofnaf nad yw'r Cymry yn rhai da am brynu – benthyg yw'r gair mawr. Fel y dywedodd un wraig wrthyf ar y sgwâr, 'Heb ddarllen eich llyfr eto ond mae rhywun yn y capel wedi prynu copi ac mi ddaw rownd.'.

Chwefror 4
Dyn hefo mwgwd wedi ymosod ar swyddfa bost Fron-goch a dwyn £1,000. Amau'r un a saethodd John Williams yn Llanddewi-brefi wythnos yn ôl. Hen lanc oedd o ac yn uchel ei barch ac yn ysgrifennydd Capel Soar-y-mynydd. Mynd i bobman ar gefn ei geffyl. Pobl ddrwg yn y byd yma. Heddiw neges – un o'm hen blant yn Islington wedi cael carchar am oes am lofruddio'r dyn casglu rhent ar ben y drws. Mi gefais i lawer o drafferth ag o, Danny, am ei fod yn methu codi yn y bore a byddwn yn mynd ar draws y ffordd i stad enfawr y Packington i guro ar ei ddrws a'i gael o'i wely. Lwcus 'mod i'n fyw.

Chwefror 9
Does gen i ddim diddordeb mewn rasys ceffyle a fûm i erioed mewn un ond rhaid cofnodi bod yna geffyl gwerthfawr o'r enw Shirgar wedi'i ddwyn yn Iwerddon.

Chwefror 11
Yn *Y Faner* heddiw ac yn canmol I. B. Griffith a'i raglen *Rhwng Gŵyl a Gwaith* ar nos Sul. Dweud amdano: 'Mae I. B. Griffith yn feistr ar ei grefft, yn wir gellir credu iddo gael ei eni â meicroffon yn ei gorn

gwddf.' Canmol y sgript hefyd, heb un gengl na chwlwm na chagl ynddi. Rhyw Trefor Williams yn adrodd ei hanes yn edrych am ei wreiddie ac yn mynd gyda chyfaill i fynwenta ac yn dod ar draws bedd Morgan Rhys a'r ddau yn sefyll yn stond ac yn canu 'Peraidd ganodd sêr y bore . . .' Pwy ond dau Gymro! Bob hyn a hyn rydwi'n colli amynedd hefo rhai o 'nghyd-Gymry a thro arall yn rhyfeddu at athrylith a dyfalbarhad yr hen genedl wirion, annwyl hon.

Chwefror 14

Heno ailddarlledwyd y ddarlith radio 'Tynged yr Iaith'. Chlywais i mohoni y tro cyntaf – er bod gen i gopi. Go brin fod llawer yn cofio'r byd heb radio. Ond mae llawer yn cofio'r byd heb radio Cymraeg. Cymerodd dipyn o flynyddoedd a thipyn o frwydro cyn inni gael gwasanaeth teilwng ac un o'r bobl fu'n sbardun oedd Saunders Lewis. Hap a damwain oedd cael cyfle i wrando heno oherwydd nid oedd y BBC wedi cadw'r tâp. Ond cofiodd y Dr Dafydd Alun Jones fod ganddo gopi yn ei groglofft a hwnnw a ddarlledwyd. Clywsom hefyd mai dim ond un allan o hanner cant o sgyrsie Syr Ifor Williams sydd wedi'u harbed. Mae'r peth yn heresi.

Chwefror 21

Awr annifyr iawn yn y Fox & Hounds ym Mhwll-glas heno am fod Gwynn y Fet wedi galw criw bach ohonom at ein gilydd gan fod Berwyn eisiau ymddiheuro inni i gyd! Rhaid edmygu ei ddewrder ac fe ysgafnodd yr awyrgylch yn arw ond ofnaf nad oes modd mynd yn ôl i'r hyn a fu ac mai ar fy nesg i y bydd *Y Bedol* am ryw hyd. Mae Cliff yn poeni'n arw gan fod yna waith dychrynllyd. Rydym wedi colli ein bwrdd bwyd; aeth yn aberth i deipiadur a channoedd o ddarnau o bapur a ddaw drwy'r drws. Traethodau adran grefydd Aber yn dechrau mynd i'r gwellt! Ac roeddwn wedi syrffedu ar nodiadau'r Tad Fitzgerald druan beth bynnag – er fy mod yn hoff iawn ohono fo, nid ydym yn rhannu'r un gorfoledd.

Mawrth 25

Galwad ffôn gan Eddie Rea wedi darllen *Y Faner* ac roedd yn cogio bod yn flin a chefais fraw am funud. Ond chwerthin ddaru o. Roedd o wedi bod ar raglen o'r enw *Dan yr Wyneb* hefo Dylan Iorwerth. Mae o'n un o'r Cymry mwyaf anarferol. Nid yn aml y cewch chi ŵr o ardal y llechi, hanner Eidalwr, capelwr ac eisteddfodwr brwd sydd hefyd yn Dori rhonc, yn gyfarwyddwr cwmni rhyngwladol llwyddiannus a chyfalafwr digymrodedd. Mae ef ei hun yn debyg i lechen, medde fi yn *Y Faner* – yn wahanol haenau, yn las ac yn debyg o fedru goddef gerwinder yr elfennau. Dywedodd fod yna staen ar wal ei lolfa lle roedd wedi hyrddio'r *Faner*. Tynnu coes oedd o, wrth lwc. Eddie sy'n edrych ar ôl cyllid y Steddfod.

Ebrill 1
Mae Bryn a Myfanwy wedi mynd i lawr i Gomin Greenham i ymuno â'r protestio mawr yn erbyn arfau niwcliar.

Ebrill 6
Am dro i Nant Gwrtheyrn. Dyna le paradwysaidd. Heddiw roedd Tŷ Rhuthun yn cael ei agor. Ers misoedd rydym wedi bod yn cynnal pob math o bethe er mwyn medru addasu un o'r tai yn y pentre ar gyfer dysgwyr. Bu yna barti mewn gwahanol dai bob nos Sadwrn i hel pres.

Ebrill 12
Mae yna bobl ryfedd yn y wlad yma. Ar *Stondin Sulwyn* heddiw trafodaeth boeth oherwydd bod Cyngor Sir Morgannwg wedi penderfynu gwrthod cyfraniad i'r Eisteddfod yn Llangefni eleni oherwydd y Rheol Gymraeg. Diolch i Emyr Jenkins am siarad yn gadarn ar ran y Llys gan ddweud nad oes yna beryg i'r rheol gael ei thorri. Y cynghorydd o Forgannwg mewn lle cas am ei fod yn gorfod dadle ar ran ei gyngor er ei fod ef ei hun yn anghydweld â'r dyfarniad! Rhad arnom rhag dychwelyd i hinsawdd eisteddfodol Oes Victoria oedd yn llawn Saesneg ac yn llawn imperialaeth. Cwestiwn ar *Hawl i Holi*: pe bai aelodau'r panel yn cael newid eu rhyw am 24 awr, beth wnaent? Ni chafwyd yr ateb amlwg gan neb! Dafydd Elis-Thomas eisiau cael babi. Mi allasai hynny gymryd mwy na 24 awr, a beth wedyn? Yn f'atgoffa o ddywediad fy nain: 'Pe bai'r wraig yn cael y babi cyntaf a'r gŵr yr ail, ni fyddai trydydd.'

Ebrill 24
Cafodd Alan a Buddug ferch toc wedi 8 heno yn pwyso saith pwys a hanner. Ei henwi yn Sian Alwen, chwaer i Ffion Clwyd, Ioan Ellis a Gwenno Angharad. Babi Royal Welsh, medden nhw!

Mai 3

Cyhoeddi'n swyddogol mai fi yw golygydd *Y Bedol* . . . ac Emyr Price yn ffonio i ofyn fuaswn i'n fodlon bod yn is-olygydd *Y Faner* am ddau fis tra bod Meg i ffwrdd yn cael babi. Grêt! A hec! Allan am bryd o fwyd yn y Golwythdy hefo Gwyn a Lisa Erfyl; mae o'n poeni'n ofnadwy am yr ymateb fu i'w raglenni o Dde Affrica ar S4C. Hefyd yn dweud wrthyf am feddwl cyn derbyn gwaith hefo'r *Faner*.

Mai 8

Rhaglen deledu *O'r Newydd* yn cael ei neilltuo i gŵyn Dafydd Elis-Thomas am y gyfres o ffilmiau a wnaed yn Ne Affrica. Asgwrn y gynnen oedd: a ddylid fod wedi gwneud y ffilm ac a ddylid fod wedi'i dangos ar S4C. Na ddylid, meddai Dafydd, ac roedd Gwyn Erfyl ar y rhaglen yn ceisio amddiffyn ei hun. Barn Dafydd yw na ddylid gosod troed ar ddaear halogedig De Affrica oherwydd y drefn hiliol sydd yno. Sarhad ar y bobl dduon oedd dangos steil byw'r Cymry llwyddiannus sydd yno. Y Cymry hynny'n drewi o Brydeindod imperialaidd a'n bod ninnau, wrth wylio, yn cefnogi'r gyfundrefn. Wel, fedraf i ddim cytuno. Cadarnhau ein gwrthwynebiad mae rhaglen o'r fath, 'ddyliwn. Mae'n siŵr fod stori'r Cymry a ddioddefodd o glefyd melyn yr aur yn gymaint rhan o'n hanes ag yw saga'r Wladfa neu Bennsylfania. Hanes diaspora'r genedl. Ydy hyn yn golygu na ddylem gael hanes Cymry Awstralia oherwydd y driniaeth a gafodd yr Aborigines, neu Gymry Alabama oherwydd ymddygiad y KKK? Roedd gwrando ar y bobl wyn yn siarad yn afreal braidd gan nad oeddynt fel petaent yn synhwyro fod yna fygythiad i'w bywydau bach clyd. Dyletswydd S4C yw dangos pob math o Gymry mewn pob math o sefyllfaoedd. Yn anffodus, mae yna lawer o Gymry o'n cwmpas nad ydynt yn meindio'r un gic am ansawdd bywyd yn Soweto. Gobeithio bod rhaglen Gwyn wedi rhoi ambell golyn mewn ambell gydwybod.

Mai 20

I'r Bala am sgwrs hefo Emyr a Meg er mwyn i mi gael rhyw syniad o beth sy'n fy wynebu am y chwech wythnos nesaf. Bydd f'ystafell ym mhen pellaf hen ysgol Tŷ-tan-Domen ac ynddi mae desg enfawr. Mae Emyr yn hen stafell y prifathro ac mae yna lanast dychrynllyd yno! Papurau ym mhobman ac Emyr yn sgwennu nodiadau i fyny ac i lawr ei freichiau.

Mehefin 2

Mae hi'n Eisteddfod yr Urdd yn yr Afan Lido a Sioned, merch Eigra, yn ennill y Gadair. Gwrando ar *Post Prynhawn* ac ni wyddwn pa un ai crio neu chwerthin pan honnodd rhyw ddyn nad oedd wedi cael gwyliau 'ers fy mis lleuad' a chlywsom gan ddarlledwr arall mai Trefin oedd awdur 'Melin Trefin'! A dyma Falmai Jones ar y rhaglen *Cil y Drws* yn trafod Alfred Hitchcock ac yn dweud: 'Tydi *violence* 'run fath â stabio mewn *shower* ddim yn apelio.' Beth ar y ddaear sy'n digwydd i'n hiaith ni? A chafodd Meg fab. Ei enw yw Llion Cynlas ac mae un peth yn siŵr – bydd ei Gymraeg ef yn iawn.

Mehefin 8

Etholiad fory. Mynd rownd y dre gyda chorn siarad yng nghar Rhys Rowlands ar ran y Rhyddfrydwyr ac roedd yn brofiad doniol iawn. Wrth fynd heibio Lôn Menlli gweld bod Shôn Dwyryd yn gweithio yn yr ardd a dyma fi'n dweud, 'Shôn – cofia bleidleisio i Tom Ellis fory' ac mi neidiodd i'r awyr. Ac anghofiaf i byth wyneb Geraint Menlli Products pan ddywedais, 'Helô, Geraint!' dros y corn ar Heol y Parc. Clywed wedyn ei fod wedi mynd adre a dweud wrth ei fam fod yna rywun wedi siarad hefo fo o'r awyr a hithe'n dweud y drefn wrtho am ddweud celwydde.

Mehefin 9

Etholiad heddiw. Ar ein traed tan bedwar yn gwylio'r canlyniadau. Polau piniwn wedi darogan mwyafrif enfawr i Magi ac mi gafodd un hefyd – 144. Mae Shirley Williams a Tony Benn wedi colli eu seddi. Etholwyd 14 aelod Ceidwadol yng Nghymru, sy'n record. Mae Emyr wedi gofyn i mi sgwennu colofn deledu hefyd ond nid dan f'enw fy hun neu fydd yna ddim byd ond fi yn *Y Faner*, medde fo, ac awgrymu'r enw Mari Clifford. Ac nid yw hynny'n mynd i dwyllo neb! Roeddwn yn gorfod cyfaddef bod S4C wedi gwneud stomp go iawn noson yr etholiad.

Mehefin 21

Mae Tydfor wedi'i ladd mewn damwain gyda thractor yn 48 oed. Un o deulu'r Cilie a bardd da. Bob dydd Mawrth rwyf yn y Bala ar fy mhen fy hun. Bob tro mae'r ffôn yn canu rhaid mynd i lawr y grisie. Criw gwych yn gweithio i lawr yn nyfnderoedd yr adeilad lle mae'r peirianne argraffu. Berwyn, ŵyr i Dewi Hafhesb, sy'n teipio'r *Faner* ar anferth o beiriant swnllyd, ac Eric Brace yn gosod y llythrenne ar y garreg ac yn medru darllen pob gair a'i ben i lawr ac yn adrodd hanes y cyn-olygyddion – fel y byddai Geraint Bowen yn gwylltio a chanddo dri rhifyn ar y go ar unwaith a Gwilym R. a Math yn taeru ynghylch dyblu'r en a'r er.

Gorffennaf 1

Clywed bod rhai o gynhyrchwyr y BBC mor flin hefo beirniaid radio a theledu'r *Faner* fel eu bod wedi datgan na chaiff yr un ohonom wahoddiad i gymryd rhan mewn rhaglen fyth eto! Ein diarddel! Dyna anrheg pen-blwydd gwerth chweil, mynte fi wrthyf fy hun. Heddiw gorffennais yn *Y Faner*. Wedi bod yn wythnose difyr ac yn agoriad llygad er na wnes i fawr ddim heblaw darllen proflenni.

Gorffennaf 3

Bedyddio Sian Alwen yng Nghapel y Dyffryn. Sgrechiodd. Ond dyma'i rhoi i'w thad ac mi dawelodd fel pe bai rhywun wedi pwyso swits. Te ar y lawnt yn Rhydonnen wedyn. Gorffen paratoi'r *Bedol* am dri y bore.

Gorffennaf 15

Helen a'r plant yn cyrraedd. Maent wrth eu bodd yn cael dod yma a'r peth cyntaf a wnânt wrth gyrraedd yr Wyddgrug yw dweud, 'Dacw fo, Rhydonnen Mountain.' Moel Fama ydy hwnnw. Rhywbeth i'w ganmol ar y radio hefyd, sef cyfres newydd o'r enw *Deuoedd* gychwynnodd wythnos yn ôl hefo sgwrs rhwng Syr Thomas Parry a'i frawd, Gruffydd. Roedd yna ddyfnder a diriedi yn eu sgwrs. Ac mor falch oeddwn o'u clywed yn dweud bod syms yn gymaint o ddirgelwch iddynt. Yn yr ail raglen Merfyn a Rhiwallon Turner oedd wrthi a Gwilym Owen yn medru denu sylwadau treiddgar o grombil y ddau yn effeithiol iawn. Rhyfedd fel mae lleisiau brodyr yn ymdebygu – er bod mwy o rasel yn llais Gruffydd P, a'r brodyr Turner hefyd yn swnio'n debyg ond bod yna dipyn mwy o bathos yn llais Merfyn; efallai ei fod wedi gweld gormod o bethau trist yn ei swydd gyda hen lags Llundain.

Gorffennaf 22

Buom yn Trowbridge am noson neu ddwy yn aros hefo fy hen ffrind fflat, Ann Pencader (nid Ann sy'n fflat – roeddem yn byw mewn un . . . criw ohonom, y gweddill o siroedd Caerfyrddin a Cheredigion a finne'n mynd adre a chael row gan fy nhad am 'siarad Sowth'). Mwynhau barbeciw yn yr ardd a sgwrs hefo Angharad y gwningen a Huw ac Alun, meibion bach Ann a John. Cryn dipyn o hel atgofion. Cofio Ann yn cystadlu ar adrodd yn Eisteddfod yr Urdd yn Rhuthun a'r rhagbrawf yn festri Capel y Bedyddwyr. 'Cofio' gan Waldo oedd y darn. Anghofiodd Ann. A dechre chwerthin wrth fy ngweld i yn y cefn yn cau ac agor fy ngheg fel pysgodyn ar fin tranc. Ann hefyd a wylodd yn hallt mewn lond-ret yn Tooting Bec, pan oedd newydd briodi, wedi i gryse gwyn John droi'n binc. Roedd Ann yn athrawes yn Ysgol Gymraeg Llundain a daeth geneth fach ati un bore a dweud ei bod wedi dysgu gair 'rude'. 'Beth?' gofynnodd Ann braidd yn nerfus. 'District nurse,' ebe'r fechan. Ac meddai un arall, 'Ma' Mami'n dweud 'mod i wedi dod mas o hedyn' ac Ann yn cytuno. Ebe'r fechan, 'O'dd fy llun i ar y paced?' O! ddyddiau ysgyfala'r hen fflat honno yn Willesden Green. Fel y dywedodd Oscar Wilde, 'Mae ieuenctid yn rhy werthfawr i'w wastraffu ar yr ifanc.'

Gorffennaf 29

Shôn yn dod i fenthyg ysgol. Wedi cloi eu hunain allan. Mae David Niven wedi marw hefo clefyd *motor neurone* – mi chwarddais nes oeddwn yn sâl wrth ddarllen ei hunangofiant, *Bring on the Empty Horses*, ac roedd ei straeon am Samuel Goldwyn yn ansbarthol. Megis, 'In two words – im possible.' A geiriau eraill nad wyf erioed wedi'u dweud na'u sgwennu ac nid wyf am ddechrau rŵan.

Awst 1-6

Ar y maes carafannau yn Llangefni. Pryd o fwyd heno yn y Bulkeley ym Miwmares ac roedd y crachach i gyd yno – Syr Alun a Syr Melfyn a'r arglwyddi Gordon Parry a Thonypandy ac ati. Rhaid oedd prynu copi o *Lol* wrth gwrs a dyma beth welais ynddo:

SAESNEG BRATIOG PORTHMYN CAER
O. M. Edwards biau'r ymadrodd, ond dyna yn union a gewch chi os codwch chi'r ffôn i geisio rhoi hysbyseb yn *Y Bedol*, papur bro

Rhuthun a'r cylch.

Bydd rhaid i chi egluro yn eich Saesneg gorau beth a fynnwch gan nad yw rheolwr hysbysebion y papur, Cliff Coppack, yn siarad gair o Gymraeg ar wahân i Bore Da a Iechyd Da a'u cyffelyb. Dyna yn union fu profiad mwy nag un a fu'n ddigon diniwed i anfon hysbyseb – 'Will you say it in English please?' Un o'r London Welsh yw Coppack a ddisgynnodd ar dawelwch Dyffryn Clwyd rhyw dair blynedd yn ôl. Y peth cyntaf a wnaeth oedd ymuno â'r loj lleol ac o dipyn i beth lledodd ei ddylanwad i bob cwr. Prydeiniwr, cynhaliwr y Sefydliad, Ynad Heddwch, llywydd y Liberals.

Ar un adeg roedd *Y Bedol* dan olygyddiaeth gŵr a oedd gymaint i'r chwith nes gwneud i Gareth Miles ymddangos yn Dori. Ond fe'i disodlwyd yn ffafr Mrs Coppack, gwraig yr uchod, un arall o'r London Welsh ac aelod amlwg o'r Alians. Bydd yn ymddangos mor aml ag y medr ar Radio Cymru ac S4C ac yn sôn amdani ei hun yn *Y Faner* dan yr enwau Hafina Clwyd a Mari Clifford, ac y mae'n groyw iawn ei Chymraeg ar adegau felly. Ond Saesneg yw iaith ei chartref ac ni ellir cysylltu â hi heb fynd drwy'r ffal-di-ral Saesneg a enwyd eisoes a gwrando ar fratiaith porthmyn Caer.

Mae yna chwaneg ac mae gen i syniad go lew o ble y daeth y stori. Mae Cliff wedi gweithio'n ddiwyd ar ran *Y Bedol* ac wedi dyblu'r hysbysebion ac nid un o Gaer ydyw eithr Sir y Fflint ac mae ganddo Saesneg safonol, nid bratiaith. Beth bynnag, mi wn i am dricie *Lol* ond ni soniais air wrth Cliff am y stori ond dyma rywun ar y Maes yn dweud wrtho ei fod wedi Gwir Gyrraedd Pinacl Cymreictod drwy gael ei gynnwys yn *Lol*! A bu'n rhaid egluro iddo ac roedd yn gandryll.

Eluned Phillips yn ennill y Goron. Mae Dafydd Êl wedi ymosod ar bapurau bro yn *Y Faner* gan ddweud eu bod yn rhoi'r felan iddo ac fe fûm ar y rhaglen *Y Byd yn ei Le* ar y Maes hefo Rhiannon Preis, Angharad Tomos, Emyr Price a Dafydd Timothy yn achub ein cam. I. B. Griffith yn fy nghusanu ar y Maes: meddwl mai Eluned Phillips oeddwn i. Mae hi bron yn 70! Tudor Wilson Evans yn ennill y Fedal Ryddiaith am gyfrol *Y Pabi Coch*. Pryd o fwyd nos Fercher yn Carreg Brân, Llanfair Pwllgwyngyll, ac roedd Ifas y Tryc yno yn ei het galed.

Hefyd Jeff Diamond, yr actor tywyll ei groen o Lanelli. Ei atgoffa am ein taith ar y Tiwb hefo'n gilydd unwaith ac wedi iddo fynd allan gwraig yn gofyn i mi 'How come you speak his language so well?' Ac Einion Evans, brawd Tudor, yn cael y Gadair am awdl drist iawn yn hiraethu am ei ferch Ennis, fu farw y llynedd.

Fore Iau roeddwn yn rhoi sgwrs am Hel Achau ym Mhabell y Cymdeithasau ac yn profi fy mod yn gyfnither i mi fy hun. A swper yn Erddig hefo Bryner a Myra a'r teulu oll. Huw Edward yn gymeriad. 'Wyst ti be 'di *rectangular?*' gofynnodd Bryner iddo. 'Na wn i wir, sti Dad,' ebe yntau mor henffel. Glenys Bodffari yn cael y Rhuban Glas. Croeso mawr gan Llewelyn wedi cyrraedd adre.

Dyma'r ail waith i mi fod mewn Steddfod yn Llangefni. Yno yn 1957 y cyhoeddwyd nofel newydd Islwyn Ffowc, sef *Wythnos yng Nghymru Fydd*, a chlywed Trefor Edwards yn darllen darn allan ohoni yn noson lawen Plaid Cymru a'r geirie, 'Gwelais â'm llygaid fy hun farwolaeth yr iaith Gymraeg' yn ein sobri. Cofio hefyd weld Caradog Prichard a Mati yn eistedd yn y sedd flaen yn noson lawen Cymry Llundain a Benji'r pwdl yn cyfarth yn orffwyll bob tro roedd y gynulleidfa'n chwerthin. Ac roedd yna gryn dipyn o hynny gan mai Rhydderch oedd yn arwain. Y tro cyntaf i mi ei weld. Ymhen mis roeddwn yn stryffaglio i ddysgu plant Llundain ac yn dod i nabod Rhydderch yn well a'i fflat-mêt Ryan.

Awst 22
I Fryn Gwenallt, Gwyddelwern, i dynnu llun Monty yr hwrdd Mule a fagwyd gan Huw a Myfanwy Lloyd a enillodd yn y Sioe Fawr. Clobyn o anifail ac ni allaf ddweud ei fod yn un del iawn.

Medi 15
Angladd Alice fy chwaer-yng-nghyfraith, sef gweddw William, brawd Cliff, yn Eglwys S. Andreas yn Garden City, lle bu fyw ar hyd ei hoes. Roedd yn ddynes hwyliog iawn, bob amser yn llawn chwerthin. Byd yn chwith amdani. Teulu hwyliog ydy'r Coppacks a phan maent yn hel at ei gilydd mae yna ddadlau mawr a dweud y drefn am ei gilydd ond peidied neb o'r tu allan â meiddio dweud gair drwg am yr un ohonyn nhw!

Medi 17

Noson Lawen ar fferm Llanbedr neithiwr i godi arian at Ysbyty Gobowen – Eirlys Dwyryd, Myron Lloyd a Theulu Hafod y Gân yn diddanu. Gwnaed £700. I Aber heddiw i gofrestru, er ni wn pam chwaith gan fod gen i ormod ar fy mhlât.

Medi 28

Mynd i dynnu llun fy nghefnder Iorwerth hefo Charlie'r gath i'r *Bedol*. Pam? Oherwydd bod Charlie wedi bod ar goll am un mlynedd ar ddeg. Fy modryb Catherine yn adrodd yr hanes. Dydd Diolchgarwch 1972 oedd hi, ebe hi (mae hi'n un dda am gofio pethe fel'ne), ac roedd hi'n cychwyn i'r capel gan ddweud wrth Charlie, 'Wyt ti ddim yn edrych yn hanner da. Bydd rhaid mynd â ti at y fet.' Felly wir, meddyliodd Charlie a diflannu. Wythnos diwethaf, pwy oedd yn sefyll yn y drws yn canu'i grwth ac yn wên i gyd ond – Charlie. Hen dro na fedrai siarad.

Hydref 2

Neil Kinnock yn cael ei ethol yn arweinydd y Blaid Lafur, y Cymro cyntaf, er bod yna bedwar o aelodau Cymreig wedi cael yr anrhydedd hefyd, sef Keir Hardie, Ramsey MacDonald, James Callaghan a Michael Foot. Mae Glenys, ei wraig, yn dod o Fôn ond ofnaf ei fod o wedi cael dylanwad drwg arni gan eu bod ill dau'n ddi-hid o'r Gymraeg.

Hydref 12

Ar raglen *Yn y Bôn* heddiw a llwyddo i wneud i Hywel Gwynfryn chwerthin fel pot wrth sôn am y pethau od a welais mewn cofrestri plwy. Megis hwn o Hanmer: 'Lladdwyd Anthony'r Tincer Troednoeth gan Ryland y Sbaddwr Hychod.' Mae yne drysore yn yr hen gofrestri plwy. Fel y cofnod am fam a merch o Lanrwst yn cael eu lladd gan datws. Roeddent wedi rhoi llwyth o datws yn y llofft ac fe sigodd y llawr a lawr â nhw a lladd y ddwy islaw . . . rhaid chwerthin.

Tachwedd 25

Ar gagal drot. Wedi bod yn Lerpwl yn rhoi sgwrs i'r Gymdeithas Gymraeg. Cinio'r *Bedol* yn Nant-y-felin ac Emyr Price yn ŵr gwadd ac yn plesio pawb hefo'i sgwrs am gyfathrebu. Cyflwyno cyfrol o'r

Bedol wedi'i rhwymo i Gwynn Llewelyn, sy'n ymddeol o fod yn llywydd. Heno yn Llanrwst yn rhoi sgwrs i'r Gymdeithas Lenyddol. Cefais y gymeradwyaeth fwyaf pan ddywedodd y llywydd mai fi oedd wedi gwau fy siaced.

Rhagfyr 3
Cyfarfod teyrnged i Gwilym R. Jones wedi'i drefnu gan yr Academi yn Nimbech. Pnawn gwych. Eitemau gan Barti Lleweni, Twm o'r Nant a Leah Owen ac Ann Mortimer, John Idris Owen a Mair Silyn yn adrodd darnau o'i waith. Mair yn ferch-yng-nghyfraith iddo fo ac yn gyfnither i fy mam. Un clên ydy Gwilym R. ac yn fardd gwych hefyd.

Rhagfyr 9
Wedi mwynhau rhaglen o'r enw *Ar Gof a Chadw* yn trafod termau meddygol ac enwau clefyde. Rydw i'n synnu clywed cymaint o bobl yn sôn am *measles* a *chicken pox* yn hytrach na brech goch a brech yr ieir. Ychydig iawn sy'n gwybod beth ydy swyneg a'r pas a chlymau chwithig. Yn f'atgoffa o'r hwyl gaem ers talwm yn rhowlio yn y gowlas ac i lawr Boncyn Eithin din-dros-ben a Mam yn dweud y drefn ac y byddem yn cael cwlwm perfedd.

Rhagfyr 14
Mae Llewela Roberts wedi marw. Hi oedd yr athrawes Gerdd yn Ysgol y Bala a chofiaf i bob wan jac yn yr ysgol ddysgu'r *Meseia* a'i berfformio yng Nghapel yr Annibynwyr ac ar y radio. Barbara Robinson o Lyndyfrdwy yn canu'r rhannau unigol ac yn gwefreiddio pawb. Aeth ymlaen i'r coleg cerdd ac ennill Gwobr Kathleen Ferrier, ac yna diflannodd o olwg y cyhoedd. Byddai Llewela'n cyfeilio mewn ugeinie o eisteddfode bach y wlad a Llwyd o'r Bryn yn ei herian yn ddidrugaredd a hithau'n dioddef gyda gwên.

Rhagfyr 17
Bom yr IRA y tu allan i Harrods yn lladd saith, gan gynnwys dau blismon.

Rhagfyr 31

Nadolig prysur, llond tŷ yma ond ymlacio yn y Golwythdy heno a mwynhau gwrando ar Bob Roberts, Henllan, yn canu. Ac fel y daw ein pedwaredd flwyddyn yma i ben, sylweddoli pa mor brysur mae hi wedi bod ac na fuom mewn na theatr na sinema na dawns o gwbl. Yn Llundain, roedd y rhain yn rhan o batrwm ein bywyd. Y tro diwethaf roeddwn i'n byw yn y fro roedd yma sinema a gorsaf a dawns y Ffermwyr Ifanc ar nosweithie Sadwrn yn Neuadd y Dre. Rydw i'n colli'r dawnsio'n fwy na dim ac mae Cliff yn ddawnsiwr celfydd.

1984
Blwyddyn y Papur Bro

Ionawr 1

A dyma'r flwyddyn dyngedfennol wedi cyrraedd – 1984 – a fydd darogan George Orwell yn cael ei wireddu, tybed? Ai hon fydd blwyddyn y Brawd Mawr a'r cloc yn taro tri ar ddeg a'r Newyddiaith? Te Calan yng nghartref Shôn ac Eirlys, a gweddill y Dwyrydiaid yno i gyd gan gynnwys y tad Clwyd, cyfyrder i 'Nhad, sydd bob amser yn llawn o straeon am y teulu. Stori'r darlun *Salem* oedd ganddo heddiw. Roedd brawd y Parch. David Williams, Pandy'r Capel (oedd wedi priodi Anti Maggi Harriet, Siop Bryn Saith Marchog), sef y Parch. George Williams yn weinidog ar Salem. Roedd eu chwaer – Edith os cofiaf – yn nyrs yn Llundain ac yn nabod Curnow Vosper. Yntau yn ei holi a wyddai am gapel addas i wneud llun ohono. Bu rhaid talu tipyn go lew i berswadio Siân Owen i wisgo'r siôl (ai dyna'r eglurhad am y Diafol honedig, tybed?). Chwe cheiniog yr awr gafodd y gweddill am eistedd yn llonydd.

Ionawr 9

Gwrando ar *Cil y Drws* ar y radio, oedd yn canolbwyntio ar gyfrol newydd, sef *Adlodd Llwyd o'r Bryn* gan ei ferch, Dwysan. I. B. Griffith – fu'n athro yn y Sarne – yn disgrifio'r Llwyd yn actio rhan Siôn Corn yn yr ysgol a'i fod yn llawer rhy fawr i'w siwt ysgarlad a chyn gynted ag yr agorodd ei geg dyna'r plant i gyd yn gweiddi 'Bob Lloyd!' Roedd yn amhosib iddo ffugio bod yn neb ond ef ei hun. Ac roedd Dwysan hefyd ar y rhaglen yn ein hatgoffa mai ef oedd prif ffawdheglwr Cymru. Meddai, 'Byddai'n sefyll wrth ochr y ffordd yn gwneud wyneb disgwyl!' Andros o gymeriad oedd o ac mi hoffwn fedru brolio fy mod yn perthyn iddo ond yr unig beth y gallaf ymffrostio ynddo yw fod brawd i fy hen hen daid wedi priodi Ann Derwgoed, oedd yn chwaer i daid Dwysan.

Ionawr 11

Mae hi'n streic y post yng Nghaer a bu rhaid mynd i Gaernarfon i nôl proflenni'r *Bedol* ac wedyn i'r Bala i fynd â'r golofn radio. Roedd Emyr P. mewn panic am nad oedd dim byd wedi cyrraedd ar gyfer y rhifyn nesaf. Bydd *Y Faner* yn wag, meddai. Beth am gael bocs o bethau'n barod rhag ofn, meddwn innau. Mae yna un yn rhywle, meddai – ond mae'r papurau bron â chyrraedd y nenfwd.

Ionawr 18

Mae Dorothy, chwaer Cliff, a'i gŵr wedi cael eu galw adre o Sbaen am fod eu cartref yn Leatherhead wedi cael byrglar ac wedi colli popeth o werth. Medraf ddychmygu sut maen nhw'n teimlo. Cawsom ninnau fyrglar unwaith pan oedd gennym fflat ar Gomin Clapham ond yr unig beth a ddygwyd oedd £20 mewn darnau chwe cheiniog allan o garboi mawr ar ben y grisiau. Roeddwn yn flin iawn gan ei bod wedi cymryd blynyddoedd i'w hel. Yn ôl yr heddlu, gwaith plant oedd hwn. Ond nid wyf wedi anghofio'r teimlad cas o wybod bod yna rywun wedi bod yn eich cartref.

Ionawr 20

Cael sbectol! Wedi bod yn methu deall pam fod y Swyddfa Bost wedi penderfynu argraffu'r Llyfrau Rhifau Teliffon mewn print manach eleni. Ond fel y dywedodd yr optegydd, 'Mae bywyd yn dechre mynd ar i lawr ar ôl cyrraedd y 45!' O diar. Ond, fel Gwilym Deudraeth, gobeithio y medraf weld 'llau yng ngolau lleuad'. Darllen cofiant William Owen Pughe gan Glenda Carr. Wel am wych.

Chwefror 14

Y Gêmau Olympaidd yn Sarajevo yn dod i ben a'r un peth y bydd pawb yn ei gofio fydd Jayne Torvill a Christopher Dean yn dawnsio ar y rhew ac yn cael deuddeg marc llawn am berffeithrwydd llwyr. Roeddwn yn dal fy ngwynt wrth eu gwylio'n symud mor osgeiddig a huawdl i 'Bolero' gan Ravel ac ar y diwedd y fflach o biws yn disgyn ar y rhew fel siswrn lliwgar gan orffen i gymeradwyaeth fyddarol. Rhywbeth sy'n aros yn y cof.

Chwefror 29

Y gyfres newydd yn *Y Bedol* yn boblogaidd iawn, sef rhoi tudalen ganol ddwbl i hen luniau a thipyn o hanes un o'r pentrefi yn y dalgylch ac mae hyn wedi cipio dychymyg y gohebwyr, sydd wrthi fel lladd nadroedd. Tro Ysgol Brynhyfryd oedd hi'r mis hwn a chafwyd atgofion gan rai o'r hen blant enwog – Meri Rhiannon, Morfudd

Maesaleg, Alun Morris, Gareth Lloyd Williams a Nia Rhosier. A Rhiannon Davies-Jones, y gyn-athrawes Gymraeg wrth gwrs.

Mawrth 16

Y Frenhines yn Rhuthun heddiw! Welodd hi mohonom ni gan fod Cliff yn ysbyty Llanelwy ar gyfer archwiliad yn dilyn triniaeth laser ar ei lygad. Trueni na chafodd y Cwîn weld criw o Ddosbarth 6 Brynhyfryd yn plygu'r Bedol heno.

Mawrth 18

Mwynhau'r hanesyn am Hwfa Môn ar y rhaglen Rhwng Gŵyl a Gwaith. Un tro roedd yn traddodi darlith am ei daith i America ac ar ddiwedd tair awr nid oedd hyd yn oed wedi gorffen disgrifio'i ymadawiad â Lerpwl! Ond ni soniwyd am y forwyn fach o Westy'r Castell, Rhuthun, a aeth i Landudno er mwyn cael gweld y Frenhines Mary – sef nain y Frenhines bresennol. Cafodd y forwyn fach siom fawr a dweud mai dynes ofnadwy o dew a hyll oedd Queen Mary. Ond erbyn deall, pwy oedd hi wedi'i weld oedd Hwfa Môn yn ei wisg archdderwydd.

Mawrth 19

Mae'r henwr Hugh Davies o Gapel Charing Cross wedi marw yn 95 oed. Roedd yn aelod brwd o Gymdeithas Meirion yn Llundain ac yn ddyn cyfoethog dros ben, wedi bod yn gweithio i un o'r banciau masnachol ar hyd ei oes. Gadawodd hanner miliwn ac fe fu'n hael iawn, gan adael deng mil i'r Urdd, dwy fil i'r Eisteddfod Genedlaethol, dwy fil i Gapel Charing Cross a mil i Gymdeithas Cymry Llundain ymysg pethau eraill. Roedd yn ewythr i Towyn Roberts. Wedi dechrau cyfres newydd arall yn Y Bedol, sef Llun Teulu Mawr, ac eisoes cyhoeddwyd teulu Melin Nantclwyd (11), Teulu Edwards, Llanfwrog (20) a Beech, Tŷ Mawr (10), a heddiw daeth John â llun o deulu Ffynogion (12). Mae yna ddigon i fynd am flwyddyn o leiaf!

Mawrth 28

Rhaglen radio am drampwyr yn dod ag atgofion i mi heno. Roeddent, fe ddywedid, yn gadael nod cyfrin ar gerrig a physt i ddangos sut groeso a geid mewn amrywiol fanne. Byddai tŷ Nain yn Nhrefnant yn gyrchfan i amryw ohonyn nhw a phe bawn wedi meddwl edrych rwyf yn siŵr fod ei phostyn giât hi fel Nodwydd Cleopatra. Yr hen Jo Phelan yn galw'n rheolaidd a Nain yn llwyddo i wisgo'n smart iawn drwy gydol y rhyfel gan mai hi fyddai'n cael ei gwponau dillad o. 'Bydd chwedl gan y rhai a grwydra,' meddai dihareb Wyddelig. Cofio am Llwyd y Gwrych a Dic Dunn ac am de trempyn hefyd, sef pinsied o de mewn llwy ddwbl efo tylle ynddi a thywallt dŵr am ei phen mewn cwpan, a byddai'r hen Jo yn ei hyfed yn nhin y das ar ôl dweud, 'Thanciw Missus.'

Ebrill 6

Dadl boeth parthed llun geneth fach o'r dre (o deulu Cymraeg ei iaith) wedi cael llythyr gan y Frenhines a chael thynnu ei llun yn arbennig i'w roi yn *Y Bedol*. Bu'n rhaid cael pleidlais: Eirwyn a Dennis eisiau ei adael allan; Alun, Huw, Gareth, ac Ann Owen eisiau ei gynnwys gan eu bod yn gyndyn o siomi plentyn. Felly i mewn â fo. Mae'n gas gen i hen gynnen fel hyn. Neithiwr penodwyd John Ambrose yn bennaeth Brynhyfryd. Cymro da, medden nhw. Streic y Glowyr yn dechrau troi'n ffiaidd. Ac Eirwyn yn ymddiswyddo.

Ebrill 17

Yvonne Fletcher, 25 oed, aelod o heddlu Llundain, yn cael ei saethu'n farw y tu allan i Lysgenhadaeth Libya yn Sgwâr San James, lle mae yna warchae. Bydd hyn yn ffrwtian am flynyddoedd. Dywedir mai hi oedd y plismon byrraf yn y wlad – dim ond 5'2". Druan fach.

Mai 3

Isetholiad yng Nghwm Cynon ac Ann Clwyd yn ennill hefo mwyafrif o dros 14,000, y ferch gyntaf i gynrychioli sedd yng nghymoedd y de.

Mai 10

Cael braw heno. Elfed o'r Penrhyn (oedd yn y coleg hefo fi) ar y ffôn eisiau hanner tudalen o hysbyseb ar gyfer yr Etholiad Ewropeaidd a dyma sŵn cliciadau i'w clywed yn blaen. 'Y clustia mawr yn gwrando eto,' ebe Elfed. Mae yna lawer o sôn am dapio teliffonau pobl sy'n gwrthod cydymffurfio ond dyma'r tro cyntaf i mi ei glywed yn digwydd. Mae'n warthus.

Mai 20

Mae John Betjeman wedi marw yn 71 oed. Roedd yn fardd poblogaidd ac yn dipyn o gymeriad. Byddem yn aml iawn yn mynd am dro ar bnawn Sul a chofiaf gerdded drwy farchnad gig Smithfield (sy'n segur yn ystod y dydd) ac yn y gornel bellaf yn Cloth Fair roedd tŷ Betjeman. O'r Iseldiroedd y daeth ei rieni a chawsant amser anodd yn ystod y Rhyfel Mawr gan fod pobl yn meddwl mai Almaenwyr oedden nhw. Aeth i Goleg Magdalen yn Rhydychen gan fynd â'i dedi-bêr hefo fo. Enw'r tedi oedd Archibald Ormsby-Gore. Methodd ei arholiade fwy nag unwaith ac yn y diwedd dywedodd wrth ei diwtoriaid fod arno eisiau ysgrifennu ei draethawd yn Gymraeg a dywedir i athro o Aberystwyth deithio i Rydychen ddwywaith yr wythnos i'w ddysgu. Pam, ni wn, oherwydd roedd yna athrawon yn Rhydychen fedrai wneud yr un peth. Ni wn a ddylid credu'r stori ai peidio.

Mai 28

Bu farw fy hoff ddigrifwr, Eric Morecambe. Nid oedd neb tebyg iddo fo ac Ernie Wise. Eu hamseru, eu hwynebau, eu digrifwch.

Mai 28

Eisteddfod yr Urdd yn agor yn yr Wyddgrug. Ataliwyd y Gadair ond Angharad, merch Gwyn a Lisa Erfyl, yn cipio'r Goron. Y ddau wedi gwirioni'n lân. Emyr yn dweud wrthyf ar y Maes ei fod 'yn symudol' ac yn bwriadu gorffen hefo'r *Faner*. Wedi hen alaru ar y sefyllfa, meddai. Bydd yna dudalen flaen neis i'r *Bedol* y tro hwn – llun o Angharad hefo'i rhieni; Mrs Williams, Trefeilir, wedi cael Medal Gee, a William Owen, Acre, Llandegla, Cadeirydd newydd Cyngor Glyndŵr.

Mehefin 17

Bu farw Syr Idris Foster, bonheddwr mawr a sgolor. Bob amser yn codi'i het i mi. Wedi cael bywyd pleserus iawn, rwyf yn siŵr, yn athro Celteg yng Ngholeg Iesu am flynyddoedd. Canlyniadau Etholiad Ewrop yn cael eu cyhoeddi a Llafur wedi ennill 16 sedd oddi ar y Toriaid. Beata Brookes sydd i mewn yma, Tom Ellis yn ail, Ian Kelsall yn drydydd a Dafydd Iwan hefyd wedi gwneud yn reit dda. John Roberts Williams yn dweud y drefn am yr hyn a alwodd yn 'etholiad na fu'. Roedd yn deall dryswch yr etholwyr yn wyneb y dasg o orfod anfon cynrychiolydd i Ewrop fydd yn medru ymladd dros fuddiannau mannau mor annhebyg â Glannau Dyfrdwy a Glannau Hafren.

Gorffennaf 13

Cael copïau cyfarch o 'nghyfrol newydd, *Cwis a Phos*, o'r Lolfa. Pwyllgor o swyddogion *Y Bedol* yma heno a minnau'n gofyn am gymorth i rannu'r gwaith. Pawb yn addo. Gwrando ar raglen o'r enw *Rhyfedd o Fyd* oedd yn canolbwyntio ar hiwmor y gyfraith a Graham Jones yn dweud iddo unwaith roi darlith mewn carchar a chlywed ei hun yn dweud, 'Rwyf yn falch iawn o weld cymaint ohonoch chi yma.' Hyn yn f'atgoffa o'r adeg pan fu Côr Ieuenctid Cymry Llundain yn canu yng ngharchar Holloway. Ar ganol canu 'All men shall be free', sylweddolodd yr arweinydd, Terry James, beth oedd yn ei wneud a dechreuodd chwerthin. Y cyfan a welodd y gynulleidfa y tu ôl iddo oedd yr arweinydd yn ei gwman yn lladd ei hun yn chwerthin.

Gorffennaf 19

Bu daeargryn am 7.57 y bore. Yn y gwely roeddwn i ac fe symudodd y ddaear fel petae, ac fe siglodd y tŷ a'r dodrefn yn ochneidio a rhyw ruo pell o tanom. Parodd am 48 eiliad ac ymhen ychydig eiliade dyma un arall am 12 eiliad. Roedd yn 5.7 ar y Richter a hon oedd y fwyaf yng Nghymru ers 1903. Y canolbwynt o dan yr Wyddfa yn rhywle. Roedd yn reit frawychus gan nad oedd modd gwybod a oedd wedi gorffen ai peidio. Bûm mewn daeargryn yn Iwgoslafia unwaith pan oedd gen i a Cliff ddeugain o blant Islington dan ein gofal. Cofiaf sŵn ffenestri'r gwesty'n clecian ond dweud wrth y plant mai gwynt oedd o. Buasai'n amhosibl eu trin pe gwyddent y gwir. Rhaid dweud celwydd weithie!

Awst 1

Mae Llewelyn yn sâl, ddim yn symud na bwyta ac yn edrych arnaf dan ei anadl. Fedraf i ddim mynd i'r Steddfod os ydio'n sâl! Y fet yn dweud bod ganddo haint ar ei arennau, rhywbeth mae twmcathod yn tueddu i'w gael, a chafodd nodwydd a thabledi er mawr wylltineb iddo. Ddylwn i ddim fod wedi dweud wrtho ei bod yn amser Steddfod unwaith eto. Mi wneith rywbeth i 'nghadw adre.

Awst 2

Llewelyn yn llawn bywyd unwaith eto a phoerodd ei dabled allan a chwyrrrrrnu.

Awst 4-11

A ffwrdd â ni i Lanbedr Pont Steffan ac Alan yn mynd â'r garafán inni a chael siwrne hir a phoeth. Pabell Lên newydd – pagoda porffor. Fore Sul, ar y radio yn y garafán, clywed bod Richard Burton wedi marw yn 57 oed o lid ar yr ymennydd. Un o wir sêr y byd ffilmiau a'r llwyfan. Gwelais ef nifer o weithiau gan ei fod yn dod i wahanol bethau oedd yn cael eu trefnu gan Gymry Llundain – megis y Ddawns Drwy'r Nos yn y Festival Hall pan gafodd ef a Peter O'Toole a Richard Harris eu taflu allan am baffio yn eu diod! Daeth i'r clwb un noson hefyd i wrando ar barti cerdd dant Pontrhydfendigaid yn canu – ei chwaer yn aelod. Roedd yna felfed yn ei lais a rhywioldeb yn ei holl ystum.

Tywydd gwlyb a tharanau am rai dyddiau. John Roderick Rees yn cipio'r Goron, John Idris Owen y Fedal Ryddiaith ac Aled Rhys Wiliam yn ennill y Gadair, a hynny ar ddiwrnod poeth iawn. Stori gan I. B. Griffith: 'Mae Esgob Woolwich yn dweud bod Duw wedi marw.' 'Dene beth rhyfedd,' medde Tegla. 'Roeddwn i'n siarad hefo fo bore 'ma.' Ein ffrind annwyl Glyn Devonald yn dweud ei fod wedi prynu Pwllderi. Parti yng ngwesty Glynhebog i ddathlu llwyddiant Aled. Claddwyd Richard Burton yn y Swistir a chanwyd 'Sosban Fach' wrth ei fedd.

Dydd Gwener yw diwrnod y Cymry ar Wasgar a Helen Richards, 90 oed o Illinois, yn eu harwain mewn het felen anhygoel. Pawb yn cwyno am y gwres yn y Babell Lên ac Islwyn Gus Jones yn dweud, 'Beth am roi handl o dani a'i galw yn Badell Lên!' CND yn ffurfio cadwyn o gwmpas y Pafiliwn mewn protest am i'r Llys wrthod dau funud o dawelwch i gofio Nagasaki a Hiroshima, Awst 1944. Fel y dywedodd rhywun, 'Gwell bom yn Nagasaki nag agos-atom ni.'

Awst 17-18

Heb gael gwylie ers pum mlynedd ac felly dyma benderfyuu y dylem o'r diwedd fynd i gael cip ar Lydaw. I lawr i Plymouth hefo Shôn ac Eirlys ac Elin a'i ffrind, Annest John, a mynd ar y cwch am hanner nos a chysgu ar lawr fel perchyll. Pobl o Ddinbych yn y ciw ceir wrth ein hochr – ef yn athro yn Nhreffynnon, hithau yn y Rhyl, a Rhodri Huw yn 20 mis oed. Troed ar dir sych am saith y bore heb frecwast na dim a phrynu coffi a bara yn Kemper cyn cyrraedd ein *gîte*, tŷ fferm o'r enw Ty Lapig ym mhentre Cast. Digon o le ynddo. Bu bron i mi ddweud 'warren o le' gan mai cwningen yw lapig! Eistedd yn yr ardd drwy'r pnawn a char trymlwythog yn cyrraedd. A phwy oedd ynddo ond Lesley a'i ffrind, Trish, eisiau bwyd a dŵr poeth, wedi bod yn gwersylla yn rhywle.

Awst 19

Shôn yn cael ei ben-blwydd ac aethom i lan y môr Treboul, poeth ddychrynllyd a Shôn yn llawn rhyfeddod wrth weld yr holl dorheulo bronnoeth ar y traeth. Yn y pnawn darllenais un o nofelau Mills a Boon. Lesley yn meddwl fy mod yn drysu. Ond rhaid oedd egluro bod y Cyngor Llyfrau wedi talu i mi am gyfieithu un i'r Gymraeg. Cyfres y Fodrwy. Nid yw mor hawdd ag y tybiais. Eirlys yn hel mafon a chawsom darten fendigedig. Mae peth o olion 'cymdeithas yr iaith' o gwmpas, sef arwyddion ffyrdd Ffrangeg wedi'u taflu, ond edrych yn hurt a wna pawb yn y pentrefi os gofynnir iddyn nhw a ydyn nhw'n siarad Llydaweg. Efallai fod rhai ohonyn nhw yn medru ond eu bod wedi cael eu cyflyru a'u trwytho i beidio gan arwyddion a arferai fod mewn siopau a mannau cyhoeddus: GWAHERDDIR POERI A SIARAD LLYDAWEG. Cofir hefyd am eiriau De Monzie, un o weinidogion llywodraeth Ffrainc: '*Pour l'unité linguistique de la France, la langue bretonne doit disparaître*'.

Awst 21-22

Glaw trwm. I Kastellin i siopa, camlas yn rhedeg drwy ganol y dref. Pryd o fwyd da iawn yn Hotel Gildas yn Cast – malwod, stêc *au poivre* a hufen iâ cyrens coch. Ddydd Mercher, am dro i weld Kemper, hen brifddinas yr hen Lydaw. Dinas hardd yn llawn sgwariau bach o gwmpas yr eglwys gadeiriol. Cliff a fi'n cerdded ar hyd glan yr afon a dyma lais yn galw f'enw. Troi rownd yn syn – Geraint a Glenys Lewis o Lundain! Mae eu merch Catrin wedi priodi Llydawr! Troi cornel a dyna lle roedd y Ddraig Goch yn chwifio uwchben siop, siop yn cael ei chadw gan Gweltas yn llawn llyfrau a recordiau Cymraeg. Cerdded i mewn i gyfeiliant Meic Stevens yn canu 'Douarnenez'.

Awst 23

Am dro i Locorn, pentre i ddotio ato, wedi'i godi o garreg hardd mewn cylch o gwmpas y sgwâr a ffynnon yn ei ganol. Ac yn denu miloedd o ymwelwyr. Safon y crefftau'n uchel ond yn hynod o ddrud. Gwelsom Job yn cerfio seintiau, Eglwys San Ronan, llestri, lledr, gwaith gwau a les; *crêperies* ym mhob cyfeiriad. Siom oedd y *crêpe* – roedd fel bwyta papur llwyd. Roedd pob crefftwr yn pwysleisio gwedd Geltaidd y nwyddau ac eto – nid oedd yr un gair o Lydaweg i'w weld yn unman. Sylweddoli pa mor ffodus ydym ni yng Nghymru o'i gymharu. Annest yn anfon cerdyn adre: 'Annwyl Mami, Tada a'r Hogs' – mae ganddi dri brawd. Un annwyl iawn ydy hi.

Awst 24-25

I Plwy'r Felin i wrando Côr Crymych yn canu. Mae Crymych a Plwy'r Felin wedi gefeillio! Crymych yn dangos i'r Llydawyr sut mae canu a pherfformio Dawns y Siôl a Step y Glocsen. Yr eglwys yn llawn. Roedd yn union fel pe bai Steddfod Llangwm yn cael ei chynnal yn Eglwys Gadeiriol Llanelwy. Ar y Sadwrn mynd i weld y Galfaria enwog yn Pleyben. Braidd yn hyll, yn fy marn i. Rydym wedi blino ar yr holl bryfed.

Awst 29

Wedi bod yn crwydro tipyn a phawb wedi cael lliw haul neis. Cefais freuddwyd ryfedd ar y naw. Gwesty wedi agor yn Rhuthun a Ruth Parry yn ei redeg mewn brat gwyn a Shirley Williams yno'n cael paned ond yn gwadu mai dyna pwy oedd hi – mynnu mai Joan Hunter-Dunn ydoedd. Beth ar y ddaear sy'n achosi breuddwyd mor od?

Medi 1

Madame la Patronne yn rhoi £25 yn ôl inni wrth inni adael y *gîte* am ein bod wedi glanhau o'r top i'r gwaelod. Ddaru o ddim gwawrio arnom i beidio. Ceisio cysgu ar lawr y cwch ar y ffordd adre a meddwl os ydym yn talu cymaint y dylai fod yna well cyfleusterau. Meddwyn swnllyd yn fy ymyl ac Elin yn chwydu.

Medi 2

Cyrraedd adre a dim sôn am Llewelyn. Galw amdano ac yn sydyn daeth drwy'r gwrych fel bollt ac yn cario un goes. Canodd ei grwth nes crygu. Ond neb yn gwybod beth ddigwyddodd i'w goes. Wedi cael cic neu glec gan feic efallai. Dim byd mawr wedi digwydd tra oeddem i ffwrdd heblaw bod Annabel Williams Ellis wedi marw yn 90 oed a'r glowyr yn dal ar streic ers 7 mis.

Medi 3
Llewelyn at y fet ac mae wedi torri ei goes. Ei roi mewn sblint! Nid yw'n hapus.

Hydref 1
Cynhadledd y Blaid Lafur ac maent mewn tipyn o strach oherwydd streic y glowyr sy'n ymosod ar yr heddlu sy'n ymosod ar y picedwyr sy'n ymosod ar yr heddlu. Fy ffrind Gwyneth wedi bod yn Nhalyllychau yn dadorchuddio plac i Dafydd ap Gwilym sydd wedi'i gladdu yno, medde hi. Mae eraill yn mynnu mai yn Ystrad-fflur mae o. Mae'n debyg ei fod fel Christopher Columbus â nifer o feddau mewn gwahanol fannau. Gwelais un yn Genoa ac un arall yn Seville.

Hydref 12
Bom yn y Grand Hotel yn Brighton am dri y bore. Yr IRA. Margaret Thatcher yn osgoi cael ei lladd o drwch blewyn er mai hi oedd y targed, mae'n debyg. Lladdwyd pedwar gan gynnwys Anthony Berry, AS Enfield. Cafwyd hyd i Norman Tebbit dan dunelli o rwbel ar ôl pedair awr. Lluniau ar y teledu'n dangos y dynion tân yn ceisio'i achub. Roedd yn amlwg mewn poen ac yn dioddef gan sioc. Syrthiodd ef a'i wraig drwy bedwar llawr. Edrych yn debyg y bydd hi wedi'i pharlysu. Dyn digon anghynnes ydy Tebbit ond nid oedd yn haeddu hyn.

Hydref 31
Indira Gandhi yn cael ei saethu'n farw gan ddau Sikh. Anodd deall pam gan ei bod yn boblogaidd. Wedi cael mis o ruthro o gwmpas – dosbarth WEA yn Ninmael, llywyddu mewn tri chyngerdd, rhaglen deledu a dwy ar y radio.

Tachwedd 9
Penderfynu llenwi hwn heddiw yn union fel y digwyddodd pethau. Gosod *Y Bedol*. Gwneud fy ngwallt. Galw hefo Gwylan. Glanhau'r tŷ.

Cliff i siopa. Cliff i Rydonnen. Buddug wedi anghofio'r *quiche* i barti pen-blwydd Cliff. Sharon yn dod â dwy *quiche* yma. Bob Jones yn nôl ei bregeth wedi'i chyfieithu. Rhoi caniad i Nerys, wyres Plas yr Esgob, ynglŷn â llun. Nôl lluniau o Ann Frischer. Nôl lluniau o siop Dafydd Williams. Gwneud treiffl. Gwneud salad ffrwythau. I'r Tabernacl i orffen gosod. Lesley'n cyrraedd. Golchi dau lwyth. Siarad hefo Stewart Blackwell ar y ffôn am y rhifyn nesaf o *Hel Achau.* Rhoi bywgraffiad i Rees i'r Gwasanaethau Gwirfoddol. Sgwennu colofn i'r *Faner.* Methu deall pam fy mod wedi blino.

Tachwedd 18
Newyddion drwg iawn. Tad Angharad, sef yr Arglwydd Maelor, wedi marw mewn tân yn ei gartref, Ger y Llyn yn y Poncie bore heddiw, 86 oed. Ofni mai sigarét a achosodd y tân. Roedd Angharad efo fo pnawn ddoe ac roedd cyn iached â'r gneuen. Ganwyd ef yn Thomas William Jones, yn fab i lowr a bu ef ei hun yn gweithio dan ddaear am gyfnod. Aeth i'r Coleg Normal i'w hyfforddi fel athro a daeth yn Aelod Seneddol Meirion yn 1951. Ef a'i frawd, James Idwal (oedd yn cynrychioli Wrecsam yn y Senedd), oedd y ddau frawd cyntaf erioed i fod yn gyd-aelodau seneddol. Roedd yn arweinydd eisteddfode ac yn aelod o'r Orsedd ac yn un da iawn am ddweud stori. Roeddwn wrth fy modd yn clywed iaith y Rhos ganddo. Roedd yn aelod o sect fechan y Bedyddwyr Albanaidd ac yn pregethu'n gyson yn y nifer fechan o gapeli sydd ganddyn nhw. Coffa da amdano. Bu'n garedig iawn wrth Angharad a fi pan aethom yn athrawon ifanc i Lundain. Mae'r tŷ hardd a gododd wedi'i lwyr ddifetha.

Rhagfyr 3
Nwy gwenwynig yn gollwng mewn ffatri mewn lle o'r enw Bhopal yn yr India, dros ddwy fil wedi marw, tair mil yn ddall.

Rhagfyr 6
Gorffen y dosbarth WEA yn Ninmael. Wedi mwynhau'r cwmni diwylliedig yn arw iawn ond dweud wrthyf fy hun, 'Never again.' Gormod o waith paratoi.

Bu rhaid i mi ailosod *Y Bedol* – rhywun wedi plygu hanner colofn a'i chuddio dan un arall am nad oedd digon o le!

Rhagfyr 31

Daeth blwyddyn anhygoel o brysur i ben mewn Noson Lawen yn y Golwythdy a Glyn Thomas, gynt o Borthmadog, yn canu. Heb ei weld ers 1957 – ryw noson yn Llundain! Teimlo'n ddiolchgar fod gen i angel o ŵr. Pwy arall fyddai wedi rhedeg yn ôl a mlaen i Gaernarfon i gasglu proflenni'r *Bedol*; pwy arall fyddai wedi bod hefo fi dros hanner cant o weithiau i dynnu lluniau a mynd i bob noson blygu? Mae o hefyd yn frenin yn y gegin neu fuaswn i fyth wedi dod i ben. O ganlyniad i'r hyn ddywedwyd amdano yn y rhecsyn *Lol*, mae wedi rhoi'r gorau i'w wersi Wlpan.

1985
Blwyddyn y Colledion

Ionawr 2

Wedi ffarwelio â'r papur punt a'r darn dime. Heddiw buom ym Mhlas Glansevern nid nepell o'r Trallwng i gael te hefo fy modryb Enid sydd wedi symud i fflat-nain ym mhlas anferth ei mab, y Barnwr Neville Thomas. Tŷ enfawr a llyn a 390 acer o erddi, afon Hafren yn llifo heibio, mul a pharot a chŵn a chathod. Mae Neville yn teithio'r byd yn ei waith fel ymgynghorwr i rai o fanciau Llundain, Hong Kong ac Efrog Newydd. Ffordd hyfryd o gychwyn blwyddyn newydd.

Ionawr 6

Cliff wedi coginio malwod mewn menyn a garlleg ac roeddynt mor boeth nes ffrwydro i bob man – dros drowsus Shôn ac i lawr y llenni. Welais i erioed falwod yn symud mor gyflym.

Ionawr 17

Cyd-ddigwyddiad rhyfedd heddiw. Llewelyn Williams, cyn-brifathro Cyffylliog a cholofnydd yn *Y Bedol*, yn anfon llythyr i mi a dderbyniodd o gan rywun o'r enw Eric Lloyd Williams o Weybridge oedd yn chwilio am achau ei nain, Jane Evans, Tan Llan, Clocaenog. Roedd wedi methu darganfod ym mhle y ganwyd hi a phwy oedd ei rhieni. Bu farw yn 1896. Doedd gen i ddim syniad chwaith. Roedd yna lythyr arall yn y post hefyd yr un diwrnod, un gan Berwyn Kerfoot o Abergele efo tipyn o hanes ei hen nain, Grace Williams, Rhos Pengwern, Glyn Ceiriog, oedd yn chwaer i fy hen hen nain i, sef Elizabeth Hughes, Tŷ Helyg, Bryneglwys. Roedd ganddynt chwaer o'r enw Anne ac roedd hi, meddai Berwyn, wedi priodi Humphrey Evans, Penbryn Mawr, Cwm Celyn, a symud i Tan Llan, Clocaenog, i fyw. Eu merch nhw oedd Jane Evans. A dyna nain Eric. Teimlad rhyfedd oedd gweld yr un enwau mewn dau lythyr o wahanol rannau o'r wlad ac un llythyr yn ateb cwestiwn y llall er na wyddent am fodolaeth ei gilydd. Sgwennu at Eric yn syth i ddweud fy mod i'n gwybod pwy oedd ei nain ac yn rhoi rhibidirês o berthnasau newydd iddo, gan gynnwys teulu mawr aeth i Awstralia o ardal Clocaenog ar ddechrau'r ganrif hon.

Ionawr 21

Mae'r Arglwydd Balogh wedi marw – un o ymgynghorwyr Harold Wilson pan oedd yn Brif Weinidog. Brodor o Hwngari. Ei wraig yn byw drws nesaf i ni yn Llundain ar un adeg. Pan gafodd ei ethol i Dŷ'r Arglwyddi, cofiaf ddweud mai enw da iddo yno fyddai Lord of the Flies. Os nad ydych yn siarad Cymraeg fedrwch chi ddim gweld yr ergyd!

Ionawr 27

Yr Arglwydd Harlech wedi'i ladd mewn damwain car ar yr A5. Galwyd sianel deledu ar ei ôl.

Ionawr 2-Chwefror 1

Alun Evans wedi gofyn i mi fod yn feirniad Ymryson Areithio'r BBC a dyna gychwyn yn Ysgol y Gader, Dolgellau, a chael croeso tywysogaidd gan y prifathro, Hywel Evans. Braidd yn siomedig gan mai 'darllen papure' ddaru nhw. Yr ail noson yn Ysgol Dyffryn Nantlle a siaradwyr reit dda. Rhoi Gwenno a Swyn Maelor yn gyntaf. Noson wedyn, i Langefni. Siaradwyr da o Amlwch a Bodedern. Y prifathro yw Huw Roberts o'r Rhos, sydd wedi priodi Elinor Dew, wyres yr hen Domos Edwards, Siop Hendre'r-ŵydd gynt. Noson wedyn yn Ysgol Glan Clwyd – dim trefniadau ar ein cyfer ond cafwyd siaradwyr gwych.

Chwefror 2

Mae W. D. Williams wedi marw yn 84 oed. Un o gymeriade ffraeth y Babell Lên ac yn cael ei gofio'n bennaf am ei englyn 'O Dad, yn deulu dedwydd' sy'n cael ei ddefnyddio'n gyson. Byddai W. D. yn filiwnêr pe bai pawb wedi talu hawlfraint wrth ddyfynnu ei englyn.

Chwefror 4

Er i mi fygwth peidio, dyma fi unwaith eto yn dysgu dosbarth WEA – yng Nglyndyfrdwy'r tro hwn. Methu dweud 'Na' wrth Gwynn Matthews, dyna fy mhroblem. Naw o ferched yno ac un dyn – ac aeth hwnnw adre pan welodd mai dim ond merched oedd yno.

Chwefror 8

I Fangor heno i feirniadu rownd derfynol yr Ymryson Areithio yng nghwmni Alun Ffred a John Gwilym, Parc Nest. Fi oedd yn traddodi ac O! roedd arnaf ofn gwneud cam â'r bobl ifanc ddewr a ffraeth oedd wedi mentro. Beth bynnag, Glan Clwyd enillodd a'r gwobrau am y ddau siaradwr gorau yn mynd i Gerallt Evans o Lan Clwyd ac Einir Jones o Fodedern. Mae hi'n eira trwm a chawsom drafferth ar y ffordd.

Chwefror 20

Sioe sebon newydd o'r enw *EastEnders* wedi cychwyn neithiwr a Hywel Gwynfryn eisiau fy marn yn fyw ar *Helo Bobol*. Gofyn i mi roi 'chydig o gefndir yr ardal honno o Lundain ac egluro tipyn ar dafodiaith liwgar y Cocnis. Tafodiaith ydyw, medde fi wrtho, gychwynnodd ymysg y *costermongers* er mwyn medru sgwrsio ymysg ei gilydd heb i'r cwsmeriaid ddeall. Mae hi'n iaith glyfar: *he was elephant* yn golygu bod rhywun wedi meddwi (elephant's trunk = drunk). *Telling porkies* yw dweud celwydd (pork pies = lies); *my plates are hurting* (plates of meat = feet). A hyd yn oed yn gyfrwysach na hynny – bob tro maent yn amau bod pobl yn dechrau eu deall, maent yn newid yr odl!

Mawrth 1

Llond bws ohonom, Côr Pwll-glas yn bennaf, i Lundain. Heno, Calvin yn mynd â ni i Fung Singh, bwyty Tseiniaidd yn Lisle Street ac roedd y bwyd yn fythgofiadwy. Hwyaden Peking yn toddi yn eich ceg. Cerdded drwy Soho – mae o wedi newid – llawer mwy o oleuadau coch a merched amheus a dynion mwy amheus fyth. I feddwl bod Angharad a minnau'n medru cerdded yn ddi-ofn yn yr ardal hon ar ddiwedd y 50au, yn mynd o un bar coffi i'r llall. Sefyll yn hiraethus i syllu ar ffenest siop Parmigiani lle byddem yn arfer prynu coffi a ham Parma, a'r arogleuon yn llesmeiriol.

Mawrth 2

I'r Albert Hall heno a chael cyngerdd gwerth chweil. Plant ysgol Twm o'r Nant yn arbennig o dda. Dene brofiad iddyn nhw! Y neuadd yn fwy na Dimbech bron! Pryd o fwyd yn y Mondello wedyn; dyna un o fendithion Llundain – digon o ddewis a bwytai'n agored yn hwyr. 'Professore!' gwaeddodd Salvatore wrth inni gerdded i mewn, er mawr hwyl i Shôn ac Eirlys.

Mawrth 6

Streic y glowyr drosodd. Mynd yn ôl heb ennill dim byd a cholli cyfran dda o incwm.

Mawrth 19

Yn ystod y dyddiau diwethaf rydym wedi colli John Eilian ac Emrys Cleaver, ac mae Dafydd ac Elinor Wigley wedi colli eu hail fab, Alun, yn 12 oed. Bu farw Geraint dri mis yn ôl. Teimlo drostyn nhw yn fawr. Bu Emrys C. yn byw yn Rhuthun a chofiaf fynd i'w gartref am bractis cydadrodd hefo'r Aelwyd. Credaf iddo adael y weinidogaeth a mynd i'r BBC ar gais Sam Jones. Llais hyfryd ganddo.

Mawrth 23

Marathon o ddiwrnod. Morien Phillips ddim yn dda a chefais alwad yn hwyr neithiwr i fynd i Flaenau Ffestinog i Steddfod Sir yr Urdd i feirniadu'r adrodd. Heb gyfle i ddod yn gyfarwydd â'r darnau na dim. Un awr ar ddeg blinedig iawn. Ac ni chefais dâl. Teimlo i mi adael pawb i lawr gan nad oeddwn wedi paratoi.

Ebrill 17

Heddiw bûm yn angladd Dr Kate Roberts fu farw yn 94 oed. Dyna'n wir ddiwedd cyfnod. Y Capel Mawr yn llawn – rhyw 500 yno, y mawrion oll – Gwyn Erfyl a Derec Llwyd, Bedwyr, Gwynfor ac Aled Rhys Wiliam, Selyf, Gwilym R. a Mathonwy, Islwyn Ffowc a'r camerâu teledu. Catherine Williams oedd ar y daflen ond pwy ar y ddaear sy'n meddwl amdani dan yr enw hwnnw? Y tro cyntaf i mi ddod ar draws ei gwaith oedd cael copi o *Stryd y Glep* yn wobr Arholiad Sirol. Er nad oeddwn yn gwybod ystyr y gair 'clep' mi wnes i fwynhau ei darllen.

Ebrill 21

A heddiw clywed bod Syr Thomas Parry wedi marw yn 80 oed. Dyn galluog a fedrai fod yn hallt ei dafod ond llawn hiwmor. Roedd bob amser yn glên hefo fi yng nghyfarfodydd y Cymmrodorion ond roedd arnaf dipyn o'i ofn hefyd.

Ebrill 23

O diar mi, mae hon yn hen flwyddyn greulon – mae Harri Gwynn wedi marw yn 72 oed. Bu'n wael ers peth amser hefo clefyd Parkinson. Y tro olaf i mi ei weld oedd yn y Steddfod llynedd. Roedd yntau hefyd yn medru sgwennu'n dda a hynny mewn iaith ac ar bynciau roedd pawb yn eu deall. Dyn annwyl iawn.

Ebrill 28

Ddim yn arfer gwylio snwcer ar y teledu ond roedd yna gêm derfynol fagnetig heno rhwng Steve Davis a Dennis Taylor. Roedd hi'n 18-17 am hanner nos a dyma Dennis Taylor, y Gwyddel hefo'r sbectol anferth, yn ennill ar y bêl ddu olaf. Roedd yna 18.5 milwn wedi aros ar eu traed i wylio.

Mai 8

Clywed bod Cyngor y Celfyddydau yn mynd i dorri grant *Y Faner* yn gyfan gwbl. Does ryfedd fod Emyr eisiau mynd oddi yno. Dyma gnul marwolaeth yn sicr.

Mai 11

Tân erchyll ar faes pêl-droed Bradford a bu dros hanner cant o'r gwylwyr farw yn y fan a'r lle. Roedd yn frawychus. Gwneud i un fod ag ofn mynd i ganol torf o bobl.

Mai 15

Wel, mi gawsom hwyl heno. Shôn wedi dod â chwningen ffres o'r cae inni o fryniau Llandysilio-yn-Iâl ac roedd yn flasus iawn. Ond y prif ddiléit oedd gweld Llewelyn yn chwarae hefo'r gynffon. Yn neidio ac yn rhowlio, yn gwenu ac yn chwyrnu, yn edrych i weld a oeddem yn ei wylio, yn cymryd arno weld y gynffon am y tro cyntaf, sbonc uchel, lluchio'r gynffon i'r awyr. Gwerth ei weld. Rydw i wedi gorfod dweud wrth Aberystwyth fy mod yn tynnu allan o'r Cwrs Gradd Allanol. Wedi mwynhau'r gwaith yn fawr ond mae'n gwbl amhosibl cario ymlaen gan fod *Y Bedol* yn waith amser llawn, bron iawn, ac fe ddaeth cais o'r Bala eisiau i mi fynd i helpu efo'r *Faner* eto. Clywed o lygad y ffynnon fod sgriptwyr *Pobol y Cwm* yn cael £2,000 y tro ond bod rhaid ailsgwennu nifer ohonyn nhw am fod cymaint o wallau iaith ...

Mai 19

Dean Hancock a Russell Shankland yn cael eu carcharu am oes am daflu bloc o goncrid dros bont ar y draffordd a lladd gyrrwr tacsi. Rhan o brotest y glowyr oedd hyn ond dyna beth yn wir yw chwarae'n troi'n chwerw a chollwyd llawer o ewyllys da.

Mai 24

Eisteddfod Llandyrnog ac enillais y Gadair! Seremoni neis iawn, chware teg. Heb ddweud wrth neb ymlaen llaw ac roedd wyneb Alan ac Eirlys yn bictiwr pan godais. Nia Rowlands a Margaret Williams yn fy ngwisgo, Ann Jones Evans ac Edward Vaughan yn cyfarch ac Alma Lloyd Jones yn canu.

Mai 30

Mae Idwal Jones, Llanrwst wedi marw. Ef oedd awdur 'Galw Gari Tryfan' oedd yn hawlio fy sylw ar *Awr y Plant* ers talwm. Byddwn yn rhedeg adre o'r ysgol er mwyn clywed y bennod nesaf a'r fath siom ambell dro os oedd batri gwlyb y radio wedi sychu. Roedd yna gerddoriaeth gyffrous iawn yn cyflwyno'r bennod ac roeddwn yn meddwl mai Idwal Jones neu rywun o'r BBC oedd wedi'i chyfansoddi nes euthum i gyngerdd yn yr Albert Hall fis Medi 1957 a chlywed Cerddorfa Llundain dan arweiniad Michael Sargent yn ei chwarae. Consierto gan Tchaikovsky oedd o. John Roberts Williams yn disgrifio Idwal Jones fel 'cymwynas o ddyn'. Bethan Gwanas yn ennill Coron yr Urdd yng Nghaerdydd – wedi dod adre o Nigeria yn un swydd.

Mehefin 2

Heddiw bu farw George Brown yn 70 oed. Cyn-aelod Seneddol Belper a dirprwy arweinydd y Blaid Lafur. Roedd yn gymeriad lliwgar ac yn bur hoff o'i lymed.

Mehefin 7

Mae Myfanwy Pugh Jones o Gorwen wedi bod ar goll ers mis Ionawr a heddiw cafwyd hyd i'w chorff mewn bedd yn Nhy'n Celyn, Llanfor. Roedd y rhaglen *Crimewatch* wedi gwneud darn amdani ond nid oedd neb fawr callach. Roedd pawb o'r fro wedi enwi un person yn arbennig ac yn rhyfedd iawn lladdodd hwnnw ei hun yn Ionawr.

Efallai na chawn byth wybod beth ar y ddaear ddigwyddodd. Ddim yn disgwyl pethe fel hyn yng nghefn gwlad Gwalia Wen.

Mehefin 9
Colli Clifford Evans, yr actor, heddiw. Un o ardal Llanelli oedd o. Cefais lythyr neis iawn ganddo unwaith yn dweud ei fod wedi mwynhau'r ysgrif enillodd wobr yn Eisteddfod Llandudno 1963. Rwyf yn trysori'r llythyr hwnnw.

Mehefin 19
Ym Mryste yn aros hefo Liz (chwaer Calvin) ac Alan yn eu palas o dŷ a mynd i weld *Tosca*, Cwmni Opera Cymru a Jennifer Barstow yn canu'r brif ran. Mwynhau'n arw. Pryd o fwyd Ffrengig wedyn. Ddim yn rhy hoff o opera, a dweud y gwir – methu cymryd y peth o ddifri.

Gorffennaf 3
Mynd am bryd o fwyd i'r Cerrigllwydion yn Llanynys – bob amser yn mwynhau sgodyn a sglodion a phys slwj gorau'r byd yno. Roedd yna gefnder i 'Nhad yno heno, erioed wedi'i gyfarfod o'r blaen. (Roedd gan fy nhad dros bedwar ugain o gefndryd a chyfnitherod ac mae nifer na welais erioed mohonyn nhw!) William Fferm y Bryn oedd hwn a gofynnais iddo oedd o'n gwybod rhywbeth am ei hen daid, Edward Edwards, Hen Ddewin, Llwyn y Brain. 'Dim byd heblaw nad oedd yn mynd i'r capel a'i fod yn hel cynhaeaf ar y Sul ac yn dweud wrth Isaac y gwas pan oedd pobl yn dod allan o Bandy'r Capel, "Wardia, Isaac. Mi wardia inne efo ti!"' Rwyf yn dod yn fwyfwy hoff o'r hen bagan bob dydd.

Gorffennaf 5
Parti lawnsio hunangofiant Dai Davies, *Hanner Cystal â 'Nhad*, yn Theatr Clwyd – saith gant yno. Dyna'r ffordd i werthu llyfre. Roedd cynhadledd i'r wasg wedi bod yn y bore ac yno roedd Iorwerth *Daily Post* a Cenwyn Edwards, sy'n dilyn Gwyn Erfyl fel pennaeth HTV yn yr Wyddgrug. A daeth galwad gan Cynfael Lake o Aber yn gofyn i mi beidio â thynnu allan o'r cwrs gradd, fy mod wedi cael dwy A* yn yr arholiadau Cymraeg a Hanes ddwy flynedd yn ôl. Piti peidio dyfalbarhau, meddai. Piti na fuasai rhywun wedi dweud wrthyf fy mod wedi cael dwy A*, medde finne. Buasai wedi rhoi tipyn o hwb i mi.

I'r Bala a chael sgwrs gydag Emyr – hollol gyfrinachol ond mae wedi cael swydd hefo HTV a bydd yn gadael *Y Faner* fis Hydref. I Langollen heno i'r cyngerdd – Eirlys yn canu. Wedyn pryd o fwyd yn Caesars ar y bont a gweld Rhiannon Alun Evans yn gwisgo'r un dillad â fi! Sef y siwt brynodd Cliff i mi ar fy mhen-blwydd. Chwaeth dda, ebe fi wrthi'n chwys i gyd. Be arall fedrwch chi neud?

Gorffennaf 17
Am dro i'r ysgol yn Llundain i barti ffarwelio Doris Jones, y ddirprwy brifathrawes, sy'n ymddeol. Un o ffrindie gore Cliff. Roeddem yn ei hedmygu yn fawr. Athrawes eneiniedig. Aros yn Gower Street, rownd y gornel i siop lyfrau Dillons. Paradwys! Trist braidd oedd gweld yr ysgol – ei hanner wedi cau oherwydd asbestos a'r plant wedi cael eu rhannu rownd ysgolion eraill, sy'n achosi cryn styrbans i bawb. Roedd y parti yn Ysgol Shelburne lle bûm yn athrawes 1960-69. Doris yn ei dagrau, newid mawr iddi wedi rhoi corff ac enaid i'w swydd. Mae'r pedwar a ymddeolodd yr un pryd â Cliff wedi marw. Dywedir mai pum mlynedd yw hyd oes athrawon Llundain ar ôl ymddeol. Mae hyn yn peri pryder i mi.

Awst 1
I Gapel Bethesda'r Wyddgrug i gyfarfod teyrnged i Jennie Eirian – Gwyn Erfyl wedi golygu cofiant iddi. Aled Lloyd Davies ac Anwen Jones yn darllen detholion. Tyrfa fawr yno, fel y gellid disgwyl. Chwith meddwl amdani. Roedd mor fywiog.

Awst 5-10
Eisteddfod y Rhyl a chael byw adre. Arwydd o henaint yw mwynhau byw adre wythnos Steddfod, siawns. Côr Rhuthun yn ennill allan o naw. Mae gen i lyfr allan ar y Maes – *Perfedd Hen Nain Llewelyn* gan Wasg Gwynedd. John Roderick Rees yn cael ei ail Goron am bryddest i'r 'Glannau'. Emyr P. yn gofyn i mi awn i'n olygydd *Y Faner* ar ôl Hydref 15. O be wna i? A Meg yn cael y Fedal Ryddiaith. Wnes i ddim ame dim. Robat Powell yn cael y Gadair – ac yntau wedi dysgu'r iaith. Gwylio'r seremoni yn HTV hefo Norah Isaac ac fe bu bron iddi syrthio oddi ar ei chadair yn ei gorfoledd pan glywodd mai dysgwr oedd Robat. Yn y Babell Lên yn hwyr nos Iau ar raglen o'r enw *Hela Sgwarnog* hefo Dylan Iorwerth a Madam Sera.

Awst 20

John Evans, Llewitha, yn 108 oed heddiw. Y dyn hynaf ym Mhrydain ac mae yn ei bethe.

Awst 21

Aeth Boeing 727 ar dân ym maes awyr Manceinion a llosgwyd 54 i farwolaeth. Gan gynnwys Meryl y Berth, y Rhewl, 21 oed, a'i chariad, Alwyn.

Awst 28

Mae criw Aber yn benderfynol fy mod yn mynd i gwblhau fy nghwrs ac wedi anfon y cwestiynau i mi ar gyfer yr arholiad nesaf... Waeth i mi drio...

Awst 30

I'r Bala i gael sgwrs hefo Gwyn ac Eifion Evans ynglŷn â swydd *Y Faner*. Mae o'n gyfrifoldeb heb fawr o adnoddau ond gan fy mod ar y dôl mi fydd tipyn o gyflog yn neis iawn, rhaid cyfadde.

Medi 1

Mae Saunders Lewis wedi marw yn 91 oed. Doedd o ddim yn Gymro nodweddiadol. Wedi'i eni yn Lloegr ac wedi bod yn filwr ac yn imperialydd brwd; addysg mewn ysgol fonedd. Cofleidio Pabyddiaeth. Hoffi gwin a bwyd da. Elitydd. Ef oedd tad Plaid Cymru a mam Cymdeithas yr Iaith. Sbardunwyd cenhedlaeth i ymboeni mwy am fuddiannau Cymru gan ei aberth ym Mhenyberth a'i ddarlith radio enwog ugain mlynedd yn ôl. Ei gofadail fydd ei lenyddiaeth – yn arbennig ei ddramâu. Yn *Siwan* gwelir pwyslais ar draddodiad a llinach ac uchelwriaeth ynghŷd â chyfrifoldeb gwladweinwyr tuag at eu cenedl. Mae cosb bob amser yn dilyn brad. Gweler *Blodeuwedd*. Dyna ei athroniaeth. Rwyf yn dyfynnu geiriau *Blodeuwedd* wrth roi sgyrsiau am hel achau gan ddweud bod pobl ddiwreiddiau yn aml iawn yn anhapus ac yn mynd ar ddisberod. Roedd hi, meddai wrth ei morwyn Rhagnell, yn ddi-orffennol, heb gyndeidiau, heb fedd yn perthyn iddi, heb 'gwlwm câr na chadwyn cenedl'.

Medi 5
Robin Llwyd a minnau yn eistedd arholiad yn festri'r capel Saesneg. Bu'n rhaid i'r Parch. Noel Roberts fynd allan ar y canol i brynu papur sgwennu inni.

Medi 7
Priodas fy nghefnder Geraint a Mari Cornwal Ganol, Gwytherin, yng Nghapel Henry Rees, Llansannan ac yna i Blas Maenan. Parti Menlli yn canu. Bryn yn was priodas ardderchog ac yn gwneud araith y tu hwnt o ddoniol. Ei amseru a'i ddywediadau byrfyfyr yn werth eu clywed.

Medi 19
Chwaneg o newyddion torcalonnus. Neithiwr bu farw Gareth Coppack, mab 13 oed Mike ac Irene ac ŵyr i frawd Cliff. Rywsut neu'i gilydd fe gafodd gwifren ei lapio am ei wddf a'i dagu wrth chwarae ar ei feic. Mynd i Wernymynydd i weld y teulu yn eu dagrau. Ei frawd Neil gafodd hyd iddo ac nid yw wedi dod allan o'i stafell oddi ar hynny. Dim geiriau i ddisgrifio galar ofnadwy'r teulu.

Medi 24
Angladd Gareth ar ddiwrnod o heulwen tanbaid. Gwasanaeth yng Nghapel Parkfields, yr Wyddgrug, a'r lle'n llawn gan gynnwys criw o Ysgol Maes Garmon lle roedd Gareth yn ddisgybl. Elfyn Richards yn talu teyrnged iddo, dweud ei fod yn fachgen annwyl a pheniog. Roeddent wedi gofyn i mi ddarllen rhywbeth yn Gymraeg a dewisais 'Yr Aderyn Gwyn' gan Gwyn Thomas.

Hydref 1
Tom Jones, Llanuwchllyn, wedi'i ladd mewn damwain car yn Llangurig yn 75 oed. Dyn galluog a blaenllaw, cynghorydd sir ac eisteddfodwr, sefydlydd Côr Godre'r Aran a thad i bump – yr hynaf, Aur, yn yr un dosbarth â mi yn y Bala. Cofio Meg yn dweud pan oedd hi'n cyfieithu ar y pryd pa mor anodd oedd cyfieithu geiriau Tom Jones oherwydd bod ganddo iaith mor oludog yn llawn ymadroddion na ellid eu cyfieithu. Hefyd mae Rock Hudson wedi marw o Aids. Dyna un a guddiodd ei feiau rhag y werin. Ac mae Sian Alwen, cyw melyn olaf Rhydonnen, wedi cychwyn yn yr ysgol feithrin.

Hydref 13

Dechrau gweithio'n amser llawn ar *Y Faner*. Meg a fi yn penderfynu rhannu stafell yn hytrach na bod ar wahân. Mae Emyr wedi mynd. Dod adre a pharatoi gwers i'r WEA yn y Cerrig, gwneud adolygiad o *Atgofion am y Wladfa* gan Valmai Jones, a swper hefo Gwyn a Lisa. Mae Gwyn yn poeni amdanaf. 'Cofia be ddigwyddodd i Jennie,' medde fo. Roedd o i fod i ddiddanu'r Gymdeithas Gymraeg ym Mhendref nos fory ond yn methu mynd a gofyn i mi fynd yn ei le. Gwneuthum fersiwn Gymraeg o'r gêm *Call my Bluff* a'i galw yn *Pwy sy'n Ponsio*. Meg a fi yn gosod *pin ups* gwrywaidd i fyny yn ein stafell i dynnu coes y dynion.

Medi 23

Ar y ffordd i'r Bala. 8.30: pyncjar. 9.15: pyncjar arall yng Nghefnddwysarn. Am gychwyn brych i swydd newydd.

Prynu haearn smwddio. Gwnaeth yr hen un sŵn ffwt-ffwt neithiwr.

Tachwedd 12

Mae hi wedi bod yn fis cagal drot – *Y Bedol*, traethodau, dosbarth WEA, a heddiw rhaglen Gari ar y Stryd Fawr yn y Bala i ddathlu penblwydd Babi Sam. Sgwrs braf rownd y bwrdd yn y Gegin Fach hefo Tecwyn Lloyd oedd wedi'i weindio, Dwysan, Gerallt Lloyd Owen a Dan Puw. Meddai Gordon Llawr y Betws wrthyf, 'Fi wnaeth dy dad yn gyfoethog. Mi werthais foch yn rhad iddo unwaith.' Meg yn cael cyfweliad hefo'r BBC am swydd is-olygydd newyddion. Mi wnâi yn iawn. A 'ngadael i fel pelican yn yr anialwch.

Rhagfyr 5

Meg a fi yn rhynnu, y tân ddim yn gweithio. Cinio'r *Bedol* yn Nant-y-felin heno a Gwyn Erfyl yn ŵr gwadd. Cystadleuaeth wedyn, bathu geiriau a dyma rai a wnaed: interflora – petalau post; All Bran – ebran ebrwydd; leg warmers – hosanau haleliwia; rotivator – tyrchwr trwyth; stripper – tormentiwr tinnoeth.

Lot o chwerthin. Maent yn haeddu eu lle mewn geiriadur.

Rhagfyr 11

Wedi prynu drws cath electronig i wahardd cathod y fro rhag dwyn bwyd Llewelyn. Costiodd £35 ac roedd yn un anodd iawn i'w osod.

Eisiau gradd mewn ffiseg. Gweld bod rhaid cael trwydded i'w ddefnyddio. Nid oedd yn dweud hynny y tu allan i'r bocs. Os bydd cath ddieithr yn trio torri i mewn, mae'n debyg fod yne ryw gloch yn canu yn swyddfa'r heddlu. Ond mae Llewelyn yn gwrthod yn lân a'i ddefnyddio ac mae'r magnet electronig am ei wddf yn ei yrru'n wallgof. Gwastraff arian llwyr.

1986
Ceisio Chwifio'r Faner

Ionawr 3

Recordio *Wythnos i'w Chofio*. Un clên ydy'r cynhyrchydd, Wyndham Richards. Gareth Edwards, Aberystwyth a Llew Huxley yn ffonio i ddweud bod *Y Faner* yn well nag erioed! Dyna beth sy'n codi calon rhywun. Stan, gŵr fy nghyfnither Rita, wedi cael ei frathu gan y bochdew a pha ryfedd, oherwydd roedd yn ddiarwybod wedi torri ar ei thraws pan oedd hi braidd yn brysur; ymhen pum munud roedd wedi cael saith babi. Chwerthin fel ffyliaid.

Ionawr 8

Galwad o Aber yn gofyn a oeddwn i'n dal i wneud gradd allanol – ha ha ha ha ha! Buasai fy nhaid, Edward Jones, yn gant oed heddiw. Ew! roedd gen i feddwl ohono fo. Crwydryn llawen fyddem yn ei alw – byddai'n porthmona cryn dipyn. Bob amser yn gofyn, 'Sgenti stori i mi?' 'Oes,' medde fi. 'Roedd y dyn yma yn trwsio'r to a dyma'r ysgol yn dechre llithro a dyma fo'n dechre gwneud ei ewyllys a medde fo: "Y tŷ i Mari a'r pres i Gwen a rŵan am gythrel o godwm."' Mi chwarddodd Taid nes oedd yn sâl a chefais i ddim row am regi. Rhyw saith oed oeddwn i. Un o'm hatgofion cyntaf yw mynd i'r capel yn ei gar gyda'r seti lledr ac ogle Baco Amlwch ynddo i lawr yr hyn a elwir heddiw'n Cherry Avenue ar y ffordd o'r Green Isa i Drefnant. Ffordd Capel oedd ei henw i ni. I blentyn bach roedd y darn syth hwn o ffordd yn ddiddiwedd. Roedd Taid yn flaenor yn Nhrefnant a rhaid oedd bihafio. Roedd yn hoffi adrodd y stori am un o'r gweision yn gofyn am fwy o gyflog. Taid yn dweud, 'Mi ro i sofren i ti,' a'r gwas yn dweud, 'Na, dwi eisio chweugain ne dwi'n mynd.'

Ionawr 14

Tŷ haf yn Llanuwchllyn yn wenfflam – Rhyd Fudr, hen gartref Greta Williams, Telynores Uwchllyn. Agor y post. Pedwar yn cwyno am golofn Peter Davies; un yn cwyno am ddiffyg yn ein darllenwyr proflenni (be 'di peth felly?) am fod yr atalnod llawn wedi cael ei osod y tu allan i'r gromfach; un yn cwyno am y golofn olygyddol ar ffatri Tre Ioan (er iddi gael canmoliaeth ar y 'Papurau' bore heddiw) ac un yn cwyno am y gair 'stensh'. Dyma beth yw gwaith diddiolch!

Ionawr 20

I Gaerdydd ar gyfer *Rhaglen Elinor* hefo Brinley Jenkins a Hywel Harries a Ruth Barker. Yn y lle paned, gwelais Dyfed a Dyfan a Falmai – y tri yn edrych yn euog arnaf oherwydd maent wedi bod yn gweud hwyl am fy mhen ar eu rhaglen *Cleciwr*. Am ryw reswm annirnad, maent yn fy mhortreadu yn y gwely a llun o Robin Jones ar y bwrdd yn f'ochr. Robin a fi'n chwerthin ond yn methu deall y cymhelliad. Cael llun o Salem yn null Picasso gan Hywel Harries.

Ionawr 28

Damwain erchyll yn UDA – gwennol ofod Challenger 2 yn ffrwydro'n llachar funud ar ôl gadael y ddaear a lladd y saith teithiwr, yn cynnwys Christa McAuliffe, athrawes a gafodd ei dewis allan o filoedd o ymgeiswyr fel rhan o gynllun Athrawon yn y Gofod. Roedd ei rhieni'n gwylio'r cyfan a chamerâu'r teledu arnyn nhw wrth iddyn nhw araf sylweddoli beth oedd wedi digwydd i'w merch yn y belen o dân. Y cyfan oedd ar ôl yng nghanol y distawrwydd llethol oedd mwg ar siâp gwylan wen yn hofran yn y nwyfre.

Ionawr 29

Diwrnod trist i'r teulu. Angladd Modryb Floss, cyfnither fy nhad, yng Nghapel Bethania ac yn ystod y gwasanaeth cafodd ei nai-yng-nghyfraith, y Parch. O. J. Evans, drawiad ar y galon a bu farw yn y capel. Braw i bawb oedd yno. Cefais dipyn o'i gwmni pan oedd yn weinidog yn Clapham Junction. Person addfwyn dros ben, yn wreiddiol o ardal Rhydaman. Ei wraig, Gwyneth, yn ferch Highgate, Corwen. Daeth Luned Meredith i 'ngweld. Mae hi ac wyth arall yn cychwyn cwmni cyhoeddi o'r enw Honno ac eisiau'r dyddiaduron *Buwch ar y Lein* a wrthodwyd gan Wasg Gomer. Â chroeso.

Chwefror 5

Wedi gofyn i Enoch Powell am erthygl i'r *Faner* ac fe ddaeth un heddiw! Mae'r *Cleciwr* yn dal i f'erlid a Gwyn Evans yn dweud ei fod yn sarhad ar *Y Faner* ac eisiau i mi sgwennu i ddweud wrthynt am beidio. Dychmyger eu mwynhad! Galw i weld Gwyn a Lisa, a phwy oedd yno ond eu merch Gwerfyl yn edrych yn swil dros ben. Hi sy'n cynhyrchu'r *Cleciwr* ...

Mawrth 10

Mae Ray Milland wedi marw – un o sêr golygus y sgrin fawr a brodor o Gastell-nedd. Reginald Alfred Truscott-Jones oedd ei enw bedydd ond wnâi hynny mo'r tro i Hollywood ac fe'i newidiodd i Ray Milland. Cafodd y syniad o Dir-y-felin, ger ei gartref.

Mawrth 14

A heddiw bu farw Syr Huw Wheldon, Cymro Cymraeg oedd yn gredwr mawr yn y BBC; daeth yn bennaeth BBC1 a BBC2 ac yn ddarlledwr tan gamp. Roedd yn llond stafell o ddyn gyda'i chwerthiniad ffrwydrol a'i *bonhomie*. Er iddo gyrraedd uchelfannau'r byd darlledu yn Llundain, roedd yn ffyddlon i bethau megis y Cymmrodorion a byddai ganddo bob amser stori fawr i'w dweud. Roedd yn meddwl mai un o lwyddiannau mwyaf y BBC yr adeg honno oedd *Dad's Army*.

Mawrth 23

Parti yng nghartre Shôn ac Eirlys i ddathlu pen-blwydd ei dad, Clwyd, yn bedwar ugain. Pan ofynnwyd iddo pwy hoffai eu cael yn ei barti heblaw'r teulu, ei ateb oedd Bob Garej a Trefor Wynne, Rhewl Felyn, ei hen ffrindie yn ysgol Llanelidan ers talwm. Sôn am sgwrsio. Yn ôl yr hen draddodiad Cymreig rhaid oedd cael penillion i ddathlu'r achlysur a Shôn a fi'n eu canu ar yr alaw 'Clychau'r Cantre' ac Eirlys wrth y delyn. Bu tipyn o dynnu coes gan mai ef ar un adeg oedd deintydd ysgolion Sir Feirionnydd ac roedd yna linelle fel hyn:

Bu'n 'studio gwreiddie llawer dant
A chodi braw ar lu o blant

neu

Achosodd lawer o boeri gwaed
A phlant i grynu o'u pen i'w traed

ac roedd yna bennill yn dweud:

Dwy wyres ddel sydd ganddo
Sef Elin a Thesni fach,
A Thristan, Siôn a Gwion
Yw'r wyrion balch o'u hach,
Ond ofnant beunydd glywed Taid
Yn gweiddi'n sydyn 'Open wide!'

Ebrill 2

Gan fod Honno'n dweud eu bod yn awyddus i gyhoeddi fy nyddiaduron *Buwch ar y Lein*, rydw i wedi bod yn darllen nifer o ddyddiaduron pobl eraill i weld a fedraf ddysgu rhywbeth oddi ar eu harddull nhw. Y gwir yw fod pawb yn wahanol. Un da oedd Noel Coward, gwiberog ei dafod. Meddai un actores wrtho, 'Mi es i weld eich drama a wnes i ddim chwerthin o gwbl.' 'Dyna beth od,' medde Noel. 'Euthum i weld eich drama chi a wnes i wneud dim byd ond chwerthin.'

Ebrill 7

Pethe rhyfedd yn digwydd. Pris *Y Faner* wedi codi i 50c ac ni wyddem nes gweld y clawr! Y BBC yn ffonio eisiau gwybod a yw'n wir fod Emyr yn dod yn ôl yma ymhen wythnos. Neb yn gwybod. Ond ar *Newyddion 7* dywedodd mai ei fwriad oedd treulio dau ddiwrnod ar *Y Faner* ac i minnau wneud tri. Beth am Meg? Gwyn Erfyl yn galw i weld beth ar y ddaear sy'n digwydd a dweud bod Emyr yn sicr yn gadael HTV.

Ebrill 14

Mae Simone de Beauvoir wedi marw. Cafodd ddylanwad mawr iawn ar fy nghenhedlaeth i o ferched. Meg a fi'n lladd ein hunain yn chwerthin wrth ddarllen cyfrol newydd Tecwyn Lloyd, sef *Cymysgadw*. Mae o'n andros o ddigri.

Ebrill 17

Yr Ebrill oeraf ers deugain mlynedd. Dadlau mawr yn Nhŷ'r Cyffredin ynglŷn â Libya a fomiwyd echdoe gan America gan ladd merch ddeunaw mis oed Gadaffi. Fel dial, lladdwyd tri Prydeiniwr yn Libanus a darganfod bom yn Heathrow allasai fod wedi lladd pedwar cant. Thatcher wedi cytuno i awyrennau marwol Reagan gael hedfan dros Brydain.

Ebrill 24

Cliff a fi wedi cael gwahoddiad i Orsaf Niwcliar Trawsfynydd. Maent eisiau cyfle i ateb erthygl Eirwen Gwyn, a cholofn olygyddol Meg yn dilyn y ddamwain yno fis Chwefror. Cawsom ein trin fel tywysogion a chinio gwerth chweil. Bydd y rheolwr, Bob Jones, yn cael cyfle i ateb. Heddiw bu farw Duges Windsor a achosodd gymaint o helynt pan briododd ag Edward VIII yn 1936, ac yntau'n aberthu ei orsedd er ei mwyn. Roedd o wedi gwirioni'n lân arni. Hi ddywedodd, 'Fedrwch chi byth fod yn rhy dene nac yn rhy gyfoethog!'

Ebrill 29

Mae gorsaf niwcliar yn yr Wcrain mewn lle o'r enw Chernobyl wedi ffrwydro. Ofni ymbelydredd byd-eang. Dim ond dau sydd wedi cael eu lladd, meddai'r Rwsiaid ond barn America yw y gall achosi marwolaeth can mil. Mae Sweden a Gwlad Pŵyl eisoes yn dioddef. Go brin y daw yma.

Mai 1

Clywed bod Maurice Williams wedi marw yn 67 oed – un o actorion gorau Cwmni Theatr Cymry Llundain a brodor o Meinciau. Roedd yn glamp o ddyn, ymhell dros ei chwe troedfedd. Byddai ganddo bob amser stori fawr a chwerthiniad allai dynnu'r to i lawr. Bu mewn priodas Iddewig un Sadwrn ac meddai, 'Oh! it was all pomp and circumcision.' Roedd yn berson unigryw ac roeddwn yn hoff iawn ohono.

Mai 14

Ffair y Bala ac yn tywallt y glaw. Prynu bin sbwriel. Cwestiwn athronyddol: ydy hi'n bosib cael gwared o'r hen fin sbwriel drwy ei roi yn y bin sbwriel newydd? Trafoder.

Mai 21

Emyr yn dod i mewn yn y bore a dweud nad yw'n dod yn ôl. Eifion eisiau gwybod a ydw i'n barod i gario ymlaen. Ddim heb gyflog y golygydd, medde fi. A rhaid aros i weld beth ddywed CCC: un ai hysbysebu'r swydd neu ei rhoi i chi, medde fo wedyn. Nid wyf i grybwyll dim wrth neb. Tynnu erthygl Bobby Freeman allan o'r *Faner* am ei bod eisiau £20. Fedrwn ni ddim talu hynny i neb!

Mai 29

I Eisteddfod yr Urdd ym Methesda a Non Vaughan Evans o Ben-
uwch yn ennill y Gadair a Huw Edward yn cipio tair gwobr. John
Ogwen yn llywydd y dydd ac yn wych wrth sôn am ei fagwraeth yn y
Sling.

Mehefin 3

Newyddion Radio Cymru ac S4C yn llawn cyffro wrth gyhoeddi
ymddiswyddiad Emyr o olygyddiaeth *Y Faner*. Yntau'n dweud ei fod
yn mynd oherwydd bod dyfodol *Y Faner* mor ansicr. Beth mae o'n ei
wybod, tybed? I ychwanegu at fy helbulon, mae'r streic bost yn
golygu nad oes dim byd yn cyrraedd ar gyfer y rhifyn nesaf.

Mehefin 8

Darllen hunangofiant Peter Nichols, *Feeling You're Behind*. Ef yw
awdur y ddrama ddwys *A Day in the Death of Joe Egg*. Cyfrol ddigrif-
ddwys. Roedd ei fab yn fy nosbarth yn Islington. Cefais row gan
Nichols am alw ei fab yn Danny yn hytrach na Daniel a dyma fi'n
dangos llyfr gwaith ei fab ac ef ei hun wedi sgwennu ei enw arno –
Danny Nichols.

Mehefin 11

Gorfod sgwennu dwy erthygl gan nad yw pethau wedi cyrraedd
oherwydd y post – rhoi enwau gwahanol danynt. Dyna ffordd ar y
naw i redeg cylchgrawn. Cyfarfod o swyddogion *Y Bedol* heno a
phenderfynu cynnwys Corwen o Fedi ymlaen ond gwrthod Carrog,
Cynwyd, Glyndyfrdwy, Llandrillo a Glanrafon ar hyn o bryd.
Gormod o gowlaid – mae gennym eisoes ddeg ar hugain o bentrefi.
Criw ohonom yn meddwl y dylem greu cymdeithas newydd o'r enw
UMFFOM, sef Undeb Merched Ffed-yp Oherwydd Mecsico.
Cystadleuaeth pêl-droed y byd sydd yno ac yn fwrn. Cafwyd eitem
am yr undeb ar newyddion Radio Cymru!

Mehefin 20

Gwahardd symud defaid ac ŵyn yng Nghymru a Chumbria
oherwydd ymbelydredd uchel yn dilyn Chernobyl. Newyddion drwg
iawn i ffermwyr y topie.

Gorffennaf 1

Diwrnod Du. Fy mhen-blwydd yn Hanner Cant. Aeth Cliff â mi i godi 'nghalon i westy Porth Tocyn yn ymyl Abersoch. Trefor Jones Dillad wedi dweud ei fod yn lle bendigedig. Ac roedd yn iawn. Y manion sy'n cyfri – sebon neis, *pot pourri* ym mhobman, marmaled cartref, digon o lyfrau, *petit fours* a chinio gwerth chweil. Dim allwedd i unlle. Ond erchyll yw gweld yr holl dai haf, y lle wedi cau yn y gaeaf. Parti Menlli yn chwalu heno; canu yng Nghricieth am y tro olaf wedi 30 mlynedd.

Gorffennaf 6

Ella ac Eirwyn yn galw hefo clamp o lun o'r Archdderwydd Clwydfardd roedd ei ffrind Bethan Bennett, Tregaron, wedi dod o hyd iddo yn yr atig. Bethan yn meddwl y dylai gael ei ddychwelyd i fro ei febyd. David Griffith oedd ei enw (1800-94) ac roedd yn hen daid i Robin Jones S4C. Griffith ydy enw canol Robin. Ys gwn fuasai o'n hoffi cael y llun. Mae Clwydfardd wedi gwisgo fel ceffyl gwedd – yn fedalau i gyd.

Gorffennaf 26

Bryn fel ci hefo dwy gynffon. Alun wedi cael adroddiad da o Ysgol Dewi Sant yn dweud mai pleser oedd ei ddysgu, ei fod yn aeddfed ac yn sensitif a bywiog. 'Perl o fachgen!' oedd dyfarniad yr athrawes. Rwyf yn cytuno.

Awst 3-10

Eisteddfod Abergwaun ac aros yng ngwesty Blair Athol. Bydd hon yn un hanesyddol am y rheswm anghywir. Welwyd erioed y fath fwd. Mwd hyd bengliniau. Ein cyfaill Glyn Devonald yn ddigalon iawn – roedd y Maes fel parc dridiau yn ôl, meddai, a'r haul yn danbaid. Pawb mewn welis drwy'r wythnos. Yr atgof pennaf yw'r map enfawr o Gymru a wnaed allan o'r mwd. Jim Parc Nest yn ennill y Goron. Cinio yn HTV a recordio eitem am Wobr Goffa Daniel Owen hefo Vaughan Hughes, Islwyn Ffowc, Bedwyr, Eigra, Harri PJ, Huw Gwasg Gomer a Mairwen Gwynn. Mae'n rhaid cael ffrae eisteddfodol ac mae yna un go iawn eleni – y *Western Mail* wedi datgelu mai Gwynn ap Gwilym sy'n cael y Gadair. Hunangofiant oedd testun y Fedal Ryddiaith a'r buddugol oedd Ray Evans. Ond mi

gefais i feirniadaeth dda am 'Merch Morfydd'. Roeddwn i wedi bod
mor ddiniwed â sgwennu hunangofiant. Ac yn wir Gwynn ap
Gwilym gafodd y Gadair. Roedd Elin Mair, chwaer Calvin, ar y
llwyfan hefo'r Cymry Alltud a Branwen Mair yn ei breichiau, yr alltud
ieuengaf ar y llwyfan – maent yn byw yn St Lucia ar hyn o bryd.
Erbyn y Sadwrn olaf roedd wedi prafio ond mae'n edrych yn debyg y
bydd yna dipyn o golled. Buom mewn parti yng nghartref Glyn ac
Awena a chael cyfle i weld yr anrheg gafodd o wrth ymddeol o'r
Swyddfa Amddiffyn yn Whitehall, sef telesgop sydd wedi'i osod o
flaen y ffenestri enfawr yn edrych i lawr ar y bae a'r Garreg Wastad.
Ar y 9fed bu farw'r hen gyfaill Arthur Griffiths o Siop Griffs. Siop
oedd yn hafan i lawer ohonom.

Awst 13-23

Hedfan o Gaerdydd i Ynys Jersey. Hanner awr yn unig. Prin amser i
gael g&t. Shôn ac Eirlys ac Elin hefo ni. Wedi cael cynnig tŷ hyfryd yn
St Brelades, eiddo chwaer Chris oedd yng Ngholeg Borough Road
hefo Lesley. Y diwrnod cyntaf, treulio'r pnawn yn St Helier lle roedd
Brwydr y Blodau, dathliad sy'n digwydd yn flynyddol. Roedd y tu
hwnt o liwgar. Rhywbeth arall roedd yn rhaid ei weld oedd yr ysbyty
dan-ddaear a godwyd gan yr Almaenwyr yn 1942. Goresgynnwyd
Jersey ar 1af Gorffennaf 1940 a chafodd nifer o'r trigolion amser
caled – yn arbennig yr Iddewon. Yng nghrombil y ddaear mae yna
filltiroedd o dwneli yn cynnwys wardiau a theatr llawfeddygol, a
thwneli heb eu gorffen.

Cregyn gleision i swper. Cawsom goffi yn nhafarn yr Hen Lys a
elwir yn dafarn Bergerac. Mae yma gyflawnder o lefydd rhagorol i
fwyta, welais i rioed ffasiwn beth. Rhaid oedd ymweld â'r Potteries,
lle mae yna fwyd da i'w gael a hefyd i wylio'r crochenwyr wrth eu
gwaith. Prynais lamp. Methu cael Radio Cymru ond clywais T.
Glynne Davies ar Radio Wales yn adolygu'r *Faner*. Mae honno'n fy
nilyn i bobman. Pryd noson olaf, criw mawr ohonom yn Soleil ar lan
y môr. Wedi mwynhau'r ynys fechan hon yn fawr iawn.

Awst 25

Diwrnod stormus iawn a thua wyth heno dyna glec. Coeden yn
disgyn ar ben drws nesaf ac Iwan, Helen a Catrin wedi cael tipyn o
fraw a gwaredigaeth hefyd.

Awst 26

Tri phwt o newyddion heddiw. Mae Meg yn feichiog. Ac yn Eisteddfod Llanbedr P.S., sef Gŵyl Rhys J. Jones, Pantyfedwen, *Y Bedol* yn ennill £100 yn y gystadleuaeth i bapurau bro hefo canmoliaeth uchel – 'ben ac ysgwydd ar y blaen,' medden nhw.

Medi 2

Pwyllgor yng Nghorwen i drafod colofn Corwen yn *Y Bedol*. Mathew Griffiths yn dweud mai'r tro diwethaf i bobl Corwen fynd i Ruthun oedd i'w rhoi ar dân!

Medi 6

Rali Penyberth i gofio hanner canmlwyddiant yr achlysur ac R. S. Thomas yn galw am 'fyddin gudd' a chreu cryn siarad a blera.

Medi 25

Rhywun ar *Stondin Sulwyn* yn dweud nad yw'r *Faner* yn werth ei chael am ei bod yn llawn o rygbi. Dyna wirion. Un erthygl y mis yn y gaeaf gan Tom Davies. Teimlo fel rhoi'r *violin in the roof,* chwedl Twm Parri Llandudno ers talwm.

Hydref 4

Nyth Helen yn dechre gwagu gan fod Walter wedi mynd i Brifysgol Hull heddiw. Yn ystod yr wythnos, rydw i wedi bod yn paratoi'r *Bedol* ac yng Nghaernarfon yn seremoni agor swyddfa newydd S4C – I. B. Griffith gafodd y fraint. Cinio wedyn yn y Royal – criw clicish iawn. Hefyd ym Mhlas Tan y Bwlch yn darlithio i'r Fainc Sglodion. Nabod neb yno heblaw Gwenllian Dwyryd ond cael croeso ac ymateb gwych. Buom hefyd yn y Castell ym mharti pen-blwydd Towyn Roberts yn 80 oed.

Hydref 14

Alun Rhys ar *Post Prynhawn* yn holi beth sy'n digwydd i olygyddiaeth *Y Faner*. Gwyn yn dweud ei fod yn aros am benderfyniad Cyngor y Celfyddydau a Meic Stephens yn dweud mai Gwyn sydd i fod i benderfynu. Yn y cyfamser rwyf i'n gwneud y gwaith ond heb gael y tâl ac ni allaf roi mwy o bwysau ar Meg ar hyn o bryd.

Hydref 20

Tecwyn Lloyd yn galw yn y swyddfa ac yn dod i mewn yn araf deg a'i ben i lawr gan gymryd arno fod yn ofnus gan mai hon oedd stafell y prifathro ers talwm. Stori ryfedd ganddo am Elinor Dwyryd yn stopio terfysgwyr ym Marakesh drwy ganu 'Dafydd y Garreg Wen' iddyn nhw! Rhaid darganfod mwy am hyn! Medrwn wrando ar Tecwyn drwy'r dydd.

Hydref 29

Stondin Sulwyn yn trafod llythyr gan John Roderick Rees yn *Y Faner* yn dweud nad yw'n ffafrio arferiad y dosbarth canol o Gymreigio enwau, e.e. Myrddin ap Dafydd. A minnau'n meddwl ei fod yn arferiad sy'n mynd â ni'n ôl i gynfyd ein hanes.

Tachwedd 8

Gwyn Evans yn fy ngalw i'w swyddfa i ddweud y bydd yn gwneud datganiad ar Ragfyr 2 mai fi yw'r golygydd newydd ac mai fy nghyflog fydd £12,500. Bydd yn hysbysebu am is-olygydd. Ni fydd cytundeb Meg yn cael ei adnewyddu. Nid wyf yn meddwl ei bod eisiau aros yma beth bynnag.

Tachwedd 11

Cliff yn cael ei ben-blwydd ac rwyf wedi cymryd wythnos o wyliau, ond dyma ganiad ffôn o'r Bala eisiau i mi fynd yno ar unwaith gan nad oedd Meg wedi ymddangos ddoe na heddiw. Mae'n rhaid nad yw'n teimlo'n dda. Rhuthro yno a chael sachaid o bost gan fod y streic drosodd. Diolch byth. Dod adre'n gynnar gan fod Doris yma am ychydig ddyddiau a chawsom bryd o fwyd yn y Castell a hel atgofion am yr ysgol a chwerthin wrth gofio am Kevin, y byrsar, ar y *tannoy* yn dweud, 'Will the following report to the office: Hong Kung Yung, Tam Kong Hai, Kim Fung Luk, Ying . . . '

Tachwedd 17

Meg wedi cael ordors i aros yn ei gwely. Pentwr o erthyglau wedi dod ac mae Rhys Tudur wedi cael cais i ddod i fy helpu. Gwyn Erfyl yn cwyno am gloriau diddychymyg. Ond be fedra-i wneud, wn i ddim; nid oes yma ddylunydd. Canfed rhifyn o'r *Bedol* allan.

Rhagfyr 2

Mae'n swyddogol! Fi ydy golygydd *Y Faner*. Beth ddywedai Taid? Roedd yn ddarllenwr brwd ac yn meddwl bod yr efengyl yn *Y Faner*. Ar *Post Prynhawn* a *Newyddion 7*. Gareth Glyn yn gofyn beth yw fy mholisïau. Yr unig bolisi sydd gen i ar hyn o bryd yw cael rhywun i fy helpu i gael rhifyn allan bob dydd Gwener. Mae'n wyrthiol fel mae hi. Aeth y ffôn yn ddiddiwedd tan hanner nos.

Rhagfyr 4

Pentwr o gardiau a llythyrau – rhyw ddau gant i gyd – yn llongyfarch: Merêd, Selwyn Griffith (newydd ddod adre o haul Tunisia), Aled Lloyd Davies (yn falch o weld merch o Ddyffryn Clwyd yn gwneud yn dda), John Lasarus Williams (da iawn, hen blant y Normal), Meredith Edwards, Gwilym Prys Davies, Islwyn, Tecwyn . . .

Rhagfyr 5

Rhodri Williams o Gyngor y Celfyddydau yn galw am sgwrs. Ni wn beth yn union oedd arno ei eisiau ond cafodd sioc o weld fy swyddfa dywyll.

Rhagfyr 8

Wedi cael llun gwerth chweil i fynd ar dudalen flaen *Y Bedol* – y tair chwaer hynaf yng Nghymru. Tair o ferched Glan Clwyd ers talwm, un yn 102, un yn 100 a'r llall yn 98. Bu Wilfred Owen yn aros hefo nhw ac yn ei fywgraffiad dywed ei fod yn cofio tair o ferched bach nad oedd yn siarad Saesneg.

Rhagfyr 10

Gofyn i Stephen J. Williams sgwennu teyrnged i T. J. Morgan, fu farw heddiw.

Rhagfyr 22

David Penhaligon, AS Truro, yn cael ei ladd mewn damwain car ar y rhew. Cymeriad annwyl ac yn siarad ag acen Cernyw. Dathlu pymthegfed pen-blwydd ein priodas gyda phryd o fwyd yn y bwyty Eidalaidd yn yr Wyddgrug.

Rhagfyr 29

A dyna Harold Macmillan wedi mynd. Fo gychwynnodd y *premium bonds* yn 1956. Yn ein fflat yn Willesden Green roedd gen i gadw-mi-gei, sef clamp o fochyn plastig coch y byddwn yn ei fwydo gyda phisiynau tair a phan oedd gen i werth punt mi brynwn fond. Super-Mac hefyd fathodd yr ymadrodd *wind of change*. Teimlo'n flinedig iawn ar ddiwedd blwyddyn. Be nesa tybed?

1987
Blwyddyn y Peli yn yr Awyr

Ionawr 6

Mae yna bedwar wedi ymgeisio am swydd is-olygydd. A ganwyd Esyllt Susannah, merch i Meg. Angladd Harold Macmillan ddoe. Roedd yn 92, y cyn-Brif Weinidog hynaf erioed. Dyn rhyfeddol iawn ac roedd yna barch tuag ato am amryw resymau. Tori henffasiwn. Ei hen-daid yn dyddynnwr bychan ym mryniau'r Alban a'i daid a sefydlodd y cyhoeddwyr llwyddiannus Macmillan. Er mai tlawd a chyffredin oedd ei wreiddiau, cafodd ei addysg yn Eton ac wedi iddo briodi Dorothy, merch Dug Cavendish roedd ganddo gysylltiadau pwysig gan fod un o'i hynafiaid hi, William Cavendish, wedi bod yn Brif Weinidog 1756-57 a pherthynas arall, Spencer Cavendish, yn arweinydd y Rhyddfrydwyr yn yr 1870au a'i nai hi wedi priodi Kathleen, chwaer John F. Kennedy. Bu Dorothy yn caru hefo'r Arglwydd Boothby am flynyddoedd ac achosodd hynny gryn loes i Super-Mac, fel y'i gelwid o. Caiff ei gofio'n arbennig am ddau ymadrodd: *'You have never had it so good'* a *'The wind of change is blowing through this continent'*. Sôn yr oedd am gyfandir Affrica a nifer o'r gwledydd yn cael eu hannibyniaeth ar y pryd. Yn f'atgoffa am Angharad a minnau ym Mangor yn cael gwahoddiad i ddawns yn Neuadd P.J. i ddathlu annibyniaeth Ghana. Tynnwyd ein llun. Nid oeddem wedi sylweddoli mai ni oedd yr unig ferched gwyn yno a chawsom andros o bregeth gan Dic Tom am stwffio ein hunain i fusnes pobl na wyddem ddim amdanynt ... nid oeddem yn deall beth oedd ganddo. Rwyf yn dallt erbyn hyn.

Ionawr 12

Heb gael munud o lonydd rhwng *Y Bedol* a'r *Faner*. Erthygl ddifyr yn cyrraedd gan Hywel Davies o Garolina a hefyd ysgrif enllibus am Dr Dafydd Huws. Cefais air ag o ac nid yw'n mynd i gael ei chyhoeddi, wrth reswm. Gosod carped newydd yn ein llofft a chysgu yn y llofft arall a ffwndro Llewelyn yn lân. Nid yw cathod yn hoffi newid. Mynd drwy'r eira i roi sgwrs i Gymdeithas y Chwiorydd ym Mhrion.

Ionawr 14

Eira trwchus ac yn hwyr yn cyrraedd y Bala a'r dynion yn neidio i fyny ac i lawr heb ddim byd i'w wneud. Wrth lwc, roedd yn reit hawdd llenwi'r *Faner* gan fod yna bost goludog heddiw gydag erthyglau oddi wrth Tecwyn Lloyd (am Sherlock Holmes, fyddai'n gant eleni), Gwilym Prys Davies (am Ogledd Iwerddon), yr Athro Hywel D. Lewis (am ei anfodlonrwydd ynglŷn â'r hyn sy'n digwydd i Brifysgol Cymru), Rhydwen, Eirwen Gwynn, Rhiain Phillips, Geraint Morgan (teyrnged i Macmillan), Harri Lloyd (ysgrif goffa i D. S. Edwards, Llysfasi) a nifer o'r ffyddloniaid wedi meddwl amdanom. Mae yma lond bocs o ddeunydd wrth law. Rhag ofn mwy o heth, trefnu i Rhys Tudur fynd i mewn fory i ddarllen proflenni. Mae o'n byw rownd y gornel. Ymddiheuriad i mi ar S4C heno am ddweud ar ryw raglen mai Meg ydy'r golygydd. Rydw i'n rhy gythgam o brysur i falio.

Ionawr 15

Pete Goginan heb bostio'i golofn deledu a bûm am awr yn ei chofnodi dros y ffôn ac yntau'n newid ei feddwl a newid gair a chymal bob munud. Bygwth y sac iddo ond chwerthin wnaeth o. Llwyddo i berswadio Gwyn Erfyl i sgwennu colofn fisol.

Ionawr 19

Cyfweliadau ar gyfer swydd yr is-olygydd heddiw. Meic Stephens yn bresennol yn gwrando ar ran CCC a heb unrhyw rybudd, dyma Gwyn ac Eifion Evans yn rhoi'r awenau i mi. Nid oeddwn wedi cael cyfle i feddwl am gwestiynau gan nad oeddwn wedi dychmygu mai fi fyddai'n penodi! Beth bynnag, Luned Meredith gafodd y swydd.

Drama fawr yn nhŷ Helen: Fflyffi y bochdew wedi mynd i fyny'r simdde a heb ddod yn ôl a'r plant yn galaru. Yna clywed sŵn siffrwd o'r daflod a dyna lle roedd Fflyffi wedi syrthio i mewn i danc pysgod gwag ac yn methu dod allan. Bu heb fwyd am 36 awr a chafodd groeso mawr a llond ei fochau.

Ionawr 22

Ar *Stondin Sulwyn* yn y bore yn trafod f'erthygl olygyddol am yr hyn sy'n digwydd i fynwentydd Cymru – sef bod yna glirio fandalaidd yn digwydd a cherrig beddau yn cael eu symud a'u dympio heb yn wybod i'r teuluoedd. Mae'r peth yn warthus. Symbylwyd hyn pan glywais fod carreg fedd yr Anllygredig Ann wedi diflannu o fynwent Llanrhaeadr-yng-Nghinmeirch. Llythyr yn dweud y drefn fy mod wedi rhoi gormod o ofod i Vaughan a Rhydwen i drafod cyfrol newydd Alan Llwyd, *Barddoniaeth y Chwedegau*. Ond dwy farn gyferbyniol sydd gan y ddau a theg oedd cyhoeddi'r ddwy.

Ionawr 28

Ar y *Stondin* eto heddiw yn trafod y wasg. Roeddwn wedi galw darllenwyr y *Sun* yn hanner pan! Os felly, medde rhywun, mae hanner pobl y Bala yn hanner pan. Wps.

Ionawr 30

Diolch am ddydd Gwener. Wedi golygu deg rhifyn ar fy mhen fy hun heb na staff na theipydd na ffacs. Edrych ymlaen at gael Luned yma! Wrthi heno ym Mhabell Lên y Sarnau yn beirnadu'r llenyddiaeth. Cael hwyl uwchben y gystadleuaeth bathu geiriau e.e. jacuzzi = bath Bethesda; tandem = dau ar ddwy; jockstrap = ceidwad y Pethe (a rhai llawer gwaeth). Roeddynt yn sgrechian chwerthin. Noson hwyliog. Llond tudalen o lythyrau yn *Y Faner* am rinweddau cathod. Roeddwn wedi cymharu Felix Aubel i gath a hynny oherwydd mai dyna ystyr ei enw fwy neu lai. O ganlyniad, daeth llythyr milain gan 'Geidwadwr' o Bwllheli yn fy fflamio am ddweud ffasiwn beth. Yna daeth llond het o lythyrau a Jane Huws, 89 oed o Benrhyndeudraeth (llythyrwraig gyson), yn dweud mai sarhad ar gathod oedd y gymhariaeth gan fod cathod yn dawel ac yn annibynnol ac yn gall. Yn wahanol i Felix! Cefais hwyl ar osod penawdau i'r llythyrau: CATH BETH a HEN BETH CATH er enghraifft. Fy Modryb Roberta (Bet) yn fy syfrdanu drwy ddweud bod Jane Huws, Penrhyndeudraeth, ar un adeg yn nani yn y Llan, Carrog, pan oedd chwiorydd fy nhaid yn blant. Pwy sy'n gwybod chwaneg o'r hanes tybed?

Chwefror 1

Wrthi tan un y bore yn paratoi'r *Bedol* ac un gohebydd yn cyrraedd ar ganol *Mastermind* ac yn amlwg yn barod am sgwrs ddwyawr. Ofnaf i mi fod yn anghwrtais braidd ag o.

Chwefror 4

Wynford Vaughan Thomas wedi marw yn 79 oed. Byddai'n dda gen i pe bai pobl ddim yn marw ar ddydd Mercher. Nid yw'n rhoi digon o amser i gael llun a theyrnged! Wynford yn ddarlledwr praff a bydd y genhedlaeth hŷn yn ei gofio'n disgrifio'r bomiau'n disgyn ar Berlin. Hefyd bu farw Liberace – creadur lliwgar a mursennaidd oedd yn canu'r piano. Roedd yn hanner Pwyliad a hanner Eidalwr ac yn boblogaidd iawn, er bod y beirniaid yn dweud ei fod yn ailgyfansoddi rhai o ddarnau mawr y byd! Achoswyd cryn how-di-dŵ pan ymddangosodd colofn gan Cassandra (William Connor) yn y *Daily Mirror* yn disgrifio Liberace fel hyn: ' . . . a deadly, winking, sniggering, snuggling, chromium-plated, scent-impregnated, luminous, quivering, giggling, fruit-flavoured, mincing, ice covered heap of mother love' – pob ansoddair dan haul heblaw 'hoyw'. Aeth Liberace â'r papur i'r llys am enllib a thalwyd £8,000 iddo a dyna pryd y dywedodd iddo grio bob cam i'r banc. Bu farw o Aids. Pennawd y *Mirror* heddiw: 'Give us our money back!'

Chwefror 11

Pentwr mawr o erthyglau yn cyrraedd ac un yn ddeinameit gan Gerallt sydd newydd ymddiswyddo o fod yn swyddog diogelwch yn Nhrawsfynydd. Stori am ddiofalwch mawr yno. Bydd pawb yn mynd yn wallgof. Mae o'n frawd i'r bardd Nesta Wyn Jones ac o hil Llwydiaid Defeity ac yn ddisgynnydd i Rhirid Flaidd.

Chwefror 13

Mae'r llythyrwr fu'n enllibio Dr Dafydd Huws wedi ailgydio yn ei bensel werdd ac yn bygwth mynd â fi i'r Old Bailey am wrthod cyhoeddi ei stwff. Mae o hefyd yn cychwyn ymgyrch i ladd y papurau bro, medde fo. Oedd Thomas Gee yn cael llythyrau tebyg, tybed? Mi fydde fo'n aml yn dweud 'I'r fasged!' wrth dderbyn stwff da-i-ddim. Dydym ni ddim yn cael llawer o hynny, wrth lwc, ond pan mae o'n digwydd mae'r sawl sydd wedi sgwennu'r stwff da-i-ddim yn chwarae'r hen hefo ni.

Chwefror 17

Yng ngwesty'r 60 Degrees yn Hen Golwyn heno a BBC Cymru/CBC yn dangos dwy ffilm: *Heaven on Earth* am blant amddifad yn cael eu hanfon i Ganada a'u cam-drin a *Going Home* am yr helynt yng Nghinmel yn 1919 pan fu farw nifer o filwyr o Ganada. Cofio 'Nhad yn dweud iddo gael ymateb gelyniaethus gan rywun pan oedd yn byw yng Nghanada pryd ddywedodd mai Cymro ydoedd a'i gyhuddo o fod yn perthyn i genedl fu'n gyfrifol am saethu criw o filwyr o Ganada. Marw o'r ffliw wnaeth y rhan fwyaf, beth bynnag.

Mae'r hen gyfaill Gwilym Lloyd, Holloway, wedi marw yn 81 oed. Brodor o'r Gwnodl Fawr, Cynwyd, oedd o ac yn aelod o deulu Pedr Llwyd oedd yn rhan o'r ffraeo mawr yn nhafarn Owain Glyndŵr, Corwen, hefo Twm o'r Nant a'r gweddill adeg eisteddfodau'r Gwyneddigion. Plismon yn Llundain ers dyddiau ei ieuenctid oedd Gwilym, yn weithgar yng Nghapel Holloway, yn y Cwmni Drama ac yn aelod o'r Orsedd dan yr enw Llwyd Llangar.

Chwefror 27

Yng Nghaerdydd, ac wedi gadael *Y Faner* dan ofal Rhys. Heddiw, mewn cynhadledd i'r wasg ym mhencadlys HTV, cyhoeddwyd dau lyfr cyntaf y wasg newydd Honno, sydd wedi ei sefydlu gan griw o ferched – Althea Osmond, Leigh Verrill-Rhys, Anne Howells, Luned Meredith a Rosanne Reeves. Y llyfr Saesneg cyntaf yw hanes Betsi Cadwaladr gan Deirdre Beddoe a'r llyfr Cymraeg yw *Buwch ar y Lein* gen i, sef detholiad o ddyddiaduron 1957-64. Parti heno yng Nghlwb Ifor Bach ac roeddwn wrth fy modd pan welais nifer o hen ffrindiau, gan gynnwys Elaine oedd wedi dod bob cam o Sussex ac Angharad o Wrecsam. Teimlad braf ydy cyhoeddi cyfrol. Mae bron fel cael babi – cymryd misoedd i aeddfedu ac yna poeni ydy hi'n iawn a beth fydd pobl yn ei ddwueud amdani. Ond rwyf wedi hen arfer hefo'r teimlad gan ei fod yn digwydd yn fisol hefo'r *Bedol*. Bydd rhai'n dweud mai peth digon hunan-dybus ydy cyhoeddi dyddiadur ond mae hwn yn ceisio ail-greu'r hwyl a gafwyd yn y fflat hwnnw yn Willesden Green ac yn bortread o gyfnod cyffrous yn Llundain. Neu dyna f'esgus i.

Mawrth 1

Ann Beynon ar y rhaglen *Ffresgo* ar y radio yn lambastio fy llyfr. Dim gair caredig i'w ddweud amdano. Ond dywedodd rhywun wrthyf ei bod yn flin mai yn HTV y cafwyd y lawnsio. Diar mi.

Mawrth 3

Erthygl ddiddorol gan Karl Davies yn cyrraedd am gyfieithu *Gŵr Pen y Bryn* i'r Gatalaneg, sef *La Masia del Turó – Història de l'època de la Guerra del Delme*. Gwaith Esyllt Lawrence ydy o ac mae'r gyfrol yn amlwg ar y silffoedd llyfrau yn Sbaen. Fel y dywed Karl, mae hi wedi cael canmoliaeth uchel ac mae'n rhyfeddol meddwl bod rhywbeth megis Rhyfel y Degwm, sydd wedi'i wreiddio mor ddwfn yn ein hanes anghydffurfiol ni, yn cael ei ddarllen mor awchus gan aelodau o'r diwylliant Lladin a phabyddol ar lan Môr y Canoldir. Llythyr gan fy Modryb Gwenfron (Moss, Caerdydd) eisiau copi o *Buwch yn yr Afon!*

Mawrth 29

Merfyn Davies *Helo Bobol* yma'n recordio sgwrs am erthygl Bill Wynne-Woodhouse am Emrys ap Iwan yn y cylchgrawn *Hel Achau*. Mae o wedi darganfod fod ffeithiau T. Gwynn Jones yn y cofiant iddo yn anghywir. Mae TGJ yn dweud mai'r rheswm fod gan Emrys gymaint o ddiddordeb yn niwylliant gwledydd Ewrop oedd oherwydd mai Ffrances oedd ei nain. Nid yw hynny'n wir; Margaret Coates oedd ei henw ac un o Lanllyfni oedd hi. Mae cofrestr plwy Llanddulas yn profi hynny. Mae yna blac ar Fryn Aber, Abergele, yn dweud: 'Yma y ganed Emrys ap Iwan 1851-1906'. Ond nid yno y'i ganwyd o ac mae ei ddyddiad geni hefyd yn anghywir. Dibynnodd T. Gwynn Jones ar Ann, chwaer Emrys, am ei ffeithiau a chael ei gamarwain gan ei bod hi wedi celu oddi wrth ei gŵr, Peter Jones, ei bod hi bymtheg mlynedd yn hŷn nag ef, felly rhaid oedd ystumio hanes y teulu. Os mai ar 24 Mawrth 1851 y ganwyd Robert Jones (ei enw bedydd), fe ddylai fod yn wythnos oed yng Nghyfrifiad 1851. Ond yn ôl hwnnw roedd yn dair oed. Ac nid ym Mryn Aber roedd y teulu yn byw, eithr yn Ffordd-las. Ni chodwyd Bryn Aber tan 1859. Dywedir hefyd mai William Jones, garddwr yng Nghastell Gwrych, oedd y tad – ond Thomas Jones, labrwr, ydoedd mewn gwirionedd. Ond go brin fod hyn i gyd yn mynd i ddarfu ar y colomennod academaidd ac rwyf yn teimlo'n siŵr mai parhau wna'r camgymeriadau.

Ebrill 2

Daeth cyfrol i'w hadolygu i'r swyddfa rai dyddiau yn ôl, sef *'Who are the Brits?'* gan Peter Johnson-Williams. Methu credu fy llygaid ac mi wnes erthygl olygyddol amdani. Dywed mai o Iwerddon y daeth y Cymry, gan groesi'r môr mewn cyryglau. Mae'n cymharu'r antur ag un y Polynesiaid yn hwylio ar draws y Môr Tawel i Hawaii. (Mae'n amlwg ei fod wedi darllen nofel John Michener, *Hawaii*). Damcaniaethau eraill sydd ganddo yw mai bardd Gwyddelig oedd Aneirin ac nad Catraeth oedd man y frwydr a ddisgrifiwyd ganddo, eithr Carrigaholt yn Swydd Clare. Mae'n cynnig enghreifftiau o enwau lleoedd yng Nghymru sydd â'u gwreiddiau yn yr Wyddeleg ac yn profi ei ddamcaniaeth, e.e. Amlough 'a town on Ennis Moune', Mullin Wick, Mac Hinleth, Carrickdrudion, Ballagh a dwsinau o rai eraill. Dywed mai mynach oedd Dafydd ap Gwilym 'who wrote in the Irish metric system of kinhaneth' a llawer mwy o ffeithiau carbwl. Mae angen i ryw athro gwybodus megis Bedwyr ddweud wrth y lolyn gwirion nad ym Molesworth y mae Theatr Clwyd, nad gweinidog gyda'r Bedyddwyr oedd Gwynfor Evans, nad perchennog Gwasg Carreg Gwalch yw Ffred Ffransis ac nad cylchlythyr yr Eglwys yng Nghymru yw'r *Faner*.

Mi brotestiais yn groch yn y golofn olygyddol am anwybodaeth y crinc o awdur ac fe fu cryn drafod ar y peth ar y radio: Martyn Williams yn darllen talpiau ar y papurau bore; T. Glynne Davies ar 4-5-6 yn dweud y drefn; Geraint Vaughan Jones, y nofelydd o Ddinbych, eisiau gwybod lle i gael copi; Marion Eames eisiau mwy o fanylion am yr awdur; y *Stondin* yn crybwyll y peth; David Meredith yn gegrwth; y 'diawl hurt', meddai Pete Goginan. Nid oedd neb wedi sylweddoli mai Ebrill 1af oedd dyddiad y golofn olygyddol!

Ebrill 5

Keith Best, AS Ynys Môn, mewn helynt. Wedi prynu chwe lot o gyfranddaliadau Telecom dan chwe enw o chwe chyfeiriad gwahanol. Mae'n gorfod ymddiswyddo. Posibilrwydd o garchar.

Ebrill 7

Y fferi *Herald of Free Enterprise* yn cael ei chodi o'r dŵr ger Zeebrugge. Credir bod dros ddau gant o gyrff ynddi. Yr hyn ddigwyddodd ychydig wythnosau yn ôl oedd fod rhywun wedi anghofio cau'r drws cefn a llifodd y môr i mewn.

Ebrill 9

Llythyr neis gan Dyfnallt Morgan. 'Chafodd o mo'i dwyllo gan y Ffŵl Ebrill. 'Gystal â *genre* Tecwyn Lloyd,' meddai. Dyna ganmol go fawr.

Ebrill 22

Am ddiwrnod i'w gofio! Ffilmio stori i *Hel Straeon* ac mae hi'n cychwyn rai blynyddoedd yn ôl. Un o 'nghyd-athrawon, Geoff Morris o Abertawe, yn rhedeg stondin ym Marchnad Enfawr Hen Bethau bob Sadwrn yn Alexandra Palace. Neu Ally Pally, fel y dywedem. Cafodd ddigon ar daflu ei berlau o flaen y moch a rhoddodd y gorau i'w swydd athro a chychwyn busnes llwyddiannus fel casglwr a gwerthwr hen bethe. Un diwrnod, dywedodd wrthyf fod ganddo oriawr boced arian wedi'i gwneud yng Nghymru. 'Anrheg iawn i dy ŵr!' medde fo'n gyfrwys. Oherwydd ei fod yn gyd-athro (a hefyd yn Gymro), fe'i cefais am bris oedd yn ymddangos i mi yn rhesymol. Gan ei fod yn casglu pob copi rhifyn cyntaf o bob llyfr Penguin, fe roddais fy nghopi o *St Joan* (Bernard Shaw) iddo. Ar ddiwrnod call, fuaswn i ddim yn breuddwydio am brynu oriawr boced i ddyn nad oedd yn berchen gwasgod – ond dyna wnes i. Ond pan agorais yr oriawr a darllen yr hyn oedd wedi'i ysgythru ynddi roedd yn rhaid ei chael. Y tu mewn i'r cas wele'r geiriau: William Lloyd Jenkins, Cribbin 1914.

Dros y blynyddoedd, mi fûm yn meddwl bob hyn a hyn – tybed pwy oedd o? Ai ar ei ymadawiad i'r Rhyfel Mawr y cafodd o hi? Ddaeth o'n ôl? Sut aeth hi 'ar goll' o bentre bach Cribyn a chyrraedd siop deliwr mewn hen bethe yng nghanol Llundain?

Y tu mewn iddi, yn ogystal, gwelid y geiriau 'O. Davies, High Street, Lampeter No 330482'. Mae'r marc arian yn dangos llew gorweddog mewn tarian, angor mewn tarian, J.R. mewn diemwnt/losenj ac M. mewn tarian. Sef marc Birmingham. Mi sgwennais bwt o ysgrif i'r *Casglwr* a chafodd ei gyhoeddi fis Awst llynedd, gan ofyn fedrai rhywun daflu goleuni ar William Lloyd Jenkins ac O. Davies o Lambed. Gofyn oedd yna ddisgynnydd yn barod i dalu ffortiwn i mi am ei hadfer i'r teulu gan fod fy ngŵr wedi tyfu allan o'r wasgod – honno brynais iddo i gyd-fynd â'r oriawr.

Y peth nesaf a ddigwyddodd fis Mawrth oedd erthygl yn y papur bro *Llais Aeron* gan ryw Lynne Jones yn tynnu sylw at yr hanesyn yn *Y Casglwr* ac roedd hi wedi gwneud tipyn o waith ymchwil. Dywed fod pawb ym mhentre Cribyn wedi bod yn holi a stilio a chwilota ar mwyn cadarnhau'r ffeithiau ac yn wir, ymhen ychydig, roedd pawb yn gwybod yn union pwy oedd William Lloyd Jenkins a'i dylwyth ac mai yn Gwylfa, Cwrtnewydd, y bu'n byw. Yn fwy na hynny, roedd perchennog presennol y siop gemydd yn Llambed yn fab i Owen Davies! Erbyn hyn, roedd criw *Hel Straeon* wedi codi'u clustie. Y peth nesaf oedd galwad ffôn yn swyddfa'r *Faner* a llais yn dweud: 'Bore da! Rwy'n credu bod oriawr fy nhad-cu gyda chi!' Delme Jones oedd yn galw ac roedd yn byw yn Llandysul ac felly, heddiw, i ffwrdd â ni i'r fan honno a'r camerâu ar ein holau a ffilmio sgwrs ar y cei yn Aberaeron hefo Catrin Beard. Mae gan Delme fab bychan o'r enw Heulyn ac roedd wrth ei fodd yn cael yr oriawr yn ôl i'r teulu. Dywedodd i'w dad-cu brynu oriawr iddo ar ei ben-blwydd yn 18 oed a dweud wrtho am edrych ar ei hôl – a pheidio â'i cholli fel a ddigwyddodd i'r oriawr a gafodd ef gan ei rieni wrth fynd i ryfel. Fe'i collodd gan i rywun ei dwyn yn y barics yn yr Aifft rywbryd yn ystod y Rhyfel Mawr, a bu ar goll am 70 mlynedd! Roedd Delme bron yn ei ddagrau pan ddaliodd yr oriawr yn ei law. A doedd Geoff ddim yn medru credu ei glustiau pan ffoniais i ddweud yr hanes wrtho ar ôl dod adre.

Mai 9

Angladd Tom Roberts, Bachymbyd Bach, a fu farw'n sydyn iawn. Brodor o Ysbyty Ifan a symudodd i ffermio yn Nyffryn Clwyd ddechrau'r 50au. Dyn diwylliedig iawn ac englynwr da hefyd. Yn fwy na hynny, roedd yn dad i Myfanwy ac felly yn dad-yng-nghyfraith i 'mrawd Bryn. Torf enfawr wedi dod ynghyd i Gapel Rhydycilgwyn yn y Rhewl ac Alun bach yn ei ddagrau yn taflu rhosyn i'r bedd a dweud, 'Diolch yn fawr, Taid.' Mae rhai pobl yn gwahardd plant o angladdau ond yn amlach na pheidio mae'n beth da iddyn nhw gael ffarwelio'n iawn.

Mai 13

Mae etholiad ar y gorwel ac rwyf wedi sgwennu at gynrychiolwyr o bob plaid yn gofyn am golofn i'r *Faner* ac fe gyrhaeddodd rhai gan Karl Davies ac Alex Carlisle a Rod Richards yn syth bìn. Ann Clwyd yn gwrthod – rhy brysur, ddim yn talu digon, dim awydd. Ydy'r Blaid

Lafur o ddifri eisiau ennill? *Y Bedol* yn cael ei chyhoeddi gan Wasg Gwynedd am y tro olaf ac mae'r pwyllgor wedi addo y bydd llawer llai o waith i mi o hyn ymlaen gyda chwmni newydd o Ddinbych a bydd teipwyr ar gael.

Mai 18

Andros o sioc heddiw. Mae'r radio ynghynn ar ein desg drwy'r amser a dyma ni'n clywed ar *Stondin Sulwyn* fod Cyngor Celfyddydau Cymru wedi datgan na fydd grant i'r *Faner* ar ôl Mawrth y flwyddyn nesaf – llai na blwyddyn. Methu credu ein clustiau. Ddywedodd neb air wrthym ni yma. Fe fu dadlau gwyllt ar y *Stondin* a Rhodri Williams yn dweud pethe carlamus am Wasg y Sir. Dadlau hefyd ar 4-5-6, *Post Prynhawn, Wales Today* a *Newyddion 7*. Luned a fi mewn llesmair.

Mai 20

Yn dal i ffrwtian. Roedd Mathonwy yn dda ar y *Stondin* heddiw yn cadw ochr *Y Faner* – hefyd Gwenan Lewis a Sion Jones. Ar y llaw arall, roedd Meg wedi bod yn hollol fel arall ac wedi ymosod. Roedd y ffôn wedi canu drwy'r dydd yn y swyddfa ddoe a Gwyn yn wyllt o anfoddog am nad oeddwn yno gan fy mod wedi gwneud trefniadau i recordio rhaglen beilot o'r enw *Whilmentan* yn yr Wyddgrug hefo Dafydd Iwan a Rhys Jones. Lesley wedi cael cyfweliad am swydd prifathrawes yn Salcombe – yr arolygwyr a'r cyfarwyddwr addysg eisiau ei phenodi ond y llywodraethwyr yn gwrthod 'am ei bod yn rhy ddel'. Mae rhywun yn anobeithio uwch biwrocratiaeth y byd addysg ambell dro.

Mai 22

Gwella mae pethau! O hyn ymlaen bydd *Y Faner* yn cael ei pharatoi ar *offset*. Nid yw'r 'bechgyn' yn hapus. Penodwyd Gwerfyl P. Jones yn gyfarwyddwr y Cyngor Llyfrau. Penodiad da.

Mai 30

Emyr Daniel yn dweud ei fod yn gwybod pam fod *Y Faner* mewn cyfyngder ond yn wfftio na chafodd Luned a minnau wybod ymlaen llaw yn hytrach na thrwy'r *Stondin*. Mi ddarllenwyd y rhan fwyaf o'r erthygl olygyddol ar *Post Prynhawn* heddiw. Mae gen i frawddegau megis: 'Nid yn aml y mae unrhyw weithiwr yn debyn caniad ffôn o

Stondin Sulwyn yn dweud y bydd allan o waith cyn bo hir.' Yn ei adroddiad, dywed Rhodri Williams ei fod wedi cael trafferth cael cydweithrediad Gwasg y Sir yn yr arolwg a wnaeth ar ran CCC ond mae yma lythyr oddi wrtho'n diolch am y cydweithrediad a gafodd fis Rhagfyr 1986. Peth arall od. Anfonwyd llythyr at Rhodri fis Hydref y llynedd yn amgâu'r hyn y gofynnodd amdanynt, sef yr holiadur wedi'i gwblhau ac amcangyfrifon ariannol wedi'u profi gan gyfrifydd siartredig. Cyfeiriwyd y pecyn at Rhodri Williams dan ofal Cyngor y Celfyddydau gan iddo ddweud ei fod yn galw yno yn wythnosol. Fis Tachwedd, daeth llythyr oddi wrth Meic Stephens yn dweud: 'Mewn cyfarfod diweddar o'r Pwyllgor Llenyddiaeth clywodd yr aelodau gyda chryn siom oddi wrth Mr Rhodri Williams nad ydych wedi dychwelyd yr holiadur a'r amcangyfrifon . . . ac mae'r llythyr hwn yn orchymyn i ofyn am eich cydweithrediad.' Mewn gwirionedd roedd y pecyn wedi gorwedd heb ei gasglu a heb ei agor yn swyddfa CCC yng Nghaerdydd am o leiaf fis! Roedd Rhodri wedi cael caniad ffôn i ddweud bod y pecyn yno.

Dyna un o'r triciau budron sy'n cynyddu beunydd. Rydym yn cael ein calonogi gan y ffrwd llythyrau sy'n ein cyrraedd.

Mehefin 11
Etholiad heddiw ac ar ein traed tan bedwar, ac mae Margaret Thatcher yn ôl gyda mwyafrif o 102. Y canlyniad cyntaf i'w gyhoeddi oedd Torbay a'r nofelydd Nigel West i mewn – ei enw iawn yw Rupert Allason. Llundain a De Lloegr sy'n mynd i'n rheoli mae'n amlwg. Enillodd Plaid Cymru Ynys Môn. Mae Clement Freud a Roy Jenkins allan. O aelodau Cymru, mae yna 8 Tori, 24 Llafur, 3 Rhyddfrydwr a 3 Plaid Cymru; mae 15 yn siarad Cymraeg, un ferch (Ann Clwyd) a'r mwyafrif mwyaf yw un y Rhondda gyda 32,602 (Allan Rogers) a'r lleiaf yw Maesyfed hefo 56 (Richard Livesey).

Mehefin 14
Dylan Iorwerth yn y cylchgrawn *Planet* yn dweud bod golygydd *Y Faner* yn '*laid back*'? Be andros mae o'n ei feddwl? Fi? Yn '*laid back*'?

Mehefin 16
Bu bron i mi lyncu fy nannedd gosod heddiw (petai gen i rai) pan ddaeth Luned ag achau ei phriod, David (Meredith), i mewn.

Neidiodd enw allan. Ei hen daid oedd Elis Jones, Pantycelyn, Cricor – plentyn siawns Anne Lloyd a John Jones, Llannerch Gron. John Jones oedd taid fy nhad. Ef gododd y rhes tai yn y Rhiw, Pwllglas, ddechrau'r ganrif. Mi wyddwn am y plentyn ond dim syniad beth ddigwyddodd iddo fo. Felly roedd hen daid teulu Meredith yn hanner brawd i fy nhaid Gwrych Bedw. Un o ryfeddodau hel achau yw digwyddiad o'r fath. David yn fy nghyfarch fel 'Modryb'.

Mehefin 24

Ar y ffôn ar y *Stondin* am awr. Rhodri Williams a Gwyn Evans yn gweiddi ar ei gilydd; Gwilym Tudur yn dweud ei fod am gychwyn papur Sul; Meg yn reit ddistaw; Aled Rhys Wiliam yn dweud bod atal y grant yn fandaliaeth ddiwylliannol; Sion Jones yn galw'r peth yn dandin. Bu bytheirio a thaeru ac mae'r cyfan yn dechre mynd yn hyll.

Mae'r dawnsiwr Fred Astaire wedi marw yn 88 oed. Un tro, pan oedd yn brolio'i hun, fe ychwanegodd ei bartner Ginger Rogers, 'And I did it all backwards in high heels.'

Mehefin 26

Chwarae teg i Gwilym Owen. Roeddwn wedi ofni y byddai wedi gwneud i mi edrych fel mwnci pric, ond roedd y rhaglen *Manylu* heddiw yn llawn cefnogaeth a gair da i'r *Faner* gan Gwilym R., Mathonwy, Myrddin ap Dafydd, Alun Llên Llŷn, Emlyn Gwasg Gee, Gwyn Erfyl, Elwyn Awen Meirion, Selwyn y Siswrn. Codi 'nghalon.

Mehefin 27

Wn i ddim sut i ddechre disgrifio heddiw. Heblaw Traed Moch. Yn Aberystwyth mewn cyfarfod wedi'i drefnu gan CCC i drafod *Y Faner* a manion o'r fath. Ffiasgo oedd y gair a ddefnyddiwyd. Roedd Wynn Thomas, y Cadeirydd, yn ddifrifol o ragfarnllyd ac yn anghwrtais hefo'r siaradwyr, ddim yn nabod pobl, trin yr henwr Ithel Davies fel baw. Mathew Pritchard yn annerch yn Saesneg – dyna beth oedd saethu eich troed eich hun. Aeth y lle yn wenfflam. Cerddodd pobl allan. Rhodri yn dangos *Y Cyfnod* a *Budgie World* i bawb ac yna'n eu taflu ar y bwrdd fel enghraifft o waith sâl Gwasg y Sir. (Sawl tref sy'n dal i gyhoeddi papur wythnosol yn y Gymraeg?) Siaradodd nifer fawr o blaid *Y Faner* gan gynnwys Ithel, Eirwen Gwynn, Siân Siencyn, W. J. Edwards, Arianwen Parry, Neil ap Siencyn. Wynn Thomas yn colli disgyblaeth. Gwnaed tâp o'r achlysur a fedr neb wadu'r shambyls – roedd yno weiddi a sŵn ofnadwy! Pwrpas y peth oedd cyhoeddi pwy oedd yn cael yr arian i sefydlu cylchgrawn yn lle'r *Faner* ond methwyd â dod at hynny! Dywed mêr f'esgyrn fod *Y Faner* yn mynd i gael y farwol ond rwyf yn teimlo'n llawer gwell wedi'r gefnogaeth heddiw.

Mehefin 29

Llythyr gan Dr Elwyn Hughes o UWIST yn dweud ei fod wedi sgwennu at Rhodri yn cefnogi'r *Faner*. Dywedodd Rhodri echdoe nad oedd yr un enaid byw wedi anfon gair ato yn apelio am einioes *Y Faner*. *Y Cymro* yn galw cadeirydd y cyfarfod yn Aber fel 'reffari pêldroed dibrofiad yn or-hoff o'i chwiban'. Gwyn Erfyl yn ceisio codi fy nghalon a dweud nad cael gwared o'r *Faner* yw bwriad CCC ond ei chael o ddwylo Gwasg y Sir. Brawd mogu yw tagu, ebe fi. Ond fy ngwaith i a Luned yw ymladd drosom i gyd yma, beth bynnag Ac mae gen i ddigon o erthyglau da yn y bocs i barhau hyd Ddydd y Farn.

Gorffennaf 15

Hanes yr oriawr ar *Hel Straeon* heno. A Gwyn Erfyl yn dweud 'Wel, yr hen Delme bach oedd yn arfer canu' ac roeddwn wedi sylwi bod ganddo beth wmbredd o gwpanau o gwmpas ei lolfa. Luned wedi mynd i Enlli am wythnos.

Gorffennaf 29

Fy nghyfrol *Merch Morfydd* yn cael ei chyhoeddi o Wasg Gwynedd. Hon fu bron ag ennill y Fedal Ryddiaith llynedd. Trueni na fuasai Mam yn fyw i weld ei henw yn deitl cyfrol. Iwan Edgar yn ei hadolygu yn reit ffiaidd yn *Barn* ac yn gwneud sylwadau personol yn hytrach na thrafod y gyfrol. Beth sy'n ei gorddi tybed? A phwy ydy o, beth bynnag?

Awst 2-9

I'r Steddfod ym Mhorthmadog. Tractorau yn tynnu carafannau i'r Maes drwy fwd trwchus. Emyr Jenkins yn dweud yng nghynhadledd y wasg fod haul ar y ffordd. *Lol* wedi cael modd i fyw gyda straeon lloerig am *Y Faner*. Meg sy'n ei chael hi fwyaf. Ar y dydd Mawrth, cafwyd cyfarfod ar y Maes i gefnogi'r *Faner* ac roeddem wedi bod yn poeni braidd faint fyddai'n dod yno – ond fe ddaeth ugeiniau ac etholwyd Gweithgor, yn cynnwys Dafydd Elis-Thomas, Mair Elvet Thomas, Ithel Davies, Eirwen Gwynn, Glenys *Y Wawr*, Siân Siencyn, Emyr Davies, WJ ac Eigra. Cefnogaeth anhygoel. Rhodri yn ymosod ar Eigra am ei bod wedi gollwng y gath (medde fo) drwy ddweud nad oedd Pwyllgor Llên CCC yn unfrydol dros dorri'r grant. John Gruffydd Jones yn ennill y Goron. Erbyn canol yr wythnos roedd yn haul chwilboeth a 28,000 ar y Maes. Ieuan Wyn yn cael y Gadair. Steddfod od – wedi bod yn gaeth ym mhabell *Y Faner* a methu mynd i'r Babell Lên na dim, ond bûm mor fentrus â mynd i mewn i'r Pafiliwn bnawn Gwener i seremoni croesawu Cymru a'r Byd er mwyn cael gweld Merle a Glenys o Calgary (eu mam yn gyfnither i Nain o deulu Tŷ Mawr Morfydd a Thir y Barwn) ac Elin (chwaer Calvin) a Branwen fechan ddel wedi dod o Sant Lucia yn y Caribî.

Awst 11-21

Ar wyliau a gadael Luned, gyda chymorth Lynn Owen-Rees, i gynhyrchu'r ddau rifyn nesaf. Wedi trefnu cyfranwyr yn y Steddfod. A ffwrdd â ni i Jersey. Un peth arbennig am yr ynys ydy'r amrywiaeth di-ben-draw o fannau gwych i fwyta. Aros yn S. Brelade yn fflat chwaer Chris oedd yn y coleg hefo Lesley. Am dro i'r ffatri berlau ac ymweliad â'r ysbyty danddaearol Almaenig a mwynhau mewn ffordd od. Lle digon brawychus. Mwynhau'r sw hefyd, creadigaeth chwaethus Gerald Durrell gyda digonedd o le i bob math o anifeiliaid. Syllu ar Jambo, y gorila arian enwog achubodd fywyd Levan Merritt, 5 oed, flwyddyn union yn ôl pan syrthiodd i'r gorlan. Roedd yn anymwybodol a safodd Jambo wrth ei ochr a rhoi o-bach iddo a gwneud yn siŵr nad oedd yr un gorila arall yn cael dod yn agos. Pan ddaeth y plentyn ato'i hun a dechrau crio, mi redodd Jambo a'r gweddill i ffwrdd yn un rhyferthwy trwsgl. Yn Basl y ganwyd Jambo yn 1972 ac mae'n anferth. Golwg drist iawn yn ei lygaid.

Clywed am y drychineb frawychus yn Hungerford – dyn gwallgof o'r enw Michael Ryan wedi gwisgo fel Rambo, yn colli'i limpyn a saethu 16 o bobl yn farw. Taniodd at unrhyw beth oedd yn symud, gan gynnwys ei fam ei hun, a rhoi'r tŷ ar dân. Roedd yn berchen dwsinau o ynnau.

Awst 24

Luned yn falch o 'ngweld yn ôl a Lynn wedi bod yn gymorth amhrisiadwy er ei fod wedi'i syfrdanu pan ddarganfu bwysau'r gwaith. Mati Prichard wedi anfon sgŵp inni, medde hi, sef dwy gerdd gan Caradog nas cyhoeddwyd o'r blaen. Yn anffodus, darganfod nad oedd hynny'n wir.

Medi 9

Diwrnod o banic llwyr – ond dim byd i'w wneud â'r *Faner* am unwaith. Shôn Dwyryd yn landio tua chwech neithiwr yn methu dod o hyd i'w basbort ef ac Eirlys ac maent yn mynd i'r America fory i ganu. Maen nhw wedi cribinio'r tŷ o'r top i'r gwaelod a buom ninnau yno tan hanner nos yn sbrotian. Ar las y wawr, Cliff yn ffonio Llysgenhadaeth yr Unol Daleithiau a hwythau'n dweud y byddai'n bosib cael *visa* newydd os medrid cael pasbort newydd. Am naw y bore roeddem yn y swyddfa yn Lerpwl a chael addewid y byddai'n barod am bedwar. Am bump, roeddynt ar y trên ar y ffordd i Gatwick. Pawb wedi ymlâdd.

Medi 13

Panic arall heddiw. Cael galwad ffôn gan gymydog yn dweud bod car Shôn wedi diflannu. Ond roedd popeth yn iawn – Shôn wedi anghofio dweud wrtho fod garej Loggerheads yn dod i'w nôl.

Medi 23

Cymysgfa o ddigwyddiadau yn ystod y dyddiau diwethaf. Hel eirin, cnwd da. Mae Syr Christopher Soames wedi marw yn 66 oed. Mab-yng-nghyfraith i Winston Churchill. A Shôn ac Eirlys yn dod adre; Scranton yn dwll o le; Efrog Newydd yn swnllyd a siom yn Utica am nad oedd y delyn a addawyd wedi cyrraedd. Camerâu HTV yn y swyddfa ar gyfer rhifyn o'r *Byd ar Bedwar* a chamerâu yn cyrraedd y tŷ hefyd er mwyn tynnu fy llun yn pipian rhwng dillad ar y lein ar gyfer y rhaglen *Profi'r Pethe.*

Medi 25

Mae Emlyn Williams wedi marw yn 82. Brodor o Drelogan ac mae Rhydwen yn mynd i sgwennu teyrnged iddo. Credaf eu bod yn perthyn. Cofio Emlyn W. yn llywydd y dydd yn Eisteddfod y Rhyl,

1953, ac yn dweud 'Bachgen bach o Sir y Fflint ydw i!' a chael cymeradwyaeth fyddarol. Bachgen bach o Sir y Fflint ydy Cliff hefyd!

Hydref 10
Yn Llundain hefo Côr Pwll-glas i gyngerdd y Mil o Leisiau yn yr Albert Hall (gwych!) ac yna rhuthro am dacsi hefo Shôn ac Eirlys a mynd i fwyty Sultan Ahmet yn Essex Road, sy'n cael ei redeg gan un o'n hen ddisgyblion, Fikret. Mynnodd ein bod yn cael bwyd am ddim. Coblyn o fachgen anodd ei drin oedd o ond erbyn hyn mae o'n gyfoethog, yn foel ac yn dad i dri. Rhoddodd andros o gusan i Cliff ond ysgwyd llaw hefo fi. Cawsom y 'Turkish Delight' gorau a gefais erioed.

Hydref 16
Llond pob man o ysgrifau'n cyrraedd – Karl Davies (ar Ffrisland); O. E. Roberts (am Iorddonen); Rhiain Phillips (am Lesotho) a Dafydd Orwig am Wlad y Basg. Clywed bod Rhydderch wedi cael trawiad ar y galon. A bu storm ddychrynllyd yn ne Lloger – gwynt 100 milltir yr awr, coed yn syrthio, dim trydan, nifer wedi'u lladd.

Hydref 23
Yn Aberystwyth yng nghyfarfod cyntaf Cyfeillion y Faner. Ithel yn cynnig y dylid ffurfio cwmni; Eigra yn dweud na fydd CCC yn newid ei feddwl; Eirwen Gwynn eisiau gwybod a fedrem gario ymlaen heb y grant. Na, ydy'r ateb i hynny.

Tachwedd 4
Mae Rhydderch wedi marw. Dim ond 51 oed. Bachgen galluog iawn a chawsom lawer o hwyl yn yr Aelwyd yn Llundain. Mae John Hefin yn mynd i sgwennu teyrnged. Anodd credu.

Tachwedd 8
Bom yn Enniskillen yn lladd deuddeg yn ystod gwasanaeth cadoediad. Mae'n amser iddyn nhw gallio.

Tachwedd 14
Mewn cwis radio ym Mangor heno o'r enw *Pennau Bach*. Roedd gofyn inni feddwl am gwestiwn i'w ofyn i'r gweddill a dyma f'un i: Sut

mae cysylltu Degwm, Bendigo a Lewys Ddu? Buont yn stryffaglio a gofynnwyd am glem arall a dywedais 'Copenhagen'. Dal yn y tywyllwch a bu rhaid i mi ddatgelu mai Ceffyl yw'r ateb. Degwm – ceffyl Thomas Gee; Bendigo – ceffyl Preis y Rhiwlas; Lewys Ddu – ceffyl Madam Wen a Copenhagen oedd ceffyl Dug Wellington.

Tachwedd 16

Tân mawr dan ddaear yng ngorsaf King's Cross ac yn lladd 30. Gannoedd o weithiau y bûm yno gan mai dyma'r orsaf agosaf i'r Clwb ar waelod Grays Inn Road. Doeddem ni byth yn meddwl am unrhyw berygl wrth deithio ar y trenau hyn.

Tachwedd 22

Bu farw May, chwaer hynaf Cliff, am 11 o'r gloch heno yn 79 oed. Yr ail o wyth o blant a'r tad yn gweithio yng Ngwaith Dur John Summers. Aeth i'r Coleg Normal ac yn y man daeth yn brifathrawes ar ysgol gynradd yn ardal Queensferry. Bu'n chwaer-yng-nghyfraith eithriadol o garedig i mi.

Rhagfyr 5

Y Bedol yn ddeg oed ac wedi cael swyddfa uwchben swyddfeydd y cyfreithwyr Llewelyn Jones a'i Gwmni. Pwy sy'n gwybod pwy oedd Llewelyn Jones, tybed?. Roedd yn fab i'r bardd Garmonydd oedd yn brifathro yn Llanarmon-yn-Iâl ac yn frawd i Cyril O. Jones, Wrecsam, y cyfreithiwr a ymladdodd achos teuluoedd y glowyr a laddwyd yn y danchwa yng Ngresffordd. Roedd mab Llewelyn Jones wedi priodi Ailsa, merch Elfed.

Rhagfyr 7

Mae Cynhafal Hughes, Melin-y-wig, wedi marw. Dyna gymeriad! Roedd yn arfer dod acw i ladd mochyn ers talwm ac yn un dethe iawn. Byddai'n tynnu coes yn ofnadwy ac yn bygwth rasel ddime inni a rhedem am ein bywydau. Beth oedd rasel ddime ond rhwbio'i wyneb heb ei eillio ar hyd ein wynebau tyner ni ac roedd yn brifo.

Rhagfyr 16

Mae gennym rifyn clawr lliw at y Nadolig ac wedi'i argraffu ar bapur sglein. Yn edrych yn wych, wych ond ofnaf ei bod yn rhy hwyr. A chlywed drwy ddamwain yn y pnawn fod angen i rifyn Ionawr 8 fod yn barod cyn y Gwylie. Y dynion yn gwybod ers pythefnos ond neb wedi dweud wrthym ni! Hyn yn golygu y bydd rhaid inni weithio wythnos nesaf.

Rhagfyr 24
Yn Llanferres, wrth ddod adre wedi ymweld â 'nheulu-yng-nghyfraith ym Mhenarlâg, dyma ddafad yn rhedeg yn syth andanom. Aeth yn glir drwy'r awyr fel neidiwr polyn a thros y bonet ac ugain llath dros y car i ganol y ffordd yn gelain. Malwyd y lamp, y bympar, hollt yn y bonet. Nid yn unig y gost ond y braw. Mynd i ddweud wrth yr heddlu yn Rhuthun, ond wrth gwrs, doedd neb yno.

Rhagfyr 31
Treulio Nos Galan yn Rhydonnen, pawb ohonom hefo'n gilydd. Yn falch o weld cefn hen bitsh o flwyddyn. Ond er cymaint y prysurdeb cawsom gyfle i weld ein teuluoedd o leiaf unwaith yr wythnos ac roedd hynny'n fendith ac yn gysur. Ni wn beth fyddwn wedi'i wneud heb Cliff. Mae o wedi bod yn gymaint o gefn i mi, yn mynd â fi i'r Bala ac i'r gwahanol raglenni radio a theledu, yn helpu hefo'r *Bedol* ac yn gwneud y rhan fwyaf o'r coginio. Wn i ddim beth wyf wedi'i wneud i haeddu'r fath gariad o ddyn.

128

1988
Blwyddyn y Triciau Budron

Ionawr 1

Tŷ gwag. Helen a Cliff wedi mynd adre a chawsom y car yn ôl. Mae'r bali ddafad ar ffordd Llanferres yn mynd i gostio £400 inni.

Ionawr 9

Yn Aberystwyth mewn cyfarfod o Gyfeillion y Faner. Gwilym Prys Davies yn dweud nad yw ffurfio cwmni yn bosib gan nad oes gennym gyfalaf o fath yn y byd. Mynd yn fwy digalon bob dydd. Rydym hefyd wedi cael awgrym y bydd ein cyflogau yn cael eu haneru. *Y Bedol* hefyd yn achosi pryder oherwydd methu cael digon o deipyddion a chriw i ddechrau gofalu am olygu. Nid yw Carys sy'n gosod yn Ninbych yn hapus o gwbl chwaith gan fod yna gymaint o waith ailwampio. O leiaf rydw i wedi cael fy mwrdd bwyd yn ôl!

Ionawr 18

Mae'r hen lwynog Vaughan Hughes wedi ffroeni stori am Alan Llwyd. Mae yna bedair cerdd ym *Blodeugerdd o Farddoniaeth Gymraeg yr Ugeinfed Ganrif* o waith Meilyr Emrys Owen. Neb wedi clywed am fodolaeth y bardd hwn. Mae Vaughan yn meddwl mai Alan ydy o.

Ionawr 22

Alan Llwyd ar *Y Byd ar Bedwar* yn cyfadde mai fo ydy Meilyr Emrys Owen. Dweud ei fod yn ffed-yp, fod pawb yn ei erbyn, ddim am sgwennu rhagor, wedi gweithio'n ddyfal a diddiolch. Gwn sut mae o'n teimlo. Ond mi fyddai wedi bod yn gallach iddo gynnwys y cerddi dan ei enw ei hun. Mae pawb yn gwybod ei fod yn fardd eithriadol. David Alton AS yn llwyddo – o 45 pleidlais – i gael ailddarlleniad ar ei fesur erthylu, sef newid y cyfnod o 28 i 18 wythnos. Rydw i bob amser yn poeni am ddynion uniongred fel fo. Fedraf i ddim peidio â meddwl am fy ffrind annwyl Irene a gollodd ei bywyd oherwydd erthyliad stryd gefn cyn i'r ddeddf gael ei newid yn y 60au.

Ionawr 27

Mae'r cylchgrawn newydd *Golwg* wedi penodi panel golygyddol, sef Bedwyr, Menna Elfyn, Mererid James, Myrddin ap Dafydd, Lynn Davies, John Rowlands, Marian Delyth, Robin Reeves ac Elan Closs. Y bradwyr! Rhai ohonyn nhw wedi cymryd arnynt fod yn ddig hefo CCC ac wedi addo cefnogi'r *Faner*.

Ionawr 28

Cyfarfod heno i drafod be gyth i wneud nesa. Dogfennau wedi dod i law gan berson dienw, sef cais *Golwg* am grant a'u costau a'r holl fanylion. Fedran nhw ddim methu a phopeth o'u plaid. Y gwir yw nad wyf i na Gwasg y Sir yn rhan o'r Sefydliad ac mae yna gryn dipyn o ganu cân fwyn i nain. Gofynnwyd i Cliff a fyddai'n barod i hel hysbysebion i'r *Faner* gan iddo fod wedi bod mor llwyddiannus hefo'r *Bedol*. Y geiriau ddaeth i 'meddwl i oedd '*over my dead body*'. Mae ganddo ddigon ar ei blât. Cael gwybod heddiw fod fy nghyflog i lawr i £6,000. Trist o glywed am farwolaeth y Fonesig Amy Parry-Williams yn 78 oed. Mae Shân Emlyn wedi addo sgwennu teyrnged. Boneddiges o'r iawn ryw.

Chwefror 12

Bu John Clifford Jones, Gwilym Prys a Luned yn siarad hefo HTV heddiw i ofyn am bres i'r *Faner*. Cael gwrandawiad cwrtais a llawer o ewyllys da. Heddiw cyhoeddwyd y grantiau sy'n cael eu rhannu gan CCC: £30,000 i *Barn*, er enghraifft (gyda chylchrediad o 900, medden nhw). Ac yn ôl y disgwyl, dim byd i ni. Bu'n wythnos o brotestio mewn mannau eraill hefyd. Cymuned gyfan yn Nhrawsfynydd yn codi i wrthwynebu arbrawf i'w chynnal yn yr Atomfa heddiw; protest hefyd yn erbyn bwriad Dairy Crest i gau dwy hufenfa, un ym Môn a'r llall yn Felin-fach. Ac mae hyd yn oed y wasg adain dde yn dechrau gweld beiau yn Magi. Ambell i newydd da: yn ystod yr wythnos daeth dros fil o bunnau i mewn i gronfa'r *Faner* i geisio ein helpu i gario ymlaen. Mae gennym ffrindie.

Chwefror 27

Mae'r Senedd wedi penderfynu gadael camerâu teledu i mewn i'r Siambr. Bu tipyn o wrthwynebu ofnus. Mae nifer o wledydd eraill yn gwneud eisoes, Awstria ac Awstralia er enghraifft, ac ni ddaeth eu byd i ben. Rhai o'r gwrthwynebwyr yn ofni y gall y camerâu wneud ffyliaid ohonyn nhw. Mae'r ateb yn eu dwylo eu hunain! Bûm yn Llanelwy heddiw, wedi cael gwahoddiad gan y Swyddfa Bost i lawnsio stampiau i ddathlu 400 mlwyddiant y Beibl Cymraeg. Seremoni yn y gadeirlan a chinio tan gamp yn cynnwys cocos, bara lawr, cawl cennin, cig oen, pice ar y maen a chaws Caerffili. Cawsom set o stampie a phrynais blât wedi'i gwneud yn arbennig gan y cynllunydd Harvey Thomas. Er gwaethaf y cyfyngder, mae golygydd *Y Faner* yn cael ambell i ddiwrnod cofiadwy.

Mawrth 11

Geiriau Ffred Ffransis wrth ymateb i ganlyniadau holiadur a anfonwyd i ddisgyblion 15-18 oed mewn deg ysgol ledled Cymru: 'Dengys canlyniadau'r holiadur fel y mae'r system addysg yn ceisio cadw disgyblion ysgol Cymru mewn anwybodaeth am y problemau sy'n wynebu cymunedau lleol Cymru . . .' Yr hyn sy'n poeni Cymdeithas yr Iaith yw fod 52% o'r plant yn medru enwi pump o ddramâu Shakespeare ond heb syniad am beth sy'n achosi diweithdra yn eu hardal; roedd 82% yn gwybod sut i holi'r ffordd yn Ffrangeg ond fawr neb yn gwybod faint o arian sy'n cael ei wario ar amddiffyn a rhyfela, dim syniad faint o dai haf sydd yna yn eu bro. Dwyf i ddim yn meddwl bod hyn yn wahanol iawn i fel roedd hi pan oeddwn i yn yr ysgol ac ofnaf y byddai athrawon mewn dŵr poeth pe baent yn ceisio dysgu pethe o'r fath gan mai Thatcher a Tebbit sy'n gosod y maes llafur y dyddiau hyn. Rydw i'n poeni llawer mwy am beth sy'n digwydd i safon y Gymraeg, yn ysgrifenedig ac ar lafar.

Mawrth 23

Diwrnod rhyfedd. Paratoi rhifyn olaf *Y Faner* dan nawdd CCC. Mae fel carreg yn fy mron. Mynd i Gastell Bodelwyddan; wedi cael gwahoddiad i frecwast gyda Peter Walker. Ond erbyn inni gyrraedd roedd y bwyd bron i gyd wedi mynd ac ugeiniau o ddynion mewn siwtiau duon yn edrych fel pe baent wedi cael eu gwala. Felly ysgwyd y llwch oddi ar ein sandalau a ffwrdd â ni am baned hefo Myfanwy yn Llanelwy.

Ebrill 8

Roedd S4C wedi rhoi'r argraff eu bod am roi £10,000 inni ond tipyn o sioc heddiw oedd clywed eu bod yn rhoi £30,000 i *Golwg*. Mae gennym bedair mil wedi dod i mewn gan garedigion o bob math ond wnaiff hwnnw ddim para'n hir iawn, er ein bod yn ddiolchgar dros ben.

Ebrill 11

Mae T. Glynne Davies wedi marw yn 62 oed. Cofio fel roedd Rhydderch yn ei hanner addoli ac yn medru adrodd ei gerddi i gyd. Byddai'n eistedd yn yr Aelwyd yn eu llafarganu, yn arbennig ddarnau allan o 'Adfeilion'. Bûm ar y ffôn am hydoedd ac yn y diwedd llwyddo i gael gafael ar Alan Llwyd i sgwennu teyrnged iddo ac mae Geraint Bowen yn mynd i sgwennu am ei frawd, Euros, fu farw wythnos yn ôl.

Ebrill 14

Luned aeth ar y *Stondin* heddiw. Does gen i ddim chwaneg o eirie. Trafod penderfyniad S4C. Bu'n rhaid i mi fynd ar ôl Alan Llwyd gan nad yw ei deyrnged i T. Glynne wedi cyrraedd – ond roedd wedi penderfynu peidio ac eto heb feddwl am ddweud wrthyf. O hyn ymlaen, clywsom heddiw, rhaid talu i'r cyfranwyr allan o'r Gronfa ac mae copïau'n dod yn ôl heb eu gwerthu oherwydd bod y pris wedi codi.

Ebrill 22

Mae'r pedwar rhifyn diwethaf wedi bod yn drwm gan ein bod wedi colli cymaint o bobl; dywedir, os yw eich llun ar glawr *Y Faner*, yna rydych yn ymadawedig. Dyna ddigwyddodd i Euros, T. Glynne, Lyn Howell, W. J. Jones, Cassie Davies ac Emrys Bennett Owen. Ond o ddifri, mae'n ddyletswydd arnom i gofio am ein pobl gan mai ychydig iawn o sylw gaiff eu marwolaethau mewn unrhyw bapur arall. Felly dwyf i ddim yn ymddiheuro.

Ebrill 26

Dylan Morris yn ffonio i ddweud bod *Y Byd ar Bedwar* yn ymchwilio i'r rheswm pam fod *Golwg* yn cael arian o bob cyfeiriad ac eisiau dod i ffilmio. Caniad wedyn i ddweud na fydd yn cael ei ddangos; bod Rhodri Williams yn trio blocio'r rhaglen! Pwy ydy'r boi yma sydd â chymaint o rym?

Mai 6

Gwneud rhywbeth hollol wahanol heddiw ac euthum i'r Castell lle roedd disgynyddion John a Margaret Hughes, Clegir Isa, Melin-y-wig, yn cael aduniad. Merch Tir Barwn oedd Margaret ac yn gyfnither i fy hen daid Bryntangor. Merch i Anne Winifred a John Roberts, y sipsi. Bu hi farw yn 1894 ac roedd ganddi saith o blant. Wyrion a wyresau'r rheiny ddaeth heddiw. Y diwrnod wedi'i drefnu gan Evelyn Steele (Travis gynt) sy'n byw yn Cape Cod. Tuag ugain yn bresennol, oll yn gefndryd a chyfnitherod i'w gilydd ac yn eu plith roedd Valmai Webb o Garrog, pedwar o Ganada, a'r unig un na ddaeth oedd Glenys o Awstralia. Aeth Jane, chwaer Margaret, i Ganada fel athrawes a phriodi Thomas Coslett Thomas oedd wedi ymfudo yno o'r Wladfa. Mwynhau fy hun yn olrhain achau ac anghofio holl brobleme'r ddau bapur sydd bob amser gyda mi gwsg ac effro.

Mai 9

A mwy o newyddion drwg. Mae tad Luned, sef Alun Llywelyn-Williams wedi marw. Gwyn Erfyl yn falch iddo ei weld wythnos yn ôl ac yn mynd i sgwennu teyrnged.

Mai 15

Cynulleidfa fawr yn Amlosgfa Bangor i angladd tad Luned. Teimlo drosti. Roedd yn edrych yn drist iawn. Yn y pnawn, roeddwn yn rhoi anerchiad ym Mhlas Menai i Ferched y Wawr Gwynedd ac Ifanwy Williams yn y gadair.

Mai 18

Darganfod nad yw'r cyfranwyr wedi cael eu talu ers Rhagfyr. Tipyn o helynt wedi codi oherwydd bod R. S. Thomas wedi galw'r llosgwyr tai yn ddewr.

Mehefin 4

Eisteddfod yr Urdd yn y Drenewydd a Tudur Dylan, mab Avril a John Gwilym, yn ennill y gadair. Cyw o frid, mae'n amlwg. Teulu Avril a theulu fy mam wedi cydoesi ym Mryneglwys. Aros noson yn y Royal Oak yn y Trallwng a gwylio Llinos Mary, prifathrawes athrylithgar Gwyddelwern, yn coroni Karl Harrison, a anwyd yn

Sheffield ac sy'n gweithio yn Genefa. Aeth y Fedal Ryddiaith i Mererid Puw Davies, gyda beirniadaeth anarferol o wych. Cofio ei mam, Catrin, yn yr ysgol yn gwisgo plethen hir, a'i nain, Elena, oedd awdur *Y Wisg Sidan* a ddarllenais wrth gerdded dod-dow i fyny'r Deunant adre o'r ysgol. Roedd Elena yn gyfnither i Dei Ellis, 'y bardd a gollwyd'. Dywedir iddo fo gerdded i'r anwel yn Salonica am fod Gwen ei gariad wedi anfon llythyr yn dweud ei bod yn priodi rhywun arall. Ni wn ai dyna'r gwir reswm dros ei ddiflaniad. Roedd Gwen yn chwaer i nain Dylan Iorwerth, golygydd arfaethedig *Golwg*, ac yn gyfyrderes i fy nain. Roedd chwech yn haeddu'r Fedal – Owain, mab Luned, yn eu plith! Mynd adre i baratoi'r *Bedol* a derbyn colofn rygbi Thomas Davies o Seland Newydd dros y ffôn.

Mehefin 13

Cael braw o glywed bod Alun W. G. Davies wedi marw neithiwr. Roeddwn ar y ffôn hefo fo echdoe yn trefnu iddo fod yn ohebydd cerdd inni o Steddfod Casnewydd. Doedd dim yn ormod o drafferth iddo fo ac arferwn ei alw yn genhadwr cerdd. Ei nabod ers blynyddoedd maith, gan iddo gael ei fagu yn Llundain ar aelwyd Gymraeg ei hiaith, ei deulu wedi mudo yno o Landybïe. Roedd gan ei rieni fusnes llaeth a siop gornel yn Chelsea ac am ei fod yn unig blentyn bu'n rhaid iddo aros i helpu yn y siop, ac wedyn gofalu am ei fam oedrannus yn hytrach na mynd i goleg cerdd fel y dymunai. Gwnaeth radd allanol. Y tro cyntaf i mi ei gyfarfod oedd pan oeddwn newydd ddechrau dysgu yn Llundain – galwodd yn yr ysgol gan ei fod yn gweithio ar y pryd i'r Gwasanaeth Cynilo Cenedlaethol. Roeddwn wedi cychwyn clwb cynilo yn yr ysgol (merch fferm o Ddyffryn Clwyd yn gwybod am bethau pwysig felly!) ond nid am bres roedd y sgwrs y pnawn hwnnw ond am Gymru a cherddoriaeth. Wedi bywyd digon anodd, digwyddodd tri pheth a roddodd lawenydd di-ben-draw i Alun. Yn gyntaf, priododd â Margaret; yn ail, cafodd ei anfon i weithio i'r Swyddfa Gymreig yng Nghaerdydd ac yn drydydd, ganwyd ei ddau fab, Dyfrig ac Elgan.

Mehefin 22

Pethau bach hyfryd yn digwydd weithiau yng nghanol yr holl fwrllwch. Galwodd fy nghyfnither Rona, sydd drosodd o Awstralia am y tro cyntaf ers chwarter canrif. Heb feddwl y gwelwn i hi byth eto. Aeth hi a Harry drosodd ar y system £10 Pom. 'Aeth dau ohonom drosodd,' medde hi. 'Mae yna un ar bymtheg ohonom erbyn hyn.' Fel yna mae cenedl yn tyfu. Merch i Idwal, brawd fy nhad, ydy hi ac wedi'i magu yn Lewisham, ac yn eu cartref nhw y treuliodd Dad a Mam eu mis mêl.

Gorffennaf 2

Gwyn Erfyl yn dweud bod CC Gogledd Cymru wedi cytuno i roi tipyn o bres i'r *Faner* ond rydym wedi cael llythyr yn gwrthod. Pwysau oddi fry, meddai Gwyn. Mae'r gronfa rhoddion wedi mynd heibio'r saith mil erbyn hyn.

Gorffennaf 11

Dim angen sgwennu colofn olygyddol heddiw – mae bob yn ail Sul yn wewyr fel arfer – gan fod yna lythyr cigog gan Geraint Tudur ynglŷn â gwerthu Bala-Bang yn llenwi'r gofod. Ei dweud hi'n groch. Luned ar ei gwyliau ond wedi methu mynd i Enlli oherwydd y tywydd ac mae Arwel ac Aeron wedi mynd i'r Sioe, felly nid oedd yn bosib gwneud dim heddiw.

Gorffennaf 19

Galw i weld Peggy Gladden yn Llaneurgain – erioed wedi clywed amdani tan rŵan, ond mae hi'n perthyn i Cliff rywsut. Neb yn gwybod yn iawn sut, ond mae disgwyl i mi fynd ar drywydd y gwir. Beth bynnag, y rheswm dros fynd yno yw ei bod hi, fel Cliff, yn ddisgynnydd i'r bardd Jonathan Hughes a fu farw yn 1805, un o Feirdd y Gofeb yn Llangollen. Soniodd George Borrow amdano fo. Mae ei gist ac un o'i gadeiriau barddol ganddi. Ynghyd â Gwallter Mechain a Thwm o'r Nant, roedd Jonathan hefyd wedi ceisio am gadair Eisteddfod Corwen ond y beirniaid yn methu â phenderfynu p'run oedd y gore a bu rhaid i'r Gwyneddigion yn Llundain dorri'r ddadl. Bu yna ffraeo cynddeiriog. Mae Peggy yn symud i Glasgow at ei merch ac yn mynd â'r gadair hefo hi.

Gorffennaf 29

Cyrraedd Maes Steddfod Casnewydd am bedwar a gosod popeth yn ei le, pabell ddwbl braf mewn gwyn a gwyrdd. Aros yn Rhiwbeina hefo Rees a Mary ac roedd Andreas o'r Almaen yn aros yno hefyd, wedi dod i ddysgu Saesneg ond heb glywed fawr ddim gan mai Cymraeg yw iaith Iwan a Guto.

Gorffennaf 30

Yn y babell am naw a *Newyddion 7* heno yn dyfarnu'r rownd gyntaf i'r *Faner* gyda'r clawr lliw a'r papur sglein ac erthyglau difyr. Y cyfryngau sy'n mynnu creu brwydr a chasineb. Y pafiliwn newydd yn cael ei fedyddio yn Big Top ond enw'r *Faner* arno ydy Cas Newydd.

Awst 1

Ddoe euthum i weld fy modryb Gwenfron sydd newydd ddathlu ei phen-blwydd yn 90 ac yn ei phethe'n iawn heblaw am ambell eiliad pan mae'n fy ngalw yn Lizzie Jane. Fy nain, ci chyfnither, ocdd honno! Mae ganddi straeon di-ri am ei chyfnod fel cenhades yn Tsieina ac wedi i'r holl genhadon gael eu troi allan, aeth i'r India. Mae'i holl lythyrau yn y Llyfrgell Genedlaethol, meddai. Cael te gwych i'r wasg wedyn a dymuno'n dda i Idris Evans sy'n gorffen fel Trefnydd y De.

Awst 2

Aeth y Goron i Jim Parc Nest. Clive Betts wedi gofyn i mi am dair colofn i'r *Western Mail* o'r Maes. Wrth fy modd. Mi ymosodais ar *Lol* am ei hiwmor plentynnaidd a'i ddefnydd o eiriau budr Saesneg. Lawnsio *Golwg* ar y Maes a rhannwyd deunaw mil o gopïau am ddim. Mae o'n hollol wahanol i'r *Faner* ac yn apelio at ddarllenwyr gwahanol a'r gwir ydy fod angen y ddau. Llwyddo i gael hanner awr yn rhydd i fynd i'r Babell Lên i weld rhaglen deyrnged i Gwilym R. Jones gan blant y fro. Yn anffodus, nid yw'n ddigon da i fod yma, ddim yn rhy sad ar ei draed er bod ei feddwl mor fywiog ag erioed. Cael ein hatgoffa mai fo oedd y cyntaf i ennill y Gadair, y Goron a'r Fedal Ryddiaith ac iddo fod yn olygydd *Y Faner* am ddeugain mlynedd. Gwelodd yntau a Mathonwy ddyddiau main hefyd a bu'r ddau yn byw ar gyflog isel ar y naw.

Awst 3

Atal y Fedal. Diwrnod prysur gan inni gynnal cyfarfod o Gyfeillion y Faner oedd yn un hapus a chalonogol. Er hynny, Luned a fi dan y felan ac aethom am bryd i Salvatore.

Awst 4

Y Gadair yn mynd i'r Bala! I Elwyn Awen Meirion, am awdl i'r
'Storm' ar ôl colli ei fam. Cyplysodd hynny â cholli cymuned pan
foddwyd Cwm Celyn. Cael aduniad fflat Llundain bore – Heulwen,
Marjorie, Ann a fi ac mi anghofiwyd pob angst wrth hel atgofion am
awr neu ddwy a chofio hwyl y fflat, y twrci yn drewi yn y popty pan
ddaeth pawb yn ôl wedi'r Calan; Heulwen yn crio drwy'r nos am fod
y byji wedi marw; Ann yn sgrechian wrth i'r hen *geyser* gwirion
hwnnw saethu tafod o dân tuag ati; minne wedi syrthio i gysgu yng
Nghapel Willesden Green un bore wedi bod mewn parti drwy'r nos
ac yn neidio'n ffwndrus pan waeddodd y pregethwr, 'Beth mae Duw
yn ei olygu i chi, Hafina?' ond yn sylweddoli'n araf nad dyna
ddywedodd eithr 'Beth mae Duw yn ei olygu i chi a finna?' (un o Fôn
oedd o), a Dafydd Bryn, Tŷ Capel, yn addo bod yn gloc larwm inni
am fod y cloc wedi torri ac Irene yn ateb y ffôn a dweud, 'OK'r diawl,
dwi wedi codi!' – a'i fam oedd yno!

Awst 8

Anfon llythyr at Urien Wiliam am ei bod hi heddiw yn 8/8/88
oherwydd iddo ddweud wrthyf ei fod yn hel dyddiadau a'i fod yn
cofio beth wnaeth ar 7/7/77 a 6/6/66.

Awst 11

Mynd â'r car i'r garej, Cliff yn amau bod y clytsh yn mynd. Nac ydy,
ebe'r garej. Ar y ffordd adre, aeth y clytsh a bu'n rhaid cael rhaff.

Awst 13

I Kingswear yn Nyfnaint am ychydig ddyddiau ac aros yn fflat Lesley
ar lan afon Dart. Lle braf iawn. Crwydro cryn dipyn ar wlad
anghyfarwydd. I Bovey Tracey i weld fferm o anifeiliaid prin a
gwirioni ar y perchyll du boliog o Fietnam. Pryd o fwyd ym mwyty
enwog Carved Angel.

Awst 19

John Evans, Llewitha, yn 111 oed. Gwrando arno ar y radio mewn
maes parcio yn Dartmouth. Lle hyfryd a siopau crefftau gwerth eu
gweld. Dim byd o China na Taiwan yn y fan yma! Hwylio i lawr yr
afon mewn cwch gan yfed siampên.

Medi 7

Teimlo'n ofnadwy o drist heddiw. Angladd fy ffrind annwyl Olga (Myddelton) yn yr Eglwys Wen. Y lle dan ei sang. Dim ond 52 oedd ac yn ddirprwy brifathrawes ym Mhrestatyn. Canser yr ofari. Roeddem yn rhannu ystafell ym Mangor a chawsom andros o hwyl hefo'n gilydd.

Medi 8

Bron â drysu am ei bod yn streic post ers wythnos a dim byd yn cyrraedd ond cawsom ddefnydd peiriant ffacs yn swyddfa'r cyfreithiwr Hywel Davies i fyny'r stryd.

Medi 11

Mae yna dîm o olygyddion yn dod at ei gilydd i olygu'r *Bedol* o hyn ymlaen ac mae hyn wedi ysgafnu'r baich yn aruthrol. Yn anffodus, nid yw'n gweithio'n esmwyth hyd yn hyn ac wedi i'r cyfan gael ei anfon i'w argraffu, mae Carys yn dod yma'n gyfrinachol dan gochl nos i ailwampio popeth.

Medi 23

Mae Arwel Hughes wedi marw yn 79 oed. Ac mae Alun Guy yn barod i sgwennu teyrnged iddo. Un o bobl y Rhos, wrth gwrs. Clywed dywediad anarferol ar y radio i ddisgrifio tir sâl: 'Mor dlawd â chi Job ac mor fudr â meddwl Jesebel!'

Hydref 5

Colli f'annwyl fodryb Roberta bore heddiw neu 'tiBet fel roedd yn cael ei galw. Chwaer Mam. Canser y fron, fel ei mam. Bu'n fodryb ardderchog i mi a bydd yn chwith iawn amdani. Cafodd ei henwi ar ôl brawd Nain, Robert Hughes, a laddwyd yn Ffrainc yn 1917.

Hydref 8

Yr angladd yng Nghapel y Fron, Dinbych, a'r lle dan ei sang. Mae yna deulu mawr (mae ganddi ddeunaw ar hugain o gefndryd a chyfnitherod i ddechre) a'i gŵr, f'ewythr Harri (a elwir 'Clarri), wedi bod yn weinidog mewn amryfal fannau megis Nebo ger Caernarfon, Llidiardau ger y Bala, Henllan ger Dinbych, Dolwyddelan, Edern a Phenrhyndeudraeth – mi ddaeth pobl o bob cyfeiriad.

Hydref 12

Llythyr gan CC Gogledd Cymru i ddweud bod *Y Bedol* wedi ennill £75 yng nghystadleuaeth papurau bro y Co-op gyda chanmoliaeth uchel. Bydd seremoni ym Mryn Morfydd ar 3 Tachwedd. Rhywbeth i godi calon o'r diwedd.

Hydref 16

Pentyrru gofidiau. Mae John Gwil wedi marw yn 84 oed. Llenor a darlithydd bythgofiadwy. Pawb â meddwl mawr ohono. *Y Faner* yn cael dwy sgŵp heddiw – cyfweliad gyda Julie Christie a detholiad o gyfrol Tecwyn Lloyd am Saunders L. drwy garedigrwydd Emlyn Gwasg Gee. Chwerthin fel pot hefo stori Luned yn golchi'r car a'r ieir yn dwyn y *sponge*, rhedeg i ffwrdd a'i basio i'r nesaf. Fel chwarae pêl-rwyd. Gofyn iddi am hanner dwsin o wyau i wneud *sponge cakes*. Y ddwy ohonom yn ein dyble.

Hydref 22

Wedi trefnu aduniad ym Mhlas Llanbedr i ddisgynyddion un plentyn ar ddeg John a Margaret Jones, Cae Llewelyn, Llandysilio-yn-Iâl (Llan, Carrog wedyn) Llwyddiant ysgubol. Daeth 123 at ei gilydd ac roedd fel ffair wydde gan ei fod yn deulu eithriadol o siaradus. Eirlys ar y delyn. Gwylfa'n 'llywyddu', pawb wrth eu bodd. Cyflwynwyd plât i mi a llun eglwys Llandysilio arni. *Helo Bobol* yn cael sgwrs hefo Philip Davies, Wrecsam, ei ferch Delyth, Gwylfa (tad Iwan Bala) a minnau. Diwrnod bythgofiadwy. Ac yn werthfawr hefyd, gan fod Plant y Llan yn hoff iawn o'i gilydd a phawb yn teimlo y dylai'r ddwy genhedlaeth nesaf barhau'r traddodiad.

Hydref 27

Y peth rhyfeddaf heddiw. Daeth llythyr hir gan Betty Jones o Sain Ffagan wedi ein clywed ar *Helo Bobol* ac wedi dotio ac yn sôn am ei pherthnasau hi yn Nerwen sef Idris, Plas Lelo, a'i chwaer Rhoda – roedd Rhoda wedi byw ar Benrhyn Cilgwri am flynyddoedd ond wedi marw dair blynedd yn ôl. Heno roeddwn yn Nhywyn, Meirion, yn siarad yng Nghlwb y Gader am fy hanes cynnar yn Llundain. Y nofelydd Emyr Jones yn diolch ar y diwedd ac yn dweud fy mod wedi'i atgoffa am Grays Inn Road pan oedd yn hafan i filwyr adeg y rhyfel. Un noson roedd wedi dawnsio gyda merch o'r enw Rhoda, nyrs o Dderwen. Cafodd ef ei garcharu am fis pan oedd yn y fyddin (ni ddywedodd pam) ac ni ddywedodd air am hynny wrth ei deulu a threfnodd fod Rhoda yn postio ei lythyrau iddyn nhw. 'Ys gwn i be ddigwyddodd iddi?' meddai. A dyma fi'n dweud wrtho wedyn, 'Cefais lythyr gan ei chyfnither bore heddiw ond mae'n ddrwg gen i ddweud, mae hi wedi marw.' A dangos y llythyr iddo. Roedd y cyddigwyddiad wedi syfrdanu'r ddau ohonom.

Hydref 28

Heno roeddem mewn swper gyda'r Rhyddfrydwyr ym Mrynffynnon, Graigadwywynt. Wrth fwyta, roeddwn yn eistedd yn ochr Hywel Davies oedd ar un adeg yn byw yn Wallasey pan oedd yn gweithio yn Ysbyty Arrowpark ac yn dweud yr hanes wrtho am y sgwrs hefo Emyr. 'Roeddech chi'n byw yn Wallasey,' medde fi. 'Tybed oeddech chi'n nabod Rhoda Davies?' 'Oeddwn,' meddai, 'fy ngwraig i oedd hi.'

Tachwedd 2

Glynne, brawd Cliff, yn galw. Mae o'n mynd i Seland Newydd fory ac roedd wedi dod â bagied o afale inni ond roedd wedi cydio yn y bag anghywir a bagied o sbwriel gawsom ni. Diolch ein bod yn medru chwerthin.

Tachwedd 4

Neithiwr, derbyniodd *Y Bedol* a'r *Gadlas* £75 yr un ym Mryn Morfydd, sef Gwobr y Co-op i ddau bapur bro gorau'r byd. Picio i swyddfa'r *Bedol* pnawn hefo'r dystysgrif ac roedd yna dipyn o banic yno am fod newyddion dau bentref ar goll. Ond ymhen rhai oriau cafwyd hyd iddyn nhw – wedi syrthio oddi ar y bwrdd i'r fasged sbwriel! Mae'r pethe symlaf yn medru creu hafoc.

Rhagfyr 13

I Fangor – S4C yn rhoi cinio i'r wasg yng Nghwrt Menai (lle bu Luned yn byw ar un adeg!) sy'n cael ei redeg gan Gymro oedd yn arfer bod yn un o'r Black and White Minstrels cyn iddyn nhw fynd yn wleidyddol anghywir. Cinio gwych. Roedd Iori yno o'r *Daily Post* a Margaret o *Pais*, Irfon o'r BBC a Dafydd Mei, Eleri Bedwyr a Sion Pyrs.

Rhagfyr 21

Ar y trên i lawr i Dartmouth ac aros mewn gwesty hefo gwely pedwar postyn uchel. Ac ynddo wrth wylio'r newyddion, dyna glywed bod awyren PanAm wedi disgyn ar bentref Locherbie yn yr Alban a lladd cannoedd. Bom, medden nhw.

Rhagfyr 22

Pen-blwydd ein priodas ni a Lesley yn priodi Simon heddiw yn Taunton a pharti nos yn y Dart ar lan yr afon. Lesley yn edrych fel tywysoges.

Rhagfyr 31

Diwedd blwyddyn gas iawn. Helyntion *Y Faner* wedi achosi loes calon. Ar y llaw arall, rydym wedi cael cefnogaeth anhygoel ac mae'r erthyglau golygyddol wedi denu pob math o sylw ar amryfal raglenni. Collwyd llawer o Gymry nodedig a nifer o berthnasau yn ystod y flwyddyn, ond llwyddodd Cliff a fi i fwynhau siampên am hanner nos a diolch i'n gilydd am bopeth.

1989
Blwyddyn o Bryder a Llawenydd

Ionawr 4

Luned i mewn i agor y post ac roedd yn cyrraedd y nenfwd, medde hi! Llythyr yn cynnwys £10 yn anrheg i mi i fynd i wneud fy ngwallt oddi wrth Howel Gee am ei fod wedi chwerthin llond bol wrth ddarllen colofn olygyddol y Nadolig. Doedd hi ddim i fod yn ddoniol, felly rwyf yn poeni braidd am stad fy iechyd! Mae o'n ŵyr i Thomas, mi gredaf. John Roberts Williams, un o'm harwyr, yn canmol *Y Faner* ar *Dros fy Sbectol* ac yn ein hatgoffa mai hanner can mlynedd union yn ôl y dychwelodd *Y Faner* i'w hen gartref yn Ninbych (mae nifer yn meddwl mai yno mae hi heddiw . . .) ac y cychwynnodd 'Cwrs y Byd', colofn ddylanwadol Saunders Lewis. Wrth lwc, roeddem wedi sylweddoli pwysigrwydd y dyddiad ac wedi trefnu i Gwilym R. sgwennu tipyn o'r hanes. Yn y rhifyn hwnnw (dan oruchwyliaeth Morris Williams a Kate Roberts), ceir hanes trychineb fawr yn Rwmania pan aeth dau drên benben; roedd y Rhyfel Cartref yn Sbaen yn dal i dywallt gwaed; bu sbloet fawr pan groesawyd Eamon De Valera i America a'r Eidalwyr wedi goresgyn Abysinia. *Y Faner* yn llawn gwleidyddiaeth yr adeg honno ac felly buasai CCC wedi gwrthod grant i Kate Roberts hefyd!

Ionawr 16

Geraint Stanley Jones yn cael ei benodi'n bennaeth S4C i olynu Owen Edwards, sydd ddim yn dda. Mae Geraint yn briod â Rhiannon, Rhyd-sarn, Llanuwchllyn. A ffarwelio dagreuol yn UDA wrth i Ronald a Nancy Reagan adael y Tŷ Gwyn. Dywedir mai ef oedd yr arlywydd mwyaf poblogaidd erioed. George Bush yn symud i mewn. Creadur go wahanol. Yn ôl ei arfer blynyddol, colofn gan W. J. Edwards yn nodi'r pethe y dylem eu dathlu eleni. Diddorol dros ben. Er enghraifft, yn 1688 bu farw'r môr-leidr Harri Morgan, ac yn 1788 Ieuan Brydydd Hir, awdur yr englynion i Lys Ifor Hael sy'n cynnwys y llinell a ddyfynnir yn aml – 'Mieri lle bu mawredd'. Yn 1888 hefyd y bu farw Henry Robertson, y peiriannydd a gynlluniodd y rheilffordd o Riwabon i'r Bermo ac a brynodd y Pale a Crogen, ac a fu'n AS Meirion o flaen Tom Ellis. Roedd 1888 yn flwyddyn naid ac ar 29 Chwefror ganwyd Robert Lloyd, Llwyd o'r Bryn, oedd yn arfer dweud nad oedd yn heneiddio fel pawb arall gan mai bob pedair blynedd y câi ei ben-blwydd. Pan anwyd ef, roedd ei dad, John Lloyd, yng ngharchar Rhuthun fel un o Ferthyron y Degwm yn ardal Llangwm. Pan ofynnodd y barnwr yn y llys iddo am ei enw, meddai, 'John Lloyd, Tyisa'r-cwm, Cwmpenanner, Cerrigydrudion.' 'None of your nonsense,' meddai'r barnwr unieithog oedd yn meddwl bod John yn ei wawdio. Ys gwn i oes rhywun wedi gwneud gwaith ymchwil i'r nifer o Gymry uniaith a gafodd gam mewn llys barn am nad oeddynt yn deall yr hyn oedd yn digwydd?

Chwefror 1

Tegla, o Landegla (wrth gwrs), yn galw hefo'i gyfraniad i'r gyfres 'O Lan i Lan' sydd wedi bod mor boblogaidd – hon fydd yr olaf o'r hanner cant ac wyth a ddaeth i law! Cafwyd hanesion difyr am nifer fawr o lannau Cymru. Mynd â Llewelyn at y milfeddyg, ei lygaid yn rhedeg. Rhegodd. Cael tabledi ac eli. Rŵan am helynt. Poerodd y dabled gyntaf allan ar ôl cymryd arno ei llyncu ond ei chuddio dan ei dafod wnaeth y cytrin bach. Mae yma dabledi fel mywion o gwmpas y tŷ.

Chwefror 11

Cyfarfod o Ymddiriedolwyr *Y Faner* yn y Bala heno a chael tipyn o fraw pan glywsom fod y cylchrediad i lawr oherwydd bod W. H. Smith yn gwrthod mynd â hi i Fôn. Teimlo weithiau fod popeth yn ein herbyn. Penderfynu cychwyn ymgyrch werthu.

Chwefror 13

Helynt yn codi. Yr Ayatola Khomeini o Iran yn cynnig miliwn o bunnau i unrhyw un laddith Salman Rushdie, awdur y *Satanic Verses* a gyhoeddwyd llynedd. Yr awdur yn mynd i guddio. Llyfr sych ar y naw ydio ond mae'r bygythiad wedi creu gwerthiant aruthrol. Beth am gael rhywun i fygwth *Y Faner* . . . na, gwell peidio meddwl am ffasiwn beth. Crefydd ryfedd iawn yw honno sy'n gwahardd llenyddiaeth. Ond mae sensoriaeth mor hen â Gardd Eden.

Chwefror 2

Dau isetholiad heddiw a Kim Howells yn cipio sedd Pontypridd ac yn Richmond, swydd Efrog, William Hague i mewn. Hwn oedd y bachgen ifanc 16 oed wnaeth gymaint o argraff wrth siarad yng nghynhadledd y Torïaid rai blynyddoedd yn ôl. Roedd greddf yn dweud mai yn y senedd y byddai ryw ddydd. Magi wedi dotio arno!

Mawrth 2

Taith hir i Sleaford, swydd Lincoln, i angladd. Yn frawychus o sydyn, bu farw un o'n ffrindie gore o ysgol Islington Green, Doris Jones, un o'r dirprwyon. Roedd yn athrawes eneiniedig ac wedi gweithio'n galed cyn ymddeol adeg y Nadolig. Cafodd *aneurysm* ar yr ymennydd a methwyd ag achub ei bywyd. Daeth criw o'r ysgol hefyd ac roedd yn od o braf eu gweld i gyd a bu hen siarad. Bu Doris yma deirgwaith y llynedd ac roedd hi a Cliff yn sgwrsio'n ddi-stop. Un o'r pethau oedd yn ei gwefreiddio a'i synnu'n fwy na dim wrth wrando ar fy nheulu i oedd pa mor esmwyth roedd pawb yn newid o un iaith i'r llall.

Mawrth 11

Wedi cael cais gan John Cosslett, y golygydd, am golofn bob Sadwrn i'r *Western Mail* ac fe gyhoeddwyd y gyntaf heddiw. Soniais am ddyled pawb i athrawon gan grybwyll yn arbennig ddwy a gollwyd, sef Olga a Doris.

Mawrth 23

Mae'r Diafol wedi cael ei ben-blwydd yn ystod yr wythnos. Diflannodd llian oddi ar y lein. Cafodd y prop ei ddwyn. Torrodd y radio. Mae'r rheiddiadur yn y gegin yn gollwng, peiriant golchi llestri ddim yn gweithio, aeth dau fŷlb i ebargofiant gyda chlec a daeth bil Telecom. Ac mi lawiodd fel dŵr o grwc. Ac mae Lesley a Simon wedi cael gwenwyn bwyd ar ôl bwyta cregyn gleision yn Jersey. Heblaw am hynny, diwrnod neis.

Ebrill 5

Caniad ffôn distaw yn y glust gan aelod o'r CCC yn canmol *Y Faner* ond nad oes gobaith am grant tra mae hi wedi'i lleoli yn y Bala. Mae hi'n gwdbei-Wêls arnom ni.

144

Ebrill 15

Hillsborough. Dyna enw arall i'w ychwanegu at restr trychinebau mawr. Rownd gyn-derfynol rhwng Lerpwl a Notts Forest yn Sheffield oedd hi heddiw ac fe wasgwyd 95 o gefnogwyr Lerpwl i farwolaeth. Golygfeydd erchyll. Rhywun yn dweud mai plismon agorodd ddrws i un o'r twneli ac i bawb ruthro. Bydd yna ymchwiliad, mae hynny'n siŵr.

Ebrill 17

I Groesoswallt i gyfarfod Mildred oedd yn rhannu tŷ hefo Doris yn Sleaford. Doris heb adael ewyllys ac mae'n rhaid chwilio am berthnase iddi. Roedd yn dod yn wreiddiol o 'Syswallt a ninnau i gyd dan yr argraff nad oedd ganddi deulu o gwbl – soniodd hi erioed am neb. Mildred, drwy ryfedd wyrth, wedi darganfod bod ganddi bedwar brawd. Bu farw Herbert yn ddi-blant; gadawodd Robert ferch, hen lanc yw Harry (ac un cas iawn) ac mae Leslie wedi ysgaru ac yn ddi-blant. Nid ydynt wedi gweld Doris ers 1949. Felly mae Harry a Leslie a Jennifer, merch Robert (nad oedd yn gwybod am ei bodolaeth), yn cael y drydedd ran o'i ffortiwn. Ac roedd ganddi ddigonedd o bres. Byddai Doris yn casáu meddwl. Sy'n dangos pa mor bwysig yw gwneud ewyllys. Mildred wedi cael amser annifyr iawn hefo Harry, oedd yn meddwl mai eisiau pres i dalu am yr angladd oedd arni.

Mai 13

Cyfarfod o'r Ymddiriedolwyr yn y Bala bore i gael sgwrs hefo Geraint Parry sy'n mynd i wneud arolwg ar farchnata inni.

Mai 18

Mae June Gruffydd, Ysgrifennydd y Cymmrodorion, wedi marw. Un o Faldwyn oedd hi a'i phriod, Ceiri, yn Athro Mathemateg ym Mhrifysgol Llundain. Hi oedd y ferch gyntaf i fod yn ysgrifennydd yr hen gymdeithas hon ac ae pethau wedi gwella ychydig ers yr amser ddiwedd y 50au pan ofynnodd Syr John Cecil-Williams i mi fod yn aelod o'r Cyngor. Anghofiaf i byth wynebau'r dynion, pobl fel Syr Thomas Parry a Dr Wyn Griffith, pan gerddais i mewn yn fy sgert fini a 'ngwallt cynffon merlen.

Mai 20

Gosod y cloc i fyny ar y wal. Pam fod hynny'n werth ei gofnodi. Am nad oes cloc arall tebyg iddo yn yr hollfyd. Cawsom hyd i'r wyneb mewn sgip y tu allan i'r ysgol yn Islington a'r geiriau W. Drury, Banbury arno. Enw digon adnabyddus ym myd clociau, medden nhw. Yn anffodus, dim ond yr wyneb oedd yn y sgip. Aeth Reg, gŵr Marie, chwaer Cliff, sy'n arbennig o grefftus, ati i wneud pendil allan o hen fwced bres ac fe wnaeth y tsiaen a'r pwysau. Aeth Huw Roberts, cyn-brifathro Ysgol Gynradd Corwen, ati i wneud cas allan o hen ddesgiau derw ac mae'r cloc yn edrych yn wych ac yn mynd heb golli eiliad. Wrth fy modd yn clywed cloc yn taro ac yn tician.

Mai 22

Luned wedi mynd i Gaerdydd i swper ffarwelio David â HTV. Rydym yn cael tywydd crasboeth. Mae'r *Faner* wedi cael ei gwahardd o ddwy siop am nad yw'r perchnogion wedi talu'r biliau – hyd at £800. Dyna'r cwbl sydd arnom ei eisiau.

Mehefin 19

Siarad yn Abergele heno a chael fy nghyflwyno fel athrawes ond fy mod yn golygu'r *Faner* a'r *Bedol* yn f'amser sbâr! Does gan rai pobl ddim syniad. Walter wedi cael gradd 2/1 yn Hull. Cliff wedi cael sgan yn Ysbyty Glan Clwyd a chael y newydd fod ganddo *aneurysm* yn ei stumog a rhaid cael llawdriniaeth reit sydyn.

Gorffennaf 3

Luned wedi trefnu gwers yrru i mi yn y Bala. Methu llywio ac euthum ar y pafin wrth Ysgol Tegid.

Gorffennaf 12

Cliff wedi cael ei lawdriniaeth bore ac mae o'n wael iawn. Yn y theatr am chwe awr a bu'n gwaedu'n drwm. Daeth Lesley adre ac anfonwyd amdanom. Buom yn aros mewn gwewyr i gael ei weld am ddwyawr a dywedwyd wrthym am beidio â disgwyl gormod. Mae i bob peiriant yn yr uned ei enw ei hun – ac enw'r un mawr o gwmpas gwely Cliff yw Cadwaladr. Mae hwn yn un heglog o liw metel, yn amlwynebog, ei grombil yn gymysgedd astrus o berfeddion, lwmp o ddur ar ffurf helm gorniog ar ei ben ac arfwisg lwyd fel pe'n arwain i'r gad fel yr hen Gadwaladr gynt. Mae hwn yn gwneud popeth dros y claf: yn anadlu, yn mesur, yn rheoli, yn peri i bob cyffur ymdreiddio i'r gwythiennau ac yn datgan y gwir a'r caswir. Ac yn codi braw.

Gorffennaf 13

Wedi ffonio'r ysbyty ar yr awr drwy'r nos ac am 5 y bore nyrs yn dweud eu bod wedi llwyddo i ddod â'i bwysedd gwaed i lawr a chysgais wedyn. Erbyn hanner dydd, roedd y mymryn lleiaf yn well na ddoe. Maen nhw wedi colli ei fodrwy briodas. I beth oedd eisiau ei thynnu? Hefo merched maent yn rhoi plastar drosti.

Gorffennaf 14

Ychydig arwyddion o welliant ac maent wedi cael gwared ar y peiriant trallwyso gwaed ond mae'n dal ar y morffin a'r peiriant anadlu. Wrth gerdded i mewn i'r uned, edrych ar y bwrdd bwletin sydd ganddynt wrth y drws a gweld y neges: Cliff Coppack – OK. Rhedodd Lesley a fi i fyny ac i lawr y coridor mewn gorfoledd a chael row gan nyrs. Ystyr yr OK oedd Otto Klimach, sef enw'r llawfeddyg. Bu'n rhaid chwerthin drwy ein siom.

Gorffennaf 16

Dim gwelliant ddoe, ond heddiw cael tipyn o newyddion da, sef eu bod yn mynd i geisio'i ddeffro. Agorodd ei lygaid a gwneud trwyn cwningen arnaf ac aeth yn ôl i gysgu. Ond mae'n well!

Gorffennaf 17

Yn cael ei araf ddiddyfnu oddi ar y peiriant anadlu. Yr anesthetydd yn dweud wrth Lesley iddyn nhw gael andros o fraw yn y theatr a rhedeg allan o waed rhesus negatif. Wyddwn i erioed mai'r math hwnnw o waed oedd ganddo. Y fodrwy'n cael ei darganfod ym mhoced rhywun. Neu dyna'r stori a gefais.

Gorffennaf 18

Y meddyg yn gofyn i Lesley a fi am ganiatâd i wneud twll yn ei wddf er mwyn rhoi pibell anadlu i mewn am ei fod yn ymladd yn erbyn y masg ocsigen a'i bwysedd gwaed yn codi.

Gorffennaf 20

Yn anadlu ar ei ben ei hun ac yn ceisio siarad, ac maen nhw'n arafu ffrwd y cyffuriau; agorodd ei lygaid am eiliad a dweud f'enw a gofyn ym mhle roedd o.

Gorffennaf 21

Nyrs yn dweud bod Cliff wedi bod fel ffuret drwy'r nos! Winciodd arnaf yn y pnawn. Diwrnod dychrynllyd o boeth ac fe lewygodd Lesley yn y dre. Mae hi'n feichiog. Poeni amdani.

Gorffennaf 22

Y teulu-yng-nghyfraith i gyd wedi mynd i lawr i Leatherhead lle mae Philip, mab Dorothy, chwaer Cliff, yn priodi. Ond cawsom ninnau 'treat' heddiw hefyd, sef gwên fawr. A chafodd ychydig o fwyd.

Gorffennaf 23

Wedi codi i'r gadair, corn siarad yn ei wddf a chael hufen iâ. Mae arno eisiau mynd adre.

Gorffennaf 24

Mae o'n siarad yn ddiddiwedd ac yn ffwndrus ofnadwy. Mynnu ei fod wedi cael ei wneud yn farchog ac yn fy ngalw yn Ledi Coppack. Wedi bod mewn ffilm hefo Sybil Thorndike a Geraint Evans a'u bod wedi stwffio gwifren drwy ei stumog. Lesley a fi'n cael braw ond y nyrsys yn dweud bod hyn yn naturiol oherwydd yr holl morffin a chyffuriau eraill sydd wedi bod yn llifo drwyddo.

Gorffennaf 25

Wedi cael ei symud o'r uned gofal arbennig. Diwrnod annifyr arall ac mi syrthiodd o'i gadair a tharo'i ben. Ffwndrus ddrychynllyd: meddwl ei fod wedi cael Ph.D. o Sumatra ac mae'n bwriadu mynd i Steddfod Llanrwst ar gefn ceffyl i gyfarfod y Frenhines. Mae hyn i gyd yn reit frawychus ond mae peth o'r hen ddireidi yn dechrau ymddangos.

Gorffennaf 26

Bydd Cliff i mewn am ryw bythefnos arall meddai'r meddyg, ond gall fod yn ffwndrus am wythnosau. Meddwl bod Hirohito yn dod i'w weld fory a chyhuddo Lesley o ddwyn lluniau o'r ward. Y ddwy ohonom er ein gwaethaf yn chwerthin rhwng ein dannedd. Mae o'n cael llawer gormod o ymwelwyr (chwarae teg i bawb) ac mae hynny'n ei flino a dyna pryd mae o'n ffwndro.

Gorffennaf 27

Syrthiodd allan o'r gwely bore heddiw. Cwyno'n hallt wrth y brif swyddog nyrsio ac addawodd gadw llygad arno. Mae o hefyd wedi colli'i ddannedd isaf. Yn berffaith iawn drwy'r pnawn ond erbyn min nos, roedd yn ramblo ac wedi bod mewn priodas sipsi (neu'r didicois fel y mae'n eu galw – gair hollol newydd i mi) ac eisiau i mi brynu dillad i'r babi. Peth arall: roedd wedi gofyn i'r ddynes sy'n mynd â phapurau newydd o gwmpas y ward am gopi o'r *Faner* a phan ddywedodd honno nad oedd erioed wedi clywed am y fath bapur, mi fygythiodd hi hefo Meibion Glyndŵr!

Gorffennaf 28

Heddiw roedd yn cwyno nad oedd wedi cysgu am fod y ward yn llawn o lygod mawr. Ond mae wedi darllen papur bore ac yn meddwl mai 11eg Gorffennaf yw hi, sef y diwrnod y daeth i mewn. Dywedodd y meddyg wrthym fod yna ryw gyffur mewn anesthetig sy'n sicrhau nad yw'r claf yn cofio dim byd am y diwrnodiau cyntaf.

Gorffennaf 29

Rwyf yn gorfod rhyfeddu bob dydd at rychwant y dychymyg dan effaith cyffuriau. Heddiw roedd yn credu bod y ddynes sy'n gwerthu papurau yn chwil a'r nyrs wedi'i thaflu drwy'r ffenest a bod perthynas i Buddug wedi codi pentref yng Nghaint. Nyrs yn fy ffonio am un o'r gloch y bore a rhoi andros o fraw i mi – eisiau gwybod oedd Cliff yn berson dan anfantais feddyliol, ei fod yn dweud pethau rhyfedd. Ofnaf i mi fod yn reit siarp hefo hi.

Gorffennaf 30

Nyrs yn ffonio:

'Mae eich gŵr yn gwrthod bwyta.'

'Beth gafodd o ei gynnig?'

'Iau a chig moch.'

'Fedr o ddim cnoi, does ganddo fo ddim dannedd.'

'Dim dannedd?'

'Chi collodd nhw.'

'O!'

Gorffennaf 31

Nyrs yn ffonio 7.30 y bore:

'Mae eich gŵr eisiau crys.'

'I be?'

'I fynd am dro.'

'Fedr o ddim cerdded.'

'O?'

'Beth am drowsus?'

'Ddaru o ddim gofyn am drowsus.'

Gofyn i mi fy hun: pwy sy'n ffwndro?

Awst 2

Euthum i'r gwaith heddiw. Druan o Luned. Mae hi wedi cario'r baich a bod yn amyneddgar ac yn glên. Yn ddiolchgar iawn iddi.

Awst 4

Cliff yn cael ei symud i Ysbyty Rhuthun – tri munud i lawr y llwybr a dyma fi yno.

Awst 5

Steddfod Llanrwst yn dechrau. Efallai y caf ddiwrnod neu ddau wedi'r cwbl. Cliff wedi gwisgo ac yn cerdded ar ei ben ei hun ac yn llawn hyder.

Awst 7

Atal y Fedal Ddrama a John Ogwen yn dweud y drefn fod y ddrama ail orau yn cael ei llwyfannu. Sarhawyd un dramodydd a gwneud ffŵl o'r llall, dyna fyrdwn ei druth. Os yw beirniaid y ddrama yn methu cytuno, y peth rhesymol i'w wneud yw efelychu trefn y Gadair a'r Goron, sef galw pedwerydd beirniad i mewn!

Awst 8

Pedair wythnos ofidus wedi mynd heibio. Bûm yn Llanrwst heddiw. Fedraf i ddim dechrau disgrifio sut wyf yn teimlo: rhyddhad, pryder a blinder ... Selwyn Griffith yn ennill y Goron. Ym mhabell *Y Faner* drwy'r dydd ac roedd ugeiniau yn holi am Cliff ac roedd yntau heno eisiau gwybod yn union pwy welais a beth ddaru nhw ei ddweud.

Awst 9
Glaw yn tywallt. Irma Chilton yn ennill y Fedal Ryddiaith gyda chanmoliaeth uchel. Roeddwn i fod i siarad ym Mhabell y Cymdeithasau yng nghyfarfod Undeb yr Awduron ond llanwodd Gwilym Tudur y bwlch, chwarae teg iddo.

Awst 10
I'r Babell Lên y peth cyntaf heddiw i wrando ar Wil Sam yn beirniadu cystadleuaeth Dyddiadur Doniol. Dywedodd fod y dyddiadur gan 'Swp Sâl' yn ei atgoffa o Hafina Clwyd fyrlymus. Roedd ei wyneb yn bictiwr pan godais i nôl fy ngwobr! Idris Reynolds yn cael y Gadair. Cliff yn edrych yn dda ac wedi cael dannedd newydd ac eisiau dod adre am bedwar rheswm: eisiau ei wely ei hun, eisiau cerdded yn yr ardd, eisiau gweld Llewelyn ac eisiau golchi ei wallt. Heb wneud ers iddo fod i mewn.

Awst 18
Daeth Cliff adre am 2.40 a gwên fawr wrth eistedd yn ei gadair a Llewelyn ar ei lin. Ac nid yw wedi ffwndro o gwbl ers symud i Rhuthun. Mae'r tŷ yn gartref unwaith eto.

Awst 25
Rhifyn adladd y Steddfod o'r *Faner* allan, ac mae cyflawnder o bethau da i'w darllen yn profi iddi fod yn wythnos wych yn Llanrwst. Llwyddwyd i gael cyfranwyr gwerth chweil unwaith eto: W. J. Edwards o'r Babell Lên, Aled Rhys Wiliam ar yr awdl, Donald Evans ar y bryddest, Carys Richards ar gelf a chrefft, Lynn Owen Rees ar y Maes, Aled Lewis Evans o'r pafiliwn ac Elin Tudur 'O'r Llofft' gan mai ar y radio a'r teledu y cafodd hi ei Steddfod am ei bod wedi torri ei choes. Er bod pawb ohonom yn synhwyro bod dyddiau'r *Faner* yn araf ddirwyn i ben, mae yna ddigonedd o ddeunydd yn dod i mewn yn ddyddiol.

Awst 30

Wedi sylwi nad yw Llewelyn yn bwyta a heddiw cafodd *X-ray* – mae ganddo dyfiant ar ei aren.

Medi 1

Fy hen ffrind George o Glasgow yn cyrraedd am noson neu ddwy. Yn Awst 1957 y daethom i nabod ein gilydd pan oedd o ar wyliau yn Llandudno a minnau'n gweithio yn y gwesty. Wedi gweld ein gilydd bob blwyddyn fyth oddi ar hynny. Nid yw fyth yn waglaw. Dihangodd ei daid a'i nain o'r Wcrain a neidio ar long oedd yn mynd i America. Pan alwodd y llong yn Glasgow, dywedwyd wrthynt eu bod wedi cyrraedd America ac allan â nhw.

Medi 8

Dagrau mawr heddiw. Bu'n rhaid rhoi Llewelyn i gysgu gan nad oedd posib gwneud dim byd hefo'r tyfiant. Ei gladdu yn yr ardd yn y fan lle hoffai eistedd yn yr haul. Bu'n byw yma, fel ninnau, am 9 mlynedd a bydd yn chwith ar ei ôl. Un o'r cathod anwylaf a gefais erioed.

Medi 13

Ceisio cael tipyn o ynni i baratoi'r *Faner*; mae Luned yn Llydaw ac Ithel Davies wedi marw yn 95 oed. T. Llew Jones am sgwennu'r deyrnged. Mae yna griw o bobl y dre yn mynd â fi i'r Bala yn eu tro bob dydd. Dyna beth yw cymdogaeth dda. A daeth Cliff hefo fi i blygu'r *Bedol* heno am y tro cyntaf ers rhai misoedd. Cafodd groeso mawr yn Llanfihangel Glyn Myfyr.

Medi 20

Cliff yn gweld y llawfeddyg ac yn cael newyddion da, ddim eisiau ei weld eto. Mr Klimach yn cyfaddef na feddyliodd y deuai dros y driniaeth a'r trawma o gwbl. Mynd am dro i'r uned arbennig i ddweud helô wrth Ceri a Bob a edrychodd ar ei ôl mor dda ac roeddynt yn methu credu eu llygaid. (Rhaid nodi bod Ceri yn wyres i Eurwen, chwaer fy nain . . .) Galw yn Rhydonnen i ddewis cath newydd. Jonsi fydd ei henw. Mae hi'n andros o bropor ac yn edrych mor fechan o'i chymharu â'r hen Lewelyn. Darganfod mai Hi ydyw a minnau eisiau twmcath. Y milfeddyg yn mynd i dynnu coes Buddug: gwraig fferm yn methu dyfalu rhyw anifail! Felly Jonsen ddylai fod.

Hydref 3

Jonsi yn mentro i'r ardd am bum munud, mi garlamodd ar ei hyd ac yn syth i ben coeden. A dyna lle buo hi'n crio.

Hydref 16

Daeargryn yn San Ffransisco – nid yr un fawr maen nhw'n ei disgwyl, ond bu cryn ddifrod a lladdwyd 257. Fuaswn i ddim yn byw yno am bensiwn.

Hydref 17

Rhyddhau'r Guildford Four a garcharwyd am bymtheng mlynedd wedi'u cael yn euog o fomio dwy dafarn, ond wedi ymdrech nifer o bobl, mi brofwyd eu bod yn ddieuog a bod plismyn wedi dweud celwyddau.

Hydref 20

Ym Mangor ar raglen o'r enw *Lluniau Lliw* yn fyw hefo Maldwyn Thomas, Gwyn Thomas, Deian Hopkin ac Eleri Lewis yn trafod Cymry oddi cartref, yr arddegau, panic a chadw dyddiadur.

Tachwedd 3

Llythyr hir gan Islwyn Ffowc yn ceisio egluro sut ydym yn perthyn. Rywle ym mhlygion y tair canrif ddiwethaf, roedd gŵr o'r enw Kenrick Kenrick wedi cenhedlu nifer o blant ac yn eu plith Ann a Sarah. Rwyf i'n hanu o Ann ac Islwyn o Sarah. Yn falch iawn iawn o fedru arddel y berthynas! Mae yna gymeriad o'r enw Dei Clustie Mul yn y tylwyth yn rhywle ond nid yw Islwyn wedi clywed am hwnnw.

Tachwedd 9

Wedi bod yn codi'n gythgam o fore bob dydd i fynd i'r Wyddgrug i drafod papurau ar y radio. Wedi penderfynu gwrthod unrhyw wahoddiad tebyg yn y dyfodol ond roedd hi'n werth mynd heddiw gan mai'r un stori oedd gan bob papur ar y dudalen flaen, sef bod Wal Berlin yn dod i lawr. Newyddion gwych a braf gweld nifer o deuluoedd yn aduno. Y brif broblem hefo 'gwneud' y papurau yn yr Wyddgrug yw mai stiwdio fechan ydy hi a dim lle i roi'r papurau ac mae'r cyfan yn mynd yn un cawdel. Hefyd, fe fu refferendwm ynghylch cau tafarnau ac aeth Ceredigion yn wlyb ond Dwyfor yn aros yn sych.

Tachwedd 11

Daeth Lesley adre am noson i ddathu pen-blwydd ei thad yn 70 heddiw. Rai wythnosau yn ôl, nid oeddem yn meddwl y gwelai ben-blwydd arall.

Tachwedd 17

Jonsi wedi dod i ddallt y drws cath ac mae Luned a fi yn y dymps. Ddim yn gweld llawer o obaith dal i chwifio'r *Faner* ac nid ydym wedi cael tâl ers tri mis.

Tachwedd 28

Wedi bod yn siarad mewn pum cymdeithas wahanol yn ystod y mis a heno roedd yn bleser cael bod hefo Cymdeithas Gruffydd ap Cynan yng Nghonwy oherwydd eu bod nhw i gyd yn darllen *Y Faner*. Yng nghanol y caddug, ceir golau annisgwyl.

Rhagfyr 5

Mae'r cyn-Arglwydd Ganghellor, yr Arglwydd Elwyn-Jones, wedi marw yn 80 oed. Cymro Cymraeg o Lanelli. Mae'r Arglwydd Cledwyn yn mynd i sgwennu teyrnged. Mae'n cael ei gofio'n arbennig fel un o'r erlynwyr yn nhreialon Nuremburg. Roedd ganddo deimladau cryf iawn ynglŷn â'r Holocost a chydddigwyddiad rhyfedd oedd iddo farw ddoe ar y diwrnod roedd Tŷ'r Arglwyddi yn trafod troseddau rhyfel. Roedd yn briod â'r nofelydd Pearl Binder, y wraig gyntaf ym Mhrydain i ymddangos ar y teledu'n feichiog, yn 1937, fis cyn geni ei merch.

Rhagfyr 20

Rhifyn dwbl y Nadolig wedi'i argraffu. Sgwennu colofn olygyddol fer ar ffurf llythyr at Siôn Santa Corn Clôs yn fy nhafodiaith fy hun (tafodiaith na chlywir fawr o ddim ohoni ar y cyfryngau):

Gan mai ti, Siôn, ydy'r un sy'n penderfynu sut Nadolig gawn ni i gyd, hwyrach y medri di egluro rhei pethe i mi. Yn gynta o ble mae'r gair newydd-ffangledig Nadolig yma wedi dod, dywed?

Gwylie ydy ein gair ni wedi bod erioed – o leia yn Nyffryn Clwyd, Penllyn ac Edeyrnion. Rhyw chwiw ydy galw'r holl jamborî yn Nadolig. Gwylie ydio a gwylie fydd o.

Mae Musus Golygydd newydd ddeud mai 'chydig iawn o le sydd ene i'r llythyr yma am fod *Y Faner* yn llawn dop. Mae hi mor llawn â hosan – bedi enw'r plant ene yn Llunden – Prins Wiliam a Harri (Harri'r 9fed tybed?) a rhaid cwtogi'n filen. Ond mi hoffwn wybod:

1. *Pam bod ene wastad fwy o gardie yn weddill nag o amlenni?*
2. *Pam bod goleuade'r goeden yn gweithio'n berffeth wrth eu tynnu oddi ar y goeden ar Nos Ystwyll ond yn hollol ddi-fflach farw gelen erbyn canol Rhagfyr y flwyddyn ganlynol heb i nebeu twtsiad nhw?*
3. *Pam bod cardie gan y sawl anghofiwyd anfon atyn nhw bob amser yn cyrredd ar noswyl y Gwylie?*

Wnei di roi'r atebion yn fy hosan – hefo'r goban sidan, y gemau diemwnd, pob llyfr Cymraeg gyhoeddwyd ar gyfer yr Ŵyl a'r llun hwnnw gan Kyffin weles i ar Faes y Steddfod. Dene'r cwbl.

Ac wrth gwrs y mae Misus Golygydd a Musus Is-olygydd yn dymuno Gwylie Llawen i bawb sy'n ddigon call i ddarllen *Y Faner*.

Rhagfyr 22

Diwrnod i'w gofio! Ganwyd mab i Lesley a Simon – chwe phwys a hanner. Ar ddiwrnod ein pen-blwydd priodas ni a nhw! Ei enw yw Benjamin. Cliff yn daid! Dwyf i ddim yn ffansïo cysgu hefo neb sy'n daid.

Rhagfyr 25

Treulio'r Nadolig hefo Helen a'r teulu yn Garforth ac edmygu ei chegin newydd a mwynhau ein brecwast fore Nadolig arferol o eog mwg a siampên a gwylio Caecescu a'i wraig yn cael eu saethu yn Romania. Ac mae Lesley a Ben yn iawn, a Cliff uwchben ei ddigon. Diwedd hapus i hen sopen o flwyddyn.

1990
Blwyddyn o Fyw Mewn Gobaith

Ionawr 3
Chafodd Jonsi'r Gath ddim Blwyddyn Newydd Dda o gwbl, wedi bod at y milfeddyg yn cael ei sbaddu. Daeth yn ôl yn wlyb domen ac mi orweddodd heb symud drwy'r nos, yn edrych ac yn teimlo'n druenus. Mae'n siŵr ei bod yn ysu am gael mynd yn ôl i'r gwellt yn sgubor Rhydonnen yn hytrach na gorfod dygymod ag arferion anwar y dre.

Ionawr 13
Yr Ymddiriedolaeth yn cynnig pecyn i Wasg y Sir gan wario £6,500 o'r Gronfa.

Ionawr 19
Haleliwia! Cyfrifadur Apple Mac yn cyrraedd a chafodd y bechgyn sy'n teipio'r *Faner* hyfforddiant. Mae'n siŵr y bydd yna dipyn o fytheirio.

Ionawr 31
O'r cywilydd! Gêmau'r Gymanwlad yn cael eu cynnal yn Auckland ar hyn o bryd a dau aelod o dîm codi pwysau Cymru wedi cael eu hanfon adre a cholli eu medalau – tair aur a thair arian – am eu bod wedi cymryd cyffuriau ac maen nhw wedi cael eu gwahardd rhag cystadlu am oes. Pam mentro?

Chwefror 4
Luned â'i bryd ar sgwennu colofn olygyddol am lanhau ysgolion. Ymddengys bod yr awdurdodau addysg yn preifateiddio glanhawyr a phlant yn Nyfed yn cael eu hanfon adre am fod eu hysgol yn rhy fudr. Preifateiddio, arbed arian, gwneud gwaith gwael – dyna'r patrwm ar hyn o bryd.

Chwefror 11
Heddiw cerddodd Mandela allan o'i garchar ar Ynys Robben wedi bod 27 mlynedd dan glo. Golygfa gofiadwy ac yntau'n wên i gyd. Ymladdodd yn ddewr dros hawliau ei bobl ac i geisio cael gwared ar

apartheid. Roedd ei hen daid yn frenin llwyth y Thembu. Ar yr wyneb, mae Mandela'n ymddangos yn addfwyn ond mae'n rhaid bod ganddo gyfansoddiad fel y dur.

Chwefror 15

Ddoe aed â Bryn Fôn i'r ddalfa ar amheuaeth o fod yn gysylltiedig â llosgi tai haf. Yna, arestiwyd ei gariad, Anna Wyn, yn ogystal. A heddiw Mei Jones a Dyfed Thomas – ond ymhen dim roedd y ddau, ac Anna, â'u traed yn rhydd. Be sy'n digwydd i'r wlad 'ma?

Chwefror 16

Luned wedi mynd i Gaerdydd i gael sgwrs hefo John Hefin sydd ar fin cychwyn ffilmio bywyd OM a Bryn Fôn sydd i fod i gymryd y prif ran! Ond erbyn min nos, clywed ei fod ynte hefyd wedi cael ei ryddhau'n ddigyhuddiad. Roedd y restio, medde'r heddlu, yn ffrwyth tip-off; *hoax* maleisus, ebe Ieuan Wyn Jones; tric budr, medde'r *Faner*. Yr ymateb cyffredinol, rhaid dweud, oedd fod yr heddlu wedi gwneud smoneth iâr ddu ac yn swnio'n union fel y Keystone Kops. Bydd yn galondid i Bryn Fôn a'r gweddill wybod nad oedd llawer iawn o'i gyd-Gymry yn credu ei fod wedi gwneud dim byd o'i le. Cofio hefyd eiriau Dafydd Wigley pan ddywedodd ei fod yn credu mai gelynion i'n gwlad yw'r rhai sydd wedi drwgweithredu. Efallai y dylai pawb f'efelychu i a chadw dyddiadur er mwyn medru profi lle roeddem ar y dydd a'r dydd! Fel y dywedodd Oscar Wilde: 'Dwyf i byth yn mynd i unlle heb fy nyddiadur. Wedi'r cwbl rhaid cael rhywbeth ymfflamychol i'w ddarllen ar y trên.'

Chwefror 19

Yr actor Charles Williams wedi marw. Roedd yn un ffraeth iawn a'r tro cyntaf i mi glywed ei lais, mae'n debyg, oedd ar yr hen *Noson Lawen* ar y radio ers talwm. Fo ynganodd y geiriau cyntaf ar *Pobol y Cwm*, sef 'Bore da, Maggie Mathias!' Cofio bod ar ryw gêm banel hefo fo ac roedd newydd gael llawdriniaeth ac meddai, 'Mi ges i hwyl, mynd i mewn i'r theatr a dod allan mewn *stitches.*'

Chwefror 24

Mae llun Alan yn y papurau am ei fod wedi ennill raffl yn y Sioe Frenhinol a chael ei gyflwyno â gwn Holland & Holland gwerth

157

£7,500 sydd wedi cael ei wneud i fesur. Mae o a Buddug a'r plant wedi bod yn Llundain, lle cafodd y gwn ei gyflwyno iddo. Wedi cael amser gwych! Mi fydd o'n beryg bywyd rŵan.

Chwefror 26

Gwynt dychrynllyd yn y nos a daeth darn o grib y to i lawr. Llifogydd mawr yn Nhywyn, Abergele, a Bae Cinmel a dwy fil yn ddigartref wrth i'r môr lifo ddwy filltir a hanner i mewn i'r pentre wedi iddo dorri twll yn y morglawdd. Roedd llawer heb insiwrio, wrth gwrs. Mi fuaswn yn torri 'nghalon wrth weld fy nghartre dan ddŵr. Beth fyddwn yn ei achub gyntaf? Jonsi'r Gath, wrth gwrs; heblaw fy mod yn synhwyro y byddai honno wedi'i gwamio hi i rywle, heb ddefnyddio dim o'i naw bywyd hyd yn hyn. Dyddiaduron, ffotograffau, llyfrau lloffion, fy ngwisg briodas . . . A heddiw cawsom weld Ben am y tro cyntaf ac mae o'n ddel, llygaid mawr glas, gwallt golau fel ei fam a'i daid. Y gwaed Norwyaidd honedig, mae'n debyg! Lesley ddim eisiau mynd yn ôl i'r ysgol wedi'r Pasg ond heb ddewis gan fod y graddau morgeisi mor ddychrynllyd o uchel.

Mawrth 5

Yn wraig wadd yng nghinio Gŵyl Dewi Tan-y-fron a siarad am achau a chychwyn drwy ofyn, 'Oes rhywun yma yn perthyn i mi?' a Gaerwyn, Fferwd, yn codi ei law. A medde fi, 'Mae yne natur brolio yn y teulu.' Chwarddodd pawb.

Mawrth 11

Arian, pres, sy'n mynd â bryd pawb y dyddie hyn. Mae Ioan Bowen Rees wedi hedfan i Frwsel i brotestio am ddiflaniad £7 miliwn a ddaeth o'r Gymuned Ewropeaidd i roi cymorth i Wynedd, Dyfed a Phowys. Cafodd yr arian ei arallgyfeirio i Lywodraeth Llundain a'i sianelu i Loegr. Lladrad ydy peth fel yne. Wedyn mae helynt wedi bod yn Harrods am fod Al Fayed wedi cribinio'i ffordd i mewn i fyd masnach dethol Knightsbridge drwy balu celwyddau, fe ddywedir. Ar un olwg, rhaid edmygu crebwyll rhywun sydd wedi codi o dlodi yn yr Aifft i fod yn berchen y gadwyn fwyaf o siopau yn Ewrop, gan gynnwys Howells yng Nghaerdydd. A'r brif ffrwgwd yw Treth y Pen. Mae pobl yr Alban wedi cael blas ar honno ac maen nhw'n dweud ei bod yn annheg ac yn anymarferol. Mi ddylai treth adlewyrchu'r gallu i dalu. Tybed pa bryd y bydd Magi'n sylweddoli ei bod wedi torri ei bedd hefo'i thafod?

Mawrth 13

Y Bwrdd Nwy yma heddiw. Neithiwr fe fu'r glec fwyaf ers Krakatoa yn y gegin a malodd y gwydr trwchus sydd ar gefn y stof newydd yn filiynau o ddarnau a bu bron i Cliff gael y cyfan yn ei wyneb. Maent yn mynd i roi stof newydd inni. Buaswn i'n meddwl, wir!

Mawrth 15

Rydw i bron â rhedeg allan o wal ond yn dal i brynu llyfre, a heddiw rhaid oedd cael cyfrol *Hanes Cymru* gan John Davies ac rydwi'n edrych ymlaen at ei darllen, mae o'n hanesydd mor ddifyr. Cefais lyfr am ddim hefyd – copi o *The Banker's Daughter* gan Nesta Wyn Ellis, fy hen ffrind o Lundain. Un o Lanrwst ydy hi ac mae lle i gredu mai nofel hunangofiannol sydd yma! Banciwr oedd ei thad. Mae hi'n andros o gymeriad. Bûm yn ei phriodas yn Nhŷ'r Cyffredin rai blynyddoedd yn ôl a chael siampên a mefus ar y teras. Ac eistedd yn ochr David Steel i dynnu llun.

Mawrth 20

Marw David John Davies, Glanoge, Llansilin, yn 91 oed, cefnder i 'Nhad a chenedlaetholwr tanbaid, yn hanner addoli Gwynfor. Roedd yn ŵyr i Dewi Peryddon y bardd, a fu farw yn America. Cafwyd erthygl amdano gan Iori yn y *Daily Post* am mai fo oedd y stiward hynaf yn yr Eisteddfod ac yn cysgu yn ei gar. Dyn diwylliedig iawn ac yn llythyrwr cyson i'r *Faner*. Dywedai y dylai pob teulu gael llond tŷ o blant er mwyn achub y Gymraeg. Minne'n ei herian a dweud mai barn dyn ydy hynny.

Mawrth 21

Trafodaeth ar bapurau bro ar *Heddiw* a rhywun yn awgrymu y dylent gael eu cyhoeddi'n wythnosol. Y nefi blŵ.

Mawrth 31

Yn Wrecsam ym mhriodas Lisa, merch ieuengaf Angharad. Haul ar y fodrwy. Gwledd wedyn yng ngwesty Bryn Hywel yn Nhrefor, Llangollen, a rhannu bwrdd hefo criw siaradus o'r Ponciau.

Ebrill 4

Chwarter i dri pan deimlais y ddaear yn symud. Eistedd o flaen y teipiadur oeddwn i, yn syllu ar bapur gwyn a gwag ac ar fin ildio i banic wrth feddwl be ga' i ddweud wrth ddarllenwyr y *Western Mail*. Ac yn sydyn teimlo'r llawr o tanaf yn gwyrdroi, y gadair yn rhoi rhyw hanner tro a'r dodrefn yn swnio fel pe baent yn rhuthro'n bendramwnwgl i lawr y grisie. A daeth y waliau'n nes at ei gilydd. Roeddwn wedi sylwi bod Jonsi wedi deffro ac yn arogli'r awyr ac yn edrych braidd yn lloerig fel un o gathod Louis Wein. 'Be haru ti, gath?' medde fi ond cyn iddi gael cyfle i ateb, dyma'r ddaear yn symud. Cefais arlliw o deimlad salwch môr. A dyma fi'n rhuthro i lawr y grisie i weld a oedd Cliff hefyd wedi cael daeargryn. Oedd. Roedd yn mesur 5 ar Richter. Reit eger felly.

Ebrill 28

Yn Aberystwyth mewn cynhadledd i bapurau bro ac roedd yno gynrychiolydd o 27 o bapurau. Gan fod y rhan fwyaf ohonyn nhw yn cyrraedd fy nesg, mae gen i syniad go lew pa rai sy'n ffynnu a pha rai sy'n llegach, rhai'n edrych yn dda ac ambell un yn flêr. Ond maent i gyd wedi llenwi bwlch yn ein hardaloedd ar hyd a lled Cymru. A ffrwyth llafur cariad ydyn nhw, llafur gwirfoddol cannoedd o oriau bob blwyddyn. Mae'r Dr Emyr Williams wedi gwneud arolwg ac eisiau sefydlu cymdeithas. Sôn am rannu erthyglau. Ond mae'n rhaid cadw naws bro. Ofnaf mai rhyw uchelgais imperialaidd sydd y tu ôl i'r syniad a cheisio gwneud pob papur i edrych yr un fath ac i ddeud yr un peth. Os yw eich papur bro mewn trafferth, yna, chwedl Pontsiân, triwch ddod allan ohono. Ond digon hawdd i mi ddeud hynny gan fod *Y Bedol* yn anarferol o lwyddiannus. Pan soniwyd am wneud papure bro yn wythnosol, medrid clywed y griddfan o Benglais.

Mai 1

Wedi edrych ymlaen at gael mynd i Wlad yr Haf i fedyddio Ben ar y 6ed ond nid yw Cliff yn dda ac wedi mynd at y meddyg, darganfod bod ganddo hepatitis. Y meddyg yn credu mai o'r trallwysiad gwaed a gafodd llynedd y daeth yr haint, er bod deg mis er hynny. Mae o'n ofnadwy o siomedig.

Mai 8

Mae Ifor Bowen Griffith wedi marw'n sydyn yn 84 oed. Tecwyn wedi sgwennu coffâd ac yn dechrau gyda dyfyniad o 'Math fab Mathonwy' am Wydion gorau cyfarwydd yn llawn chwedlau ac ymddiddanion ac yn dweud bod Ifor yn un reit debyg. Roedd yn gyflwynydd tan gamp i'r rhaglen nos Sul *Rhwng Gŵyl a Gwaith* yn llawn fel wy o bethau da. Cofio cyfarfod ei ferch, Sara, yn Llundain. Ble mae hi tybed?

Mai 19

Parti pen-blwydd Cymdeithas Hanes Teuluoedd Clwyd yn ddeg oed a chael diwrnod ardderchog. Tua 80 ohonom yn y Clwyd Lodge ar Fynydd y Fflint yn cael pryd o fwyd a thair darlith. 'Dyw hi ddim ond fel doe pan ddaeth y criw bach ohonom at ein gilydd i drafod ac i sefydlu'r gymdeithas ac mae hi wedi mynd o nerth i nerth ac yn cynhyrchu cylchgrawn darllenadwy *Hel Achau* bob chwarter.

Mai 28

Lesley a Ben yma ac mae o'n gwenu fel giât ac yn chwerthin drwy'r amser ac yn pwyso 16 pwys. Cliff wedi gwirioni.

Mai 30

Eisteddfod yr Urdd yng Nglynllifon a Dafydd Llewelyn, mab ein colofnydd John Gruffydd Jones, yn ennill y Fedal Ddrama ac Angharad Puw Davies y Goron.

Mehefin 10

John Evans, Llewitha, yn marw ddeufis cyn cyrraedd ei ben-blwydd yn 113 oed. Dyn hynaf Prydain.

Mehefin 20

Cyfarfod o'r Ymddiriedolaeth yn y Bala. Mae yna wahanol bethau'n bosibl, sef: cael cyhoeddwr arall; gwerthu'r teitl; y golygydd i fod yn gyhoeddwr(!); gadael iddi farw. Problem.

Gorffennaf 10

Cyfarfod o banel golygyddol Ffederasiwn Hanes Teuluoedd Cymru yn y Bala i drafod y bwriad o gyhoeddi cyfrol yn Saesneg ar hel achau Cymru. Y pwyllgor yw John a Sheila Rowlands, Sue Passmore, Rhian

Williams a fi. Mae yna waith mawr i'w wneud ond mae angen llyfr o'r fath gan nad yw'r rhai Saesneg (miloedd ohonyn nhw) yn prin grybwyll Cymru; englandawales ydy hi bob tro.

Gorffennaf 15

Sian Mair ac Irfon wedi cael merch 8 bwys bore heddiw. Ei henw yw Malen Fflur Gwilym. A heddiw, yn sydyn ar ei wyliau yn Llandudno, bu farw Ivor, brawd Cliff. Tipyn o gymeriad a thynnwr coes. Ac yn casáu cathod. Byddai Llewelyn ac yn awr Jonsi yn ei glywed yn dod ac yn sgrialu drwy ddrws y gath ac ar goll am oriau. Ond roedd yn gwmni difyr. Cliff wedi colli dwy chwaer a dau frawd.

Gorffennaf 21

Carnifal Gwyddelwern a finne'n coroni'r frenhines, Susie Morris, Bryn Du. Roedd ei hen daid, John Evans, yn arfer chwarae draffts hefo 'Nhad a byddai oriau o ddistawrwydd tra byddent yn cynllunio eu symudiadau.

Gorffennaf 27

Fy mol yn troi heno. Yn yr Wyddgrug yn fyw ar banel *Codi Cwestiwn* am y tro cyntaf. Ar y panel roedd Nia Royles, Branwen Cennard a David Williams (COSE) a chawsom y cwestiynau: a ydym yn genedl gecrus; beth yw ein barn am Arthur Scargill; yn ogystal â rhai am hawliau merched a datganoli. Wn i ddim be ddywedais i wir.

Gorffennaf 31

Paratoi rhifyn yr Eisteddfod. Lladdwyd Ian Gow AS yn ei gar gan fom IRA.

Awst 2

Y Byd ar Bedwar yn trafod y cylchgrawn *Lol* oherwydd bod yr uchel lys yn Llundain yn dweud na chaiff Eirug Wyn ei gyhoeddi fel y mae gan fod ynddo enllib yn erbyn Euryn Ogwen a dau arall o S4C.

Awst 4-11

Eisteddfod Cwm Rhymni. Maes mawr a'r pafiliwn yn y gornel a phawb yn cwyno bod y pebyll yn rhy bell o'r canol a'r maes parcio filltir o'r maes ac angen cael bws i fyny ac i lawr. Luned Gonzales o'r

Wladfa yn arwain y Cymry Alltud. *Lol* wedi'i gyhoeddi ond heb yr enllib ac yn ymosod ar Luned a fi. Ymosodiad haeddiannol hefyd ar Alan Williams AS, sydd wedi byddaru pawb hefo'i syniadau am addysg Gymraeg. Iwan Llwyd yn ennill y Goron, mab-yng-nghyfraith John a Gwenda, Maerdy Bach, o fro'r *Bedol*. Vaughan Roderick a chamerâu'n llamu i babell *Y Faner* ben bore eisiau f'ymateb i'r newyddion bod TAC wedi rhoi £10,000 i *Golwg*. Plannu meic dan fy nhrwyn a disgwyl ateb call. Roeddwn yn gegagored. Myrddin ap Dafydd yn cael y Gadair. Beirdd ifanc sy'n mynd â hi eleni. Llyffantod blwydd yn lladd y dwyflwydd tybed? Atal y Fedal Ryddiaith a'r beirniaid yn rwdlan ac yn canmol un campwaith i'r cymylau ond roedd y campwaith wedi torri'r rheolau. Pam felly ei drafod? Ys dywedodd Thomas Gee, 'I'r fasged â fo.' Ond Eisteddfod i godi calon oedd hi: gwinllan yn codi o'r anialwch.

Cael wythnos reit dda a gwerthu peth wmbredd o grysau-T. Sylwi ar y babell wacaf ar y Maes. Un o'r enw TASC, sef Teaching as a Career. Luned a fi wedi cael gwahoddiad am bryd canol dydd yn y BBC hefo Teleri Bevan. Dal ddim yn gwybod pam, beth oedd y tu ôl i'r peth. Gwleidyddiaeth y cyfryngau, meddai Luned. Rydw i'n rhy ddiniwed i ddallt. Cyrraedd adre'n flinedig ac roedd Bryn wedi bod yn peintio tu mewn a gosod drws cefn newydd. Mae o a Helen ac Alan yn medru gwneud pob math o bethe a finne fel nionyn grôt yn methu reidio beic, methu nofio a methu gyrru car.

Awst 16

Yn ôl yn y gwaith a chael newydd drwg a newydd da. Clywed bod gwerth £200 o gryse-T wedi'u dwyn o'r babell rhwng nos Sadwrn a bore Llun. Ac fe gawsom deliffon yn y swyddfa!

Awst 20

Sion Pyrs yn gwneud cwyn swyddogol am yr eitem ar Newyddion y BBC pan ddaeth y camera ataf yn sydyn ar faes y Steddfod i gael ymateb i'r nawdd gan TAC i *Golwg*. Cwbl ddi-alw-amdano, medde fo. Rydwi'n dal i chwysu wrth gofio'r peth.

Medi 2

Dau gant o wystlon yn cyrraedd adre wedi i Saddam Hussein eu caethiwo yn dilyn ei benderfyniad i oresgyn gwlad fach Kuwait.

Anodd darllen ei feddwl. Pam y penderfynodd eu rhyddhau nhw yn hytrach na'u cadw yno a'u gwthio fel darnau gwyddbwyll i dde ac aswy yn eu tro, chwedl yr hen Omar. Yn rhyfedd fe fu Magi'n ddistaw iawn am dipyn ond daeth i'r amlwg unwaith eto fel rhyw Fartha Plu Chwithig yn ffwdan i gyd. Mae yna eironi rhyfedd yn y sefyllfa. Yn Irac yr oedd yr Ardd Eden wreiddiol, yno roedd crud gwareiddiad rhwng dwy afon – meso potamia – ac yno y crogodd yr Iddewon eu telynau ar yr helyg am na allent ganu cân mewn gwlad estron. Os mai yno y cychwynnodd popeth, mae'n ddigon posibl mai yno y bydd diwedd popeth hefyd. Rhaid cadw llygad ar Hussein ond nid yw bytheirio'n mynd i wneud dim lles.

Medi 27
Dechrau cyfres newydd yn *Y Bedol*, sef edrych ar bentrefi'r dalgylch fel roeddynt yn ystod cyfrifiad 1881 gan ddechrau hefo Llangwm. Mae yna gofnod o fam Hugh Evans, Gwasg y Brython, ac roedd yno dros 30 o bobl o'r enw John Jones.

Hydref 4
Mae Luned yn barod i gymryd *Y Faner* drosodd. Gobeithio y caiff hi gymorth ariannol o rywle. Tipyn o ryddhad, rhaid dweud.

Hydref 13
Wedi trefnu aduniad teulu Bryntangor ym Mhlas Llanbedr heddiw, sef disgynyddion Hugh a Mary Hughes, fy hen daid a'm hen nain. Diwrnod lliwgar o ddail yr hydref. Aeth popeth yn ardderchog. Eirlys yn canu cywydd coffa i Nain Bryntangor (fu farw 1914) gan Bethel, bardd cadeiriol Abertawe 1907 oedd yn hanner brawd i Taid. Bryner yn llywyddu. Sioe sleidiau o luniau teuluol gan Rees, Trefor yn gwneud fideo o'r cyfan, Gwenfron ac Ella wedi sgwennu penillion, pawb yn siarad pymtheg yn y dwsin. Diddordeb mawr yn y goeden achau oedd yn dangos bod Hugh yn fab Tŷ Mawr Morfydd, Carrog, ei fam, Jane, yn ferch i'r Hen Ddewin Llwyn y Brain; a Mary yn ferch Cwmhwylfod, Cefnddwysarn.

Hydref 18
Luned wedi ffurfio Cwmni'r *Faner* a chael cefnogaeth y banc. Arwyddo cytundeb hefo Gwyn ac Eifion ydy'r peth nesaf. Hi a David

fydd y Cyfarwyddwyr ond os na ddaw unrhyw gymorth ariannol o rywle, daw'r cyfan i ben fis Ebrill.

Hydref 24

Daeth erthygl gan Bedwyr ar Moses Griffith. Teimlo fel gosod rhes o faneri i fyny ar hyd y Stryd Fawr – wedi ceisio perswadio Bedwyr i sgwennu ers blynyddoedd. Hefyd colofn gan Dafydd Price Jones ar groeseiriau. Fo ydy Hellibore yn y *Listener*. Enw arall yn Saesneg ar *hellibore* ydy *stinking wort* ac mae ei groeseiriau yn stincars. Mae o'n dechrau ei golofn drwy ddweud bod yna 'bob blwyddyn ym mis Hydref griw amryliw o ryw hanner cant yn hel at ei gilydd i gael cinio rywle ym Mhrydain.' Pwy ydy'r hanner cant? Wel, cyfansoddwyr rhai o'r croeseiriau mwyaf anodd sy'n ymddangos yn y wasg. Yn eu mysg nhw mae Colin Dexter, awdur y straeon am Morse sy'n cael ei bortreadu gan John Thaw. Difyr! Dyma griw o bobl na wyddwn ddim amdanyn nhw ond wedi'u rhegi nhw lawer gwaith.

Ac aeth fy meddwl yn ôl i westy moethus yr Europa yn Shepherds' Market lle roedd rownd derfynol cystadleuaeth croesair y *Times* yn cael ei chynnal ganol y 70au. I mewn â mi, fy meiros yn llawn, fy fferins capel yn fy llaw fach boeth. Croesair i'w gwblhau bob hanner awr a buan y malwyd fy ngobeithion am ddwyn clod i Gymru gan ryw was sifil gwrol yn cwblhau'r un cyntaf mewn tri munud a hanner a finne heb gael cyfle i dynnu'r cap oddi ar fy meiro hyd yn oed. A thra oeddwn i'n stryffaglio hefo pedwar croesair, dyna lle roedd Cliff yn aros amdanaf yn y bar a phutain ddeniadol o Farchnad y Bugeiliaid gerllaw yn ceisio'i ddwyn oddi arnaf.

Hydref 30

Diwrnod hanesyddol! Luned a David yn arwyddo'r cytundeb hefo Gwasg y Sir a nhw rŵan biau'r *Faner*!

Tachwedd 6

Mae'r *Faner* wedi bod ar bob bwletin newyddion am ddeuddydd a David yn dweud, 'Nid Cymraeg ffydi-dydi gewch chi yn *Y Faner* . . .' Ac mae TAC wedi rhoi £5,000 inni a daeth £5,000 o CCC.

Tachwedd 14

David ar y rhaglen *Sbectrwm* a Beti George yn ceisio'i faglu drwy ofyn a fydd y perchnogion newydd yn trio dylanwadu ar y golygydd. 'O nabod Hafina,' ebe fo, 'go brin.'

Tachwedd 20

Rhuthro adre o'r gwaith i glywed canlyniad yr etholiad am Brif Weinidog: M. Thatcher 204, M. Heseltine 152, a hyn yn golygu ail falot gan fod Magi bedwar yn fyr. Cyffro enfawr.

Tachwedd 22

Magi yn ymddiswyddo. Fu rioed y fath halibalŵ. Douglas Hurd a John Major yn mynd i sefyll yn erbyn Heseltine.

Tachwedd 27

John Major, 47 oed, yn Brif Weinidog ieuengaf y ganrif ac yn dewis ei gabinet a dim un ddynes ynddo. Thenciw, Magi, am hyrwyddo achos merched.

Rhagfyr 12

Lowri o Ysgol Bro Ddyfi yma am brofiad gwaith. Henffel iawn. Beth fydd ei dyfodol, tybed?

Rhagfyr 14

Yn y Benllech heno yn rhoi sgwrs am hel achau i'r Gymdeithas Lenyddol, a thros gant yn y gynulleidfa. Meddwl na faswn yn nabod neb ond wele dair hen ffrind o ddyddiau coleg, a braf oedd sgwrs hefo Mair Owen (Mair Fach Sir Fôn fel y galwem hi), Mair Thomas a Peggy Townsend. Swper yn Stangau hefo Dewi a Magdalen Jones. Dyna ddau ddiddorol a gwybodus ydyn nhw.

Rhagfyr 31

Croesawu'r flwyddyn newydd hefo Ann ac Aled Rhys Wiliam. Hen flwyddyn ddigon rhyfedd fu hi ond rhyfeddol o brysur. Yn ddiolchgar iawn i holl golofnwyr *Y Faner* sy'n parhau i gyfrannu heb ddisgwyl fawr o gydnabyddiaeth. Rydym hefyd yn gwybod pwy sy'n gwrthod am na allwn dalu digon iddyn nhw. Ond y prif destun diolchgarwch yw i deulu'r ddau ohonom am gefnogaeth a llawenydd ac mae gennym erbyn hyn ŵyr blwydd oed.

1991
Achau yn Dechrau Cael Gafael

Ionawr 2

Yn ôl i'r gwaith a'r ddwy ohonom fel pelicaniaid yn yr anialwch. Ddim yn gwybod ble i ddechre ar y pentwr llythyre ac erthygle. Wedi anfon llythyr at nifer o bobl yn eu gwahodd i gyfrannu erthygl flaen yn rhifyn cyntaf pob mis. Mae yne nifer wedi addo ac edrychaf ymlaen at gael gweld beth fydd gan rai fel Emyr Hywel, Ioan Bowen Rees, Meg, Elfyn Pritchard, Gareth Miles ac Islwyn Ffowc ac eraill i'w ddweud am y byd a'i bethe. Bydd yn braf cael barn y wlad a chânt fytheirio a mynd ar gefn eu ceffyl faint a fynnant.

Ionawr 7

Mae Ben wedi bod yma ac nid yw wedi bod yn llonydd am eiliad ac roeddem yn polacsd erbyn iddo fynd adre. Dafydd Êl yn cyhoeddi na fydd yn sefyll yn yr etholiad nesaf. Mae yna drafodaethau dwys yn cael eu cynnal ar hyn o bryd i geisio arbed rhyfel yn y Gwlff, ond fawr o obaith.

Ionawr 14

Cyfarfod o banel golygyddol y llyfr achau ond mae'n edrych yn debyg na fydd yn bosib ei gael yn barod erbyn y Steddfod – pedwar awdur heb anfon eu penodau. Mae hi'n dedlein y Cenhedloedd Unedig i Saddam adael Kuwait. Wythnos brysur gan fod Luned yng Nghaerdydd yn dewis ffilmiau ar gyfer yr Ŵyl Geltaidd.

Ionawr 16

A ninnau'n gwylio Richard Burton yn y ffilm *Villain* am 11.50, dyma fflach yn torri ar ei thraws yn dweud bod y rhyfel wedi dechrau ac awyrennau Prydain ac America wedi ymosod yn chwyrn ar Baghdad. A dyna fu ar y teledu drwy'r nos wedyn.

Ionawr 17

Irac wedi ymosod ar Israel. Mae hi'n mynd o ddrwg i waeth. Ac mae Olav, brenin Norwy, wedi marw, ond chaiff o fawr o sylw, debyg.

Ionawr 19

Mae pethe'n hyll. Ymladd dychrynllyd yn y Gwlff a bomio didrugaredd. Irac yn ymosod ar Israel eto ac ofnir eu bod yn anfon cymylau o gemegau yn y bomiau. Y newyddiadurwyr i gyd yn gorfod gadael Baghdad. A chawn weld yr holl ryferthwy yn fyw ar ein setiau teledu. Go brin i John Logie Baird erioed ddychmygu y byddai rhyfel gwaedlyd yn cael ei ddangos yn fyw ar ei ddyfais newydd. Yn 1900, fe fu rhywbeth o'r enw Rhyfel y Boxer a dyma ni rŵan yn cael Rhyfel y Box. Cawn glywed pob clec, gweld pob fflach a theimlo pob cyrch wrth eistedd yn ein cadeiriau esmwyth yn gwylio'r lladdfa. Mae trueiniaid Irac wedi llyncu propaganda Saddam ac rydym ninnau'n llyncu propaganda America. Ond mae'r rhan fwyaf ohonom yn gwybod nad ydy rhyfel yn datrys dim byd, dim ond arwain at un arall yn amlach na pheidio. Ym Mabilon ers talwm, roedd yna Ffwrn Dân a Ffau'r Llewod. Mae'n ddigon tebyg yno heddiw.

Ionawr 21

Carcharorion o UDA a Lloegr yn cael eu dangos ar deledu Irac. Golwg druenus arnyn nhw. Rhan o'r rhyfel seicolegol.

Ionawr 23

Cynnal cwis hefo Merched y Wawr Llanfair DC heno wedi'i seilio ar fy nghyfrol *Merch Morfydd* ac wrth sôn am rai o rigymau fy nain, cafwyd ambell gyfraniad gan yr aelodau. Meddai Rhiannon Llanbedr:

> Moses ac Aaron
> Yn rhedeg drwy'r afon,
> Cŵn Bryn Gole
> Yn rhedeg ar eu hole.

Ac ebe Alys Bathafarn:

> Hen waig Lot
> Yn eistedd ar y pot,
> Pot yn torri
> Lot yn boddi

sydd ychydig yn wahanol i'r un a wyddem ni'n blant, sef:

Hen wraig Lot
Yn mynd ar drot
Rownd post y gwely
I chwilio am y pot.

Tybed faint yw oed pethe fel hyn ac o ble y daethant?

Ionawr 25
Saudi wedi dioddef bomio a Saddam wedi gollwng olew i'r môr a gwneud llanast a lladd bywyd gwyllt gwerthfawr. Ond nid ydym yn credu geiriau Magi y byddai popeth drosodd mewn chwincied. Y rhyfel fydd fy mhwnc yn y *Western Mail* fory.

Ionawr 29
Wrthi'n beirniadu cyfansoddiadau cystadleuaeth y Goron yn yr Eisteddfod Ryng-golegol, pentwr ohonyn nhw. Y rhan fwyaf yn dda iawn ond ambell un yn f'atgoffa o ymgeision Herbert ers talwm. Gobeithio nad ceisio gwneud gradd yn y Gymraeg maen nhw.

Chwefror 4
Yn HTV yn yr Wyddgrug yn gweld *O Gors y Bryniau*, rhaglen i ddathlu canmlwyddiant geni Kate Roberts. Da hefyd. Wedyn pryd o fwyd yn Chez Colette. Neu fel mae Cliff yn ei alw – 'Shake a Leg'.

Chwefror 25
Arolwg ar *Y Byd ar Bedwar* yn dangos mai nifer bychan o ddarllenwyr Cymraeg sydd yna: 65% byth yn darllen dim, 25% yn darllen papur bro, 10% yn darllen *Y Cymro*, 5% yn darllen *Y Faner* a 4% *Golwg*. Cyfrol o lythyrau O.M. ac Elin Edwards wedi cael ei chyhoeddi, ei golygu gan Hazel Walford Davies ac rwyf wedi methu ei rhoi i lawr. Cwbl gyfareddol.

Chwefror 26
Kuwait yn cael ei ryddhau a milwyr Saddam yn gorfod mynd oddi yno am eu bywydau. Mae'r Americaniaid â'u bryd ar gael gafael ar Saddam, doed a ddelo. Felly, mae'r rhyfel drosodd a dywedir bod can

mil o Iraciaid wedi'u lladd. Heddiw hefyd lladdwyd naw o filwyr Prydain gan awyren yr Unol Daleithiau, yn yr hyn a elwir yn danio cyfeillgar. Hy!

Mawrth 14
Heddiw rhyddhawyd Chwech Birmingham a garcharwyd ar gam un mlynedd ar bymtheg yn ôl wedi'u cyhuddo o fomio tafarn y Mulberry Bush a lladd 21. Bu Chris Mullin yn brwydro drostynt yn ddygn a chadarnhawyd na chawsant achos teg a bod yr heddlu'n gwybod nad oeddynt yn euog.

Mawrth 22
Mae Bryn wedi bod â chriw o Ysgol Glan Clwyd i Awstria i sgio, gan gynnwys Ffion a'i blant ei hun, Alun a Helen. Dod adre wedi llwyr feistroli'r grefft ac eisiau mynd yno eto'n fuan. Ddim yn apelio ataf i o gwbl: mae meddwl am hyrddio i lawr mynydd ar ddarnau o ddur a dyfnjwn naill ochr yn codi gwallt fy mhen.

Mawrth 24
Mae David M. wedi cael damwain car ddrwg yn Ninas Mawddwy ac wedi torri asgwrn ei fron a'i glun. Lynn Owen-Rees yn dechrau'n swyddogol fel is-olygydd. Mae o'n help garw.

Ebrill 6
Priodas Catrin, un o efeilliaid Angharad, yn Wrecsam, diwrnod gwyntog a hetiau'n diflannu dros y toeau. Roedd Catrin yn edrych yn gwbl wynfydedig wrth gerdded at yr allor.

Ebrill 12
Mwynhau stori gan Meic Stephens yn *Planet* am ŵr o dras Bacistanaidd yn mynd i Ysgol Gymraeg yng Nghaerdydd i geisio lle i'w fab ynddi. Y prifathro'n gofyn pam ei fod o wedi anfon ei dair merch i ysgol Saesneg ac yntau'n ateb, 'Rwyf eisiau'r addysg orau bosibl i fy mab.'

Ebrill 19
I'r Rhyl heno – cyfarfod wedi'i drefnu gan yr Academi i ddathlu penblwydd Gwilym R. Tilsley yn 90 oed. Noson wych. Ganddo ef y

cafwyd dwy o awdlau mwyaf cofiadwy'r ganrif – 'Y Glöwr' a 'Chwm Carnedd' – ac mae llawer yn medru dyfynnu llinellau megis, 'Dim ond Saeson hinon ha'. Ac maen nhw'n gerdd-dantadwy hefyd.

Ebrill 21
Diwrnod y Cyfrifiad. Trafferth i gael ffurflenni Cymraeg yn union fel roedd ganrif yn ôl ac mae achyddwyr yn flin am nad oes cwestiwn yn gofyn ble ganwyd ni. Bu O. M. Edwards yn taranu yn *Cymru* yn 1891 ac yn dweud bod trigolion Llanuwchllyn wedi cael trafferth i lenwi eu ffurflenni am nad oedd neb wedi gofalu eu bod yn cael rhai yn eu hiaith eu hunain. Un creadur wedi rhoi ei hun i lawr fel '*old chap*', sef cyfieithiad o hen lanc, ac un arall wedi cyfieithu bugail fel '*pastor*'. Ond pam y dylem ni ryfeddu: mae pobl hyd heddiw yn dal i gyfieithu o'r geiriadur.

Ebrill 26
Aeth Cliff i edrych am David, sy'n dal yn yr ysbyty ond wedi cael codi i'w gadair, tra oeddwn i'n siaradwr gwadd gyda Meibion Maelor ym Mhant yr Ochain a chael pryd o fwyd gwerth chweil. Eistedd wrth ochr Alun Davies, sy'n nai i Tegla.

Mai 10
Stori dda yn y papur heddiw am Magi Thatcher yn dweud wrth George Bush, 'Cyn penodi gweinidog i'r Cabinet byddaf yn gosod pos iddo fo. Er enghraifft, mi ofynnais i Geoffrey Howe, "Os ydio'n fab i'ch tad ond ddim yn frawd i chi, pwy ydi o?" "Fi," medd Syr Geoffrey ac mi gafodd y swydd.'

Gwnaeth hyn argraff ar Bush a dyma fo'n gosod y pos i Dan Quayle. "Rhoswch funud,' medde hwnnw'n betrus a dyma fo'n ffonio Dr Henry Kissinger. Ac meddai Henry, 'Yr ateb ydy – Fi.'

Wedyn dyma Quayle yn ffonio Bush yn ôl ac yn dweud yn fuddugoliaethus, 'Yr ateb ydy – Kissinger.' Ac meddai Bush, 'Y ffŵl gwirion! Paid â siarad drwy dy het! Geoffrey Howe ydio.'

Mai 25
Cerdded rownd yr ardd yn yr hanner gwyll hefo siswrn yn fy llaw yn dienyddio'r cennin Pedr a dyma Eurgain deirblwydd drws nesa yn gofyn yn syn, 'Be dech chi isio brifo'r blode?'

Mehefin 1

Yn ciniawa yn y Royal yn Llangollen heno i gyfarfod criw o berthnase na wyddwn am eu bodolaeth tan ychydig fisoedd yn ôl, sef disgynyddion Grace, Rhospengwern, Glyn Ceiriog, chwaer i fy hen hen nain oedd chwarter canrif yn hŷn na hi. Rhannwyd llawer o wybodaeth heno a chodi dau gwestiwn. Pwy oedd rhieni Dafydd a Margaret Williams, Coed y Mynach, Cwm Celyn, sef rhieni Grace; a lle mae Davy Cymdu yn ffitio i mewn? Hwnnw a elwid yn Dei Clustie Mul. Ai clustie hir neu rai blewog oedd ganddo, tybed?

Mehefin 9

Sgwennu colofn olygyddol am dafodiaith ac rwyf yn siŵr o dynnu rhywun yn fy mhen. Tynnu sylw at gyfoeth ein tafodieithoedd ac yn dweud y drefn am bobl sy'n cymryd arnynt nad ydynt yn dallt iaith y Sowth neu iaith y Gogs. Tipyn o glustfeinio sydd ei angen. Nid oes neb yn collfarnu'r iaith Saesneg oherwydd nad yw'r Cocni'n deall rhywun o Glasgow. Parchwn y Gymraeg yn yr un modd, yn lle hel esgusion. Ond mae yna ambell beth yn merwino fy nghlust. P'run sydd orau – clywed plentyn yn dweud, 'Ma mam fi wedi rhoi côt fi i brawd fi' neu wraig yn y swyddfa bost a glywais y dydd o'r blaen yn dweud, 'Ryden ni'n mynd am ein holidays i Swansea yn June. Just break bach.' Fedrwn ni ddim arafu esblygiad iaith ond mi fedrwn dacluso bratiaith. Fel y dywedodd Rowland Fychan o Gaer Gai, 'O Frutaniaid gwaedol, cymerwch chwithau beth poen i osod allan eich tafodieithoedd cyfoethog, oddieithr i chi fod yr un feddwl â'r Cymry Seisnigaidd.'

Mehefin 15

Mynd â Ben i Rydonnen ac roedd gweld ei wyneb pan welodd yr ieir a'r lloi a'r haid o gathod yn werth miloedd o bunnau. Mae o'n blentyn cryf a phenderfynol (o ble cafodd o hynny, tybed?) ac nid yw'n llonydd am eiliad. Ei daid wedi'i fedyddio'n 'scud missile'.

Mehefin 25

Mae Lynn Edwards wedi marw yn 51 oed. Mi wyddem ei fod yn gwaelu. Mae'n gadael Elinor a phedwar o blant ifanc – Elinor yn ferch i Aneirin Talfan ac yn weithgar iawn – mae'r plant i gyd wedi mynd drwy Ysgol Gymraeg Llundain. Bu ganddo golofn ar feddygaeth yn *Y Faner*. Gwelais o gyntaf yn Siop Griffs yn sbrotian ymysg y llyfrau ail-law ac meddai un o'r brodyr wrthyf, 'Dyma fyfyriwr meddygol galluog iawn ac y mae dyfodol disglair iddo.' Gwir. Daeth yn Llawfeddyg Ymgynghorol yn Ysbyty Westminster a chanddo ei ystafelloedd yn Harley Street. Yn cael ei gydnabod drwy Ewop fel arbenigwr ar iwroleg neu fel dywedai Lyn 'plymar pawb'.

Gorffennaf 15

Bu farw chwaer fy nhad, fy modryb Ella, oedd yn byw yn Blackpool ers blynyddoedd. Bu Cliff a fi yn aros efo hi unwaith ac mi dorrodd y gwely. Roedd hi'n dda ei llaw, yn deiliwr tan gamp. Ac yn cadw dyddiaduron manwl ond wedi gadael nodyn i ddweud eu bod i gael eu dinistrio wedi iddi farw. Ceisiais ei pherswadio i'w rhoi nhw yn yr archifdy gyda gorchymyn i beidio â'u hagor am hanner can mlynedd neu rywbeth. Ond na! Mae'n rhaid ei bod wedi'u llosgi nhw oherwydd nid oedd fy nghyfnither Gillian, ei hysgutor, wedi'u gweld. Roedd yn darllen pob gair o'r *Bedol* a dim byd arall yn Gymraeg.

Awst 3-10

Eisteddfod yn yr Wyddgrug. Cael byw adre. Digonedd o ymwelwyr â'r babell. Noson y Dysgwyr yn Theatr Clwyd ac roedd David (Jones), priod nith Cliff, yn un o'r pedwar yn y rownd derfynol. Roedd yn dda iawn ond Jo Knell enillodd. Cafodd *Y Faner* £10,000 gan TAC. Y Fedal i Angharad Tomos. Dynes o Borthmadog yn galw yn y babell. 'Helô. Ydech chi'n darllen *Y Faner*?' 'Nag ydw myn diawl, dwi wedi priodi Sais.'

Robin Llwyd yn cael y Gadair ac Einir Jones y Goron. Effie o'r Iseldiroedd, ffrind i Luned, yn hedfan dros y Maes yn gwisgo crys-T *Y Faner*. Cawsom dipyn o gyhoeddusrwydd. Rhywun yn gofyn i mi sut oeddwn i'n medru golygu'r *Faner* a finne'n byw yn Llundain. Wil Sam yn galw ac yn dweud, 'Mae golygu'n golygu golygu.' Ymwelydd arall oedd Huw Hughes, 85 oed, o Awstralia yn chwilio am ei gefnder Mathonwy, 90 oed. Wedi cael wythnos brysur ac ni wn beth wnaethem heb Helen yn helpu.

Awst 14

Wedi bod yn beirniadu pentwr mawr (35) o straeon a phortreadau yn y gystadleuaeth a noddwyd ar y cyd gan *Y Faner* ac Ymddiriedolaeth Taliesin. Y wobr ydy wythnos ar gwrs sgwennu rhyddiaith hefo Harri PJ a John Rowlands yn Nhŷ Newydd. A'r enillydd yw Sian Northey Humphreys o'r Gellilydan. Y wobr gyntaf iddi rioed ei chael, medde hi.

Awst 15

Mae fy Modryb Gwenfron (Moss) wedi marw yng Nghaerdydd yn 93 oed. Eifion Powell yn sgwennu teyrnged. Graddiodd mewn fferylliaeth ond methu â chael swydd yng Nghymru ac yn 1928 aeth allan fel cenhades feddygol i Tientsin a dysgodd Mandarin yn rhugl. Gwraig anarferol iawn. Cefais lawer o wybodaeth deuluol ganddi.

Medi 23-Hydref 3

Yn Jersey am egwyl. Ein hoff ynys. Edrych ymlaen at y cyflawnder o fannau gwych i fwyta. Hefyd yn hoffi'r ffaith na chaiff yr un cerbyd fynd yn gyflymach na 30 milltir yr awr. Wrth fynd am dro ar hyd y glannau, medrir gweld arfordir Ffrainc. Arwyddion yma ac acw ar y ffyrdd: 'Gofal! Gwiwerod coch yn croesi!' Ychydig iawn sy'n siarad yr hen iaith, Ffrangeg Jersey. Buom yn y theatr yn gweld Cwmni Swydd Efrog yn perfformio *Custer's Last Stand* ac roedd yn wych ac yn ein hatgoffa, os oedd angen, am y modd y cafodd y brodorion yn America eu trin. Roedd y ddrama'n gorffen gyda golygfa mewn ystafell ddosbarth a phlant bach brodorol yn cael gwers hanes: 'Nid oedd gan America hanes nes daeth y dyn gwyn.'

Tachwedd 5

Mae Gwenlyn wedi marw'n 59 oed. Nid oes angen ychwanegu'r Parry. Gwnaeth gyfraniad gwiw i fyd y ddrama a darlledu. Bu'n athro yn Llundain yn y cyfnod aur hwnnw pan oedd athrawon o Gymru'n heidio yno fesul cannoedd bob mis Medi. Rhyfedd meddwl ei fod ef a Ryan a Rhydderch wedi mynd cyn cyrraedd eu trigain oed.

Tachwedd 6

Cyffro mawr am fod Robert Maxwell wedi diflannu oddi ar ei gwch yn Teneriff. Cafwyd hyd i'w gorff noeth yn y môr. Collodd ei holl deulu yn Auschwitz a chreodd gyfoeth enfawr. Bu'r un mor anghonfensiynol yn ei farw ac y bu fyw. Ond nid wyf yn meddwl bod llawer o golli dagrau ar ei ôl oherwydd mae wedi dwyn £250 miliwn o gronfa bensiwn ei weithwyr.

Tachwedd 14

Canlyniadau asesu plant 7 oed Cymru: 75% yn dysgu'n iawn; merched yn llawer gwell na bechgyn a Chymry Cymraeg yn llawer gwell na'r gweddill. Styrbiodd hyn blu nifer o ohebwyr. Darllen *Gwae Fi fy Myw*, sef cofiant Alan Llwyd i Hedd Wyn a mwynhau pob gair; gwaith ymchwil mawr.

Tachwedd 18

Terry Waite yn cael ei ryddhau wedi 6 blynedd yn gaeth yn Beirut. Ni allaf ddioddef meddwl amdano'n cael ei gadwyno yn y tywyllwch a'r peth mwyaf erchyll y soniodd amdano oedd ei fod yn cael ei rowlio mewn carped gyda thâp am ei geg a'i lygaid a'i stwffio i gist y car pan oedd angen ei symud. Byddai hynny'n rhoi clawstroffobia i'r mwyaf gwrol. Gwnaeth araith anhygoel wedi cyrraedd maes awyr Lyneham.

Tachwedd 29

Wedi mwynhau sgwennu colofn olygyddol yr wythnos hon a chael lambastio Magi a'i chriw. Mae ei handbag hi wedi bod yn tasgu i bob cyfeiriad ac mae Major yn gwisgo wyneb fel twrci ar drothwy'r Nadolig. Mae yne wrthryfel yn erbyn Ewrop ar y meinciau cefn. Yng ngeiriau Tebbit, 'People are not willing to be governed by those who do not speak their language.' Ond nid am Gymru roedd yn sôn. Na, dim ond y Saeson sydd â hawl i ofyn am y fath beth.

Tachwedd 26

I Gaernarfon i lawnsio cyfrol Elwyn 'Tori' Jones, *Y Rebel Mwyaf*, sy'n gytrin o ddifyr ac mae o'n dweud pethe mawr. Trueni na ddarllenwyd y proflenni gan fod ynddi beth ddychryn o gamgymeriadau iaith a theipio. Galw hefo Bryn a Fanwy am baned ar y ffordd adre a methu deall beth oedd yr holl foto-beics oedd yn chwyrnellu drwy strydoedd Llanelwy, ond ymhen y rhawg dyma glamp o gar yn mynd heibio fel mellten a Dug Caerloyw ynddo.

Tachwedd 28

Clywed nad ydym yn mynd i gael arian gan CCC a Luned yn dweud y dylwn ddechre meddwl am chwilio am swydd arall gan fod rhaid dod â'r *Faner* i ben.

Tachwedd 29

Roeddwn wedi anfon llythyr i'r *Cyfnod* yn holi oedd rhywun yn gwybod rhywbeth am ddisgynyddion teulu Maes y Fedw, Rhiwlas, a chael ateb yn dweud bod gan Hugh a Maggie Roberts dair merch (Hugh yn fab i chwaer fy hen hen nain . . .), sef Kate, a briododd W. J. Jones, gweinidog olaf ynys Enlli; Grace, a briododd John Jones, plismon y Bala a laddwyd gan gar ar y bont a Magi ddibriod, a adawodd ei thŷ, y Gloig yn Mount Street, i'w nith Alwen. Sef mam Buddug! Mi wyddwn y byddem ryw ddydd yn ffitio Buddug i mewn i'r tylwyth.

Rhagfyr 1

Mae rhywun wedi dwyn ein giât gefn.

Rhagfyr 22

Cael parti mawr yn Merlin's yn y dre i ddathu pen-blwydd ein priodas yn ugain oed. Daeth rhyw ddeg ar hugain ond nid oedd Ben yn dda o gwbl a bu'n rhaid cael y meddyg heno. Gwres uchel a pheswch. Ond diwrnod hapus iawn.

Rhagfyr 31

Treulio Nos Galan hefo Shôn ac Eirlys a Jane a John Manod Rees. Mil yn hel ar y sgwâr a chafodd plismon ei daflu drwy ffenest K. Hugh Dodd. Cerdded adre ac eira yn crensian dan ein traed. A dyna ben ar y dyddiadur hwn a chaiff fynd ar y silff hefo'r lleill.

1992
Tipyn o Ddagrau yn y Chwerthin

Ionawr 1

Diwrnod diog iawn, a'r cwbl wnes i oedd sgwennu teyrnged i Gwenlyn i'r *London Welshman* a pharatoi croesair i'r *Bedol*.

Ionawr 14

Mae 'Siân Sir Fôn' wedi marw yn 96 oed. Yn rhyfedd iawn, roedd yna erthygl amdani gan Robin Gwyndaf gennym yn rhifyn cyntaf y flwyddyn. Gweddw oedd hi i'r Dr John Lloyd Williams. Roedd ef yn un o sefydlwyr y Gymdeithas Alawon Gwerin. Hefyd collwyd T. Ceiriog Williams yn 88 oed, cyn-brifathro Ysgol Daniel Owen, yr Wyddgrug. Bu ganddo gyfres yn *Y Faner* am bêl-droedwyr Cymru a ddenodd nifer o lythyrau atgofus am y cyfnod pan oedd gennym bencampwyr oedd o ddifri. Cyfarfod o'r Gymdeithas Hel Achau a Dafydd Hayes yn rhoi sgwrs am system enwi'r Cymry sef yr ap a'r ab, cyn inni gael ein cyflyru a'n gorfodi i fynd yn Jones a Williams. Yn amlwg nad oedd gan y rhan fwyaf o'r gynulleidfa y syniad lleiaf am hyn a nifer wedi gwneud llanast llwyr o'u gwaith ymchwil drwy fethu â sylweddoli y medrai Robert Williams fod yn fab i William Evans a hwnnw yn fab i Evan Hughes! Dyna beth sy'n digwydd pan mae pobl yn dibynnu ar lyfrau a chylchgronau Saesneg. Hei lwc y bydd y gyfrol sydd ar y gweill yn gwella'r sefyllfa.

Ionawr 15

Rhoi caniad i Gwyn Erfyl i'w longyfarch ar dderbyn anrhydedd D.Lit. gan Brifysgol Cymru. Doedd o ddim yn gwybod ei fod wedi cael ei gyhoeddi – heb ddweud wrth ei blant!

Ionawr 22

Cael te yng nghartre Mair ac Edgar Rees yn Llanelwy, clamp o dŷ urddasol. Yr hyn a sbardunodd y gwahoddiad oedd ymateb i ddarlith a roddais am lythyrau f ewythr Robert, brawd Nain, o'r Rhyfel Mawr. Roedd o'n cael hyfforddiant yn Gosport, ger Southampton, a daeth yn ffrindie hefo Edward Owen o ardal y Rhyl a bu'r ddau'n helpu yn y cynhaeaf gwair ar fferm yn y cyffiniau – eu hwythnos wâr olaf cyn cael eu hanfon i Ffrainc. F'ewythr yn dweud 'bod Ted fel chwaden wedi gweld dŵr pan welodd y cae gwair!' Lladdwyd Robert o fewn wythnos i gyrraedd maes y gad ond daeth Ted Owen o fferm y Groesffordd, Tywyn, Abergele (lle mae Asda heddiw), yn ôl yn fyw. Wedi cadw llaethdy yn Llundain am gyfnod, prynodd fferm hynafol Gwernigron, dod yn gynghorydd sir a marw ddwy flynedd yn ôl dros ei 100 oed. Roedd ganddo fo ddwy ferch ac un ohonyn nhw ydy Mair Edgar Rees, lle cefais de heddiw! Y ferch arall yw Morfudd Tudor sydd newydd gael yr OBE. O! na fuaswn yn gwybod amdano – buasai wedi medru dweud llawer wrthyf am yr hen ewythr y bu cymaint o hiraeth amdano ar aelwyd Bryntangor.

Ionawr 30
Saith niwrnod wedi damwain car ddifrifol rywle rhwng Abertawe a Hwlffordd, bu farw Sigi, un o ffrindiau gore Lesley. Roedd gyrrwr y car arall wedi meddwi. Methu deall pam na fu gair am y ddamwain yn y papur. Cafodd ei chadw'n fyw ar beiriant nes cael rhywun oedd angen ei harennau a'i chalon. Merch dlos iawn ac annwyl, a mab bychan ganddi. Hefyd mae R. E. Jones, Llanrwst, wedi marw – ei gyfrolau am idiomau Cymraeg yn hanfodol ar bob silff lyfrau.

Chwefror 4
Glynne, brawd Cliff, yn yr ysbyty yn Hong Kong. Aeth yn sâl ar yr awyren ar y ffordd i Seland Newydd a bu rhaid cael triniaeth prostad. Mae o'n ddigalon iawn, yn nabod neb. Dyma'r Taffia'n dod i'r fei a threfnodd Cliff, drwy Glenys Edwards, i Ruby Lau a Mary Gwenefer Bewley fynd i'w weld. Glynne yn gegrwth!

Chwefror 17
Luned yn dweud mai rhifyn dwbl y Pasg fydd yr olaf.

Chwefror 18
Cychwyn dosbarth nos yn Llysfasi ar hel achau. Tybed fedraf i lenwi dwy awr am 8 wythnos. Rhyw ddeunaw sydd wedi dod i geisio darganfod pwy ydyn nhw. Eu rhybuddio eu bod ar gychwyn antur enbyd a thaith ddi-ben-draw i'r gorffennol, y bydd yna ambell gaff gwag, ambell sgwarnog ac efallai ambell sgerbwd. Ond fel y dywedodd Bernard Shaw: 'Os oes gennych sgerbwd yng nghwpwrdd

eich teulu, gwnewch iddo ddawnsio.' Mae un aelod o'r dosbarth yn ddisgynnydd i Victor Hugo, un arall yn methu'n lân â chael gafael ar ei thaid yn Awstralia a chan mai taid siawns oedd o, mae'n bosib ei fod wedi bod yn ddigon darbodus i gicio pridd dros ôl ei droed. O gofio'r holl lythyrau ddaw o Awstralia yn chwilio am eu hynafiaid o Gymru, sefyllfa ddigri yw fod merch o Bandy'r Capel yn gorfod sgwennu i Awstralia i chwilio am ei thaid. Mi fase fo bron yn gant oed erbyn hyn ond mae'n bosib ei fod yn fyw ac mi fyddai'n werth gweld ei wyneb wrth i'w orffennol ei faglu. Un arall wedi darganfod bedydd hynafiad yn Llaneurgain. Y broblem oedd ei fod ef a nifer o'i frodyr a'i chwiorydd, yn amrywio o flwydd i ddeuddeg oed, oll wedi'u bedyddio hefo'i gilydd ac yn cael eu disgrifio fel Antinomians. Beth a phwy a pham oedd y rheini, gofynnodd pawb ar un gwynt. Gair Groegaidd ebe fi, *anti* yn golygu yn erbyn a *nomos* yn golygu cyfraith. Criw oedd yn erbyn y gyfraith. Cafodd y ddynes barchus, ganol oed dipyn o fraw. Os bedyddiwyd ei hynafiaid gwrthryfelgar fesul dwsin, oedden nhw hefyd wedi priodi fesul dwsin? Neu briodi o gwbl? Mae gennym wyth wythnos i geisio datrys hyn i gyd.

Chwefror 20

Bu farw'r Parch. Gwynfryn Evans, priod Alwena, cyfnither mam. Bu'n weinidog yn Garston, Lerpwl, ac ym Moelfre ar Ynys Môn. Dyna'r trydydd i farw ers aduniad teulu Cae Llewelyn – ond ar y llaw arall ganwyd Robyn yn Fferwd; Elin yn Llanelwy, Awen yn Nhy'n-y-wern; Dylan ym Mhorth-y-gest, Brychan i Geraint a Mari, Malen i Sian ac Irfon, Betsan i Merfyn ac Eirian, a Steffan i Rhian Pennant Lewis. Fel yna mae tylwyth yn tyfu.

Chwefror 24

A heddiw colli hen ffrind coleg i Cliff, sef Gwilym Meredydd Jones, Lerpwl. Cefais afael ar D. Ben Rees i sgwennu teyrnged. Enillodd y Fedal Ryddiaith ac roedd yn gyfrannwr cyson i'r *Faner* hefo straeon gwych am ei waith fel prifathro yn Toxteth. Marw'n sydyn iawn – roedd yma rai wythnosau yn ôl.

Mawrth 31

Diwrnod o bandimoniwm. Datganiad wedi'i wneud yn hysbysu diwedd *Y Faner*. Nid wyf yn meddwl bod neb yn disgwyl hyn. Awr o drafod ar y *Stondin*. Alwyn Gruffydd yn recordio ar gyfer *Ar yr Awr* a *Post Prynhawn* a chamerâu *Newyddion 7* yma hefyd. Luned fu'n gwneud y cyfweliadau, diolch byth; rwyf yn meddwl y buaswn i wedi nadu o flaen y camera.

Ebrill 3

John Elfed Jones o'r Bwrdd Dŵr a Bwrdd yr Iaith yn dweud bod RHAID i CCC ailfeddwl. Pwysleisio nad comic yw'r *Faner*, ond cylchgrawn safonol. Tom Owen o CCC yn dweud nad oes ceiniog ar gael. Rhaglen o'r enw *Drwg yn y Caws* yn canu cân ddychan am Luned a fi'n gorfod mynd ar y dôl ac yn dweud nad *Y Faner* sy'n 150 oed ond y darllenwyr. Diolch am gefnogaeth pobl sy'n cogio bod yn ddiwylliedig.

Ebrill 9

Etholiad. Paratoi at noson hir ac roedd y polau piniwn yn anghywir ac mae Major yn ôl hefo 21 o fwyafrif, a Kinnock yn y diffeithwch. Waeth beth feddyliwn am Neil, mae o wedi cael triniaeth anfaddeuol gan y wasg a chryn dipyn o hiliaeth hefyd wedi codi ei hen ben hyll. Geraint Howells yn colli'i sedd yng Ngheredigion.

Ebrill 10

Y Byd ar Bedwar yn ffilmio yma heddiw ac yn dangos *Y Faner* olaf yn cael ei hargraffu. Ar draws y clawr mae'r geiriau 'Y RHIFYN OLAF'. Y tu mewn i'r clawr mae yna neges o werthfawrogiad oddi wrth David a Luned Meredith a gair trist gan Gwilym R. Jones yn dweud, 'Os gadwn i'r *Faner* farw yna naw wfft i'n cenedl!' 'Cân yr Alarch' yw pennawd fy ngolygyddol olaf, un a fu'n anodd iawn ei sgwennu. Nid wyf wedi maddau'r cam a wnaed â ni ac rwyf yn gadael fy nesg a 'nghadair dan gicio a sgrechian. Rydwi wrth reswm yn cydnabod bod gan Gyngor Celfyddydau Cymru (a alwyd gan Meg yn KKK un tro!) berffaith hawl i benderfynu i ble maent am sianelu'r arian sydd ar gael, ond yr hyn a achosodd y loes bennaf oedd y diffyg eglurhad, yr amharodrwydd i siarad, yr anallu i fod yn agored, ein trin fel madarch drwy ein cadw yn y tywyllwch a thaflu rhawied o domen dail drosom bob hyn a hyn. Ond rwyf yn gorffen yn fuddugoliaethus drwy ddweud: 'Cefais saith mlynedd o foddhad ac nid oes llawer yn medru dweud hynny. Braint fu cael eich cwmni ac anrhydedd fu cael bod yn rhan fechan o hanes hir *Y Faner.*'

Ac mae'r Athro Hywel D. Lewis wedi marw – ond ni chaiff ei gofio yn *Y Faner.* Bu'n Athro mewn Athroniaeth ym Mhrifysgol Llundain. Roedd ei briod, Megan, yn nith i Dei Ellis, 'Y Bardd a Gollwyd'.

Ebrill 13
Eifion Glyn a'r rhaglen *Y Byd ar Bedwar* wedi gwneud ffyliaid ohonom. Portread negatif iawn o Luned a fi, a chanmoliaeth i'r cymylau i Dylan Iorwerth a'i weledigaeth a'i uchelgais. Dim byd yn erbyn Dylan; mae o'n perthyn i mi, ein neiniau'n ffrindie mawr, ond darlun unochrog gafwyd. Sylwi ar y ffilm fod gen i wrid uchel.

Ebrill 14
Diwrnod cyntaf gweddill fy mywyd. Tomen o lythyrau'n cyrraedd. A Dafydd Price Jones yn meddwl yn siŵr mai ffŵl Ebrill oedd y cyfan. Awen Meirion eisiau trigain o gopïau ychwanegol, pobl yn casglu'r rhifyn olaf. Ymysg y cyfranwyr olaf mae Iorwerth Roberts, Tecwyn Lloyd, Merfyn Williams, Herbert Hughes, Berwyn Swift Jones, Robin Chapman a'r ffyddlon-hyd-angau Thomas Davies a'i golofn rygbi. Hefyd rydym wedi rhestru enwau aelodau CCC fu'n gyfrifol am ein tranc ac yn eu plith y mae rhai rwyf yn eu mawr edmygu, megis Gwyn Thomas, Bobi Jones, Jâms Niclas, Bryan Martin Davies. Mae yna eraill a ffalsiodd ar Faes Steddfod gan gymryd arnynt fod o'n plaid. Efallai mai'r diffyg gwerthfawrogiad o'n gwaith caled sy'n brifo fwyaf.

Ebrill 15
Clirio'r swyddfa. Edrych yn foel ac yn llawn atsain.

Ebrill 27-Mai 1
Codi'n fore yr wythnos hon i 'wneud' y papurau ar Radio Cymru am 7.15. Do, mi ddywedais 'nefar agen' y tro diwethaf ond rydw i rŵan yn ddi-waith! Prif bennawd papurau heddiw oedd y brwydro yn Kabul a daeargryn yng Nghaliffornia mewn tref o'r enw Ferndale. 'Uffern o dân yn Ferndale,' medde fi ac roedd Dei Tomos wrth ei fodd. Ar yr ail ddiwrnod, 'Beti a'i Phobol' oedd y thema gan fod Betty Boothroyd wedi cael ei hethol yn Llefarydd. Ddydd Mercher, 'Cyn saffed â'r Banc', sef Lloyds yn ceisio prynu'r Midland am £3.7 miliwn a dydd Iau, Dei'n chwerthin yn ei ddull harti ei hun pan ddywedais

fod y ddynes yn y siop bapure wedi dweud, 'There isn't E Ffaner but I've got the Jolwg for you.' Rhoddais belten i *Golwg* (o'r diwedd) am nad oedd ynddo golofn olygyddol ac ar Galan Mai, y diwrnod olaf diolch byth, dymuno cwningod gwyn i Dei a sôn am y terfysgoedd yn LA wedi i bedwar plismon gwyn eu cael yn ddieuog o ymosod ar ddyn du, er bod y fideo yn dangos yn glir beth ddigwyddodd.

Ganol nos, bu farw Ann Owen annwyl yn 51 oed. Bu'n weithgar hefo'r *Bedol* ac yn gefn i'w gŵr, y Parch. John Owen, a bu'n sgwennu Radiolwg i'r *Faner* yn gyson. Wrth gysodi'r cylchgrawn *Hel Achau* heno teimlo gwayw sydyn yn f'ochr dde.

Mai 9

Llythyr o'r DHS eisiau manylion, nid yn unig fy mhensiwn o'r *Faner* ond hefyd o'r *Bedol!* Jôc y ganrif. Anfon ateb unsillafog. Dim.

Mai 15

Bu'n rhaid galw am y meddyg ganol nos. Mewn poen annioddefol ar yr ochr dde ac yn methu symud. Cefais frechiad i ladd y boen.

Mai 18

Wedi bod mewn poen erchyll ac yn edrych fel pe bawn naw mis yn feichiog a chefais fy anfon i Ysbyty Glan Clwyd. Eistedd ar y gwely am dair awr a neb yn cymryd sylw ac roeddwn mewn gormod o boen i symud. Yn y man cefais pethedin i ladd y boen – nefolaidd. Nyrs Eleanor Morris, Hafod y Maidd, yn edrych ar f'ôl, a than ddylanwad y pethedin, dweud wrthi fy mod yn meddwl bod ei thad yn andros o bisyn. Wedi'r ail archwiliad pelydr-X, roeddynt yn amau bod yna dyfiant ar yr ofari. Meddwl yn syth am fy ffrind Olga a fu farw oherwydd yr un peth. Aros i mewn dros nos. Erioed wedi bod mewn ysbyty o'r blaen a dod i ddeall mai'r pethe bach sy'n ypsetio rhywun. Pethe fel cael fy ngalw yn Mary Coppack ar y label uwch y gwely. Pan ddywedais nad oedd hynny'n gywir, y nyrs yn dweud mai dyna sydd yn y compiwtar rŵan ac nad yw'n bosib ei newid. Un o gompiwtars y Mediaid a'r Persiaid, mae'n rhaid. Hefyd mae'r jwg dŵr allan o 'nghyrraedd er eu bod yn mynnu fy mod yn yfed digon. Megis Tantalws gynt, rwyf yn sychedig. Peth arall sy'n annioddefol yw'r wraig sy'n glanhau'r ward yn taro, taro yn erbyn coes y gwely hefo'r hwfer a'r boen yn mynd trwof fel procer poeth.

Mai 19

Cael sgan a gwelwyd bod yna syst enfawr ar yr ofari – cymaint â phêl-droed, medden nhw a 'rhaid i'r cyfan ddod allan ar unwaith!' ebe'r llawfeddyg, yn union fel Brenhines y Calonnau yng Ngwlad yr Hud yn gweiddi, 'Off with her head!' Ond gan ei bod yn ŵyl banc, nid yn llythrennol 'ar unwaith' oeddynt yn ei feddwl a rhaid aros wythnos. Cefais f'anfon adre hefo bocsied mawr o morffin.

Mai 20

Dr John, y meddyg lleol, yn galw ac roedd yn amlwg yn flin iawn hefo'r ysbyty ac yn methu credu eu bod wedi f'anfon adre a minnau angen triniaeth frys.

Mai 21

Llythyr i ddweud fy mod yn mynd i gael f'urddo â'r wisg wen yn Aberystwyth fis Awst. Rhywbeth i edrych ymlaen ato. DV fel y byddai fy mam a'i chwaer Megan yn gorffen eu llythyrau at ei gilydd. Sut oedd dwy o Fryneglwys yn gwybod beth oedd *Deo volente*?

Mai 23

Eisteddfod yr Urdd yn agor yma ar garreg fy nrws, rownd y gorncl, pum munud i ffwrdd ac rwyf yn methu mynd. Lwc nad oedd neb wedi gofyn i mi wneud dim byd ynddi, er i hynny fy mrifo ar y pryd. Cynigiais wobrau hefyd ond daeth llythyr braidd yn anghwrtais yn ôl yn gwrthod. Mae agwedd yr Urdd wedi bod yn benbleth i mi ers i mi ddod yn ôl i'r hen wlad.

Mai 25

Gwylio'r Steddfod ar y teledu fu raid a Huw Powell Davies yn cael y Fedal Lenyddiaeth. Anfon gair i'w longyfarch a dweud mae'n rhaid bod yna rywbeth yn y pridd, oherwydd ganwyd a magwyd o yng Nghefnmaenllwyd, Gwyddelwern – yr union fferm lle cefais innau fy magu. Chwarae teg i Mererid Llangwm oedd yn llywio'r seremoni – mi soniodd amdanaf o'r llwyfan. Pethe bach yn plesio pan mae rhywun mewn gwendid. Mae arnaf ofn symud rhag i'r bali peth yma sydd gen i fyrstio.

Mai 27

I Ysbyty H. M. Stanley erbyn deg a ddaeth neb i dorri gair â mi tan 4.30. Cael cyfweliad efo meddyg ifanc amhrofiadol iawn oedd yn methu deall pam fy mod yn gofyn ambell i gwestiwn megis, 'Pa mor hir fyddaf i yn y theatr?' ac 'Ydech chi'n siŵr na wnaf i ddim deffro ar y canol?' Mae'n debyg ei fod wedi blino, achos roedd yn reit ddiamynedd.

Mai 28

Diwrnod a ddiflannodd oedd hwn. I lawr i'r theatr am 10 a chofio fy hun yn dweud, 'This place is very overmanned' a'r peth nesaf roeddwn yn deffro a Cliff yn gafael yn fy llaw ac roedd yn saith o'r gloch ac andros o storm o fellt a tharanau'r tu allan.

Mai 29

Storm fawr neithiwr a'r dŵr wedi llifo i lawr Stryd y Rhos ac i mewn i dafarn y Plu a bu'n rhaid canslo cyngerdd yr Eisteddfod. Achoswyd cryn firi gan fod yna adolygiad o'r cyngerdd yn y *Western Mail*! Cefais baned heno. A choban lân. Roedd y syst cymaint â phêl rygbi, medde Mr Edwards y llawfeddyg ac mi ddyle fo wybod gan mai un o'r Sowth ydi o.

Mai 30

Cefais ddarn o dost ac roedd fel ambrosia. 'Y Beast' yw enw pawb ar y boi sy'n ein taflu ar y troli i fynd i lawr i'r theatr. A tymbril yw'r enw ar y troli. Nyrs yn gofyn i mi sut wyf yn teimlo. 'Fel pe bawn wedi treulio'r noson hefo'r Dymp Tryc,' medde fi. O weld wyneb y nyrs, roedd yn amlwg nad oedd ganddi'r syniad lleiaf pwy oedd hwnnw. Ond roedd gweddill y cleifion ar y ward yn gwybod mai ymaflwr codwm Swmo o Siapan ydi o ac mi achosais i gryn artaith iddyn nhw oherwydd nid peth doeth ydy chwerthin os ydych yn berchen creithiau llawfeddygol newydd. Neges gan Iori *Daily Post* i ddweud bod stafell y wasg yn Eisteddfod yr Urdd wedi enwi'r storm enfawr nos Iau'r 28ain yn 'Hafina's Revenge'.

Mai 31

Cael tabled gysgu am 10.30 (rhaid ei chymryd hyd yn oed os ydych fel fi yn medru cysgu fel gwaren o wningod) a dyma fi'n deffro a theimlo'n wych a chlywodd Julie-yn-y-gwely-nesa fi'n dweud, 'Oh I've had a lovely night's sleep', ond dim ond 11.30 oedd hi. Y ddwy ohonom, oherwydd y pwythau, mewn gwewyr wrth chwerthin.

Mehefin 2
Y meddyg yn dweud y caf fynd adre fory. Roedd y Peth, fel rwyf yn ei alw, yn pwyso stôn. Dweud hefyd fod y Peth wedi mwynhau ei hun yn fy nghorff gan ei fod yn cael cyflenwad rheolaidd o HRT. Yn wir, bob tro, roeddwn yn llyncu tabled HRT, roedd y Peth yn dweud Iymi Iymi . . .

Mehefin 3
Dod adre! Does unman yn debyg a chael gwybod cyn dod nad oedd y tyfiant wedi mynd yn wyllt ond ei fod yn barod i droi, fy mod wedi bod yn andros o lwcus. A'r newydd da arall yw fy mod wedi cael fy sigarét olaf – 27 Mai am 9.47 y bore yn y maes parcio oedd hi. Penderfynais roi'r gore iddi wrth weld fy nghyd-gleifion yn araf ymlwybro i'r stafell ddydd am ffag ac yn dod yn eu holau gan anwylo'u creithiau wrth besychu.

Mehefin 6
Cyhoeddi rhestr o arglwyddi newydd ac mae Geraint Howells yn eu plith. Ac er mawr syndod – Dafydd Elis-Thomas. Hefyd Peter Walker, Norman Tebbit, Cecil Parkinson, Margaret Thatcher, Merlyn Rees. Mae yna godi aelie go arw am Dafydd Êl ond rwyf yn cytuno mai da o beth yw cael cynrychiolaeth o Gymry da yn y 'lle arall' onidê fyddai neb yn cadw'n hochr ni yno.

Mehefin 8
Storm arall o fellt a tharanau a cholli trydan am bedair awr. Gwyn a Lisa'n dod i edrych amdanaf ac yn dweud eu bod yn symud i fyw i Fangor. O, mi fydd yn chwith amdanyn nhw. Gwenno wedi bod yn Ffrainc ac wedi torri'i chalon am fod rhywun wedi dwyn ei phwrs ar y cwch. Fy Modryb Catherine yn dod â chwstard wy i mi. Dim byd gwell na hwn i rywun mewn gwendid, medde hi.

Mehefin 11
Anfon am y fet ac mae Jonsi a fi ar dabledi gwrthfeiotig; y graith wedi mynd yn ddrwg a'r gath wedi cael niwmonia mewn cydymdeimlad. Ymhen hanner awr roedd Jonsi wedi sionci, gofyn am fwyd a mynd allan am dro. Digon tebyg i mi mewn gwirionedd.

Mehefin 19
Dechre teimlo fel bod dynol unwaith eto ac aethom am dro i Rydonnen. Ffion wedi gorffen ei harholiadau a chefais gip ar ei phapur Cymraeg – Iaith a Llên. Rhaid dweud fy mod wedi fy syfrdanu braidd gan safon y papur: cwestiynau gwirion, trendi, cyfryngol. Ac ar y papur llên nid oedd Ffion na gweddill y dosbarth yn gwybod ystyr y geiriau delweddau, cyferbyniad, paradocs na chyfeiriadaeth. Ac ymddengys nad yw Kate nac Islwyn yn rhan o'r patrwm erbyn hyn. Rwyf yn teimlo dros y plant. Cofio'r mwynhad a gefais o lyfrau gosod Lefel O 'stalwm, ond nid wyf yn meddwl 'mod inne'n gwybod ystyr 'cyfeiriadaeth' a 'delweddau' yn bymtheg oed chwaith.

Mehefin 24
Llythyr gan fy ffrind annwyl Gwyneth o Landeilo i ddweud bod ei phriod, Richard, wedi marw. Cafodd briodas hapus iawn.

Gorffennaf 7
Anrhydeddau'r Orsedd yn cael eu cyhoeddi a byddaf yn y rheng hefo Dafydd Iwan, Bryn Terfel, Gwilym Prys Davies, ymysg eraill. I'r Wyddgrug heno i lawnsio cyfrol *Culhwch ac Olwen* gan D. Simon Evans a Rachel Bromwich.

Gorffennaf 13
Sgwennu fy ngholofn gyntaf i'r *Cymro* am raglenni radio.

Gorffennaf 15
Rhyddhau'r Brodyr Darvell ar ôl treulio saith mlynedd yn y carchar wedi cael eu cyhuddo ar gam o lofruddio dynes yn Abertawe. Profwyd nad nhw ddaru. Twrne'r ddau oedd Mark Hancock, ŵyr yr Athro Ernest Hughes.

Gorffennaf 17

Rydwi'n blino'n arw ac roedd awr yng Nghaer yn ddigon heddiw. Saith wythnos ers rhoi'r gore i ysmygu! Siawns nad wyf yn ddiogel rŵan. John Smith yn cael ei ethol yn arweinydd y Blaid Lafur i olynu Kinnock, a Margaret Beckett yn ddirprwy, y ferch gyntaf i gael swydd o'r fath gan y Blaid Lafur.

Gorffennaf 20

Yn y rhifyn cyfredol o *Barddas*, mae Alan Llwyd yn ymosod ar John Rowlands a Gerwyn Williams, a Bobi Jones yn datgelu pam na choronwyd Harri Gwynn yn 1952 – oherwydd bod W. J. Gruffydd yn meddwl mai Bobi J. oedd 'Efnisien'. Ys gwn i faint o gyfrinachau sydd yna wedi'u claddu yn yr archifau eisteddfodol? Am faint mae pethe dan glo a phryd gawn ni glywed am yr hanci-pancis? Os oes yna rai.

Gorffennaf 24

Lesley a Simon a Ben yn cyrraedd wedi siwrne hir a blinedig o Taunton. Ben yn llawn bywyd ac yn siarad pymtheg yn y dwsin. Wedi etifeddu dawn y Coppacks! Roedd wedi gweld hanner tun o lager yn perthyn i'w dad ar y bwrdd ac wedi'i yfed pan oedd neb yn edrych ac yna chwerthin dros bob man a dweud, 'I've got wobbly legs.'

Awst 1

Eisteddfod Aberystwyth. Aros yn y Richmond ar y prom. Dim pabell *Y Faner*. Beth gawn ni i'w wneud? Wel, i ddechre mae'r *Western Mail* eisiau tair colofn o'r Maes ac mi wn pa gwestiwn wyf am ei ofyn gyntaf, sef: 'Pam y penderfynodd yr awdurdodau gynnal y Gêmau Olympaidd yn ystod y Steddfod Genedlaethol?' Cwbl ddifeddwl.

Awst 2

I Gastell Brychan yn y pnawn; y Cyngor Llyfrau'n rhoi te i awduron. Roedd pawb sy'n rhywun yno. A phawb sy'n rhywun yn dweud eu bod yn colli'r *Faner*. Rhy hwyr, bois bach. Bu farw Stephen J. Williams. Bob tro y clywaf am farwolaeth Cymry amlwg mae 'nghalon yn neidio – nes cofio nad oes rhaid i mi chwilio am rywun i sgwennu teyrnged na chwilota am lun.

Awst 3

Mae yna ailwampio wedi bod ac am y tro cyntaf roedd y Coroni ar ddydd Llun a Cyril Jones yn ennill a bron i'r Goron syrthio ar y llwyfan. Geiriau pwrpasol: syrthiodd fy nghoron wiw.

Awst 4

Straeon tan berfeddion yn y gwesty: Geraint a Lyn o Doronto, ei chwaer Bethan sy'n briod â Ken Hardy o Fangor ac roedd gan Cliff stôr enfawr o straeon nad oedd y gweddill wedi'u clywed o'r blaen. Mae ganddo fo gof anhygoel.

Awst 5

Robin Llywelyn yn ennill y Fedal, ŵyr Clough Williams-Ellis ac yn perthyn hefyd i nifer o lenorion Saesneg ar ochr ei nain, Annabel Strachey. Seremoni Dysgwr y Flwyddyn yn y Marine heno. Sandy Rolls o Benderyn yn ennill. Pawb yn caru'r ferch o blwy Penderyn. Hywel Teifi yno ac atgoffais ef ei fod yn aelod o'r pwyllgor a benderfynodd lindagu'r *Faner*. Ddywedodd o'r un gair a cherddodd i ffwrdd.

Awst 6

Diwrnod poeth a tharo ar Martha Rea yn y tŷ bach yng nghefn y llwyfan a dywedodd ei bod newydd ddod yn nain i Wiliam Rhys.

Awst 7

Cael f'urddo â'r wisg wen. Dan do yn anffodus er nad oedd hi'n glawio ond rhaid bod yn ofalus o wisgoedd yr Orsedd, yn arbennig un yr Archdderwydd. Achlysur blinedig iawn, sefyll am ddwy awr a bu'n rhaid i mi chwilio am sedd. Idris Reynolds yn ennill y Gadair.

Awst 12

Meddwl tybed lle cefais i amser i olygu'r *Faner*! Ofnadwy o brysur gyda galwadau radio a theledu ac erthyglau'n pentyrru. Rydw i hefyd wrthi'n teipio cofrestri plwy ar gyfer eu gwerthu gan y Gymdeithas Hanes Teuluoedd a bu'n rhaid mynd i brynu haearn smwddio gan fod Lesley wedi gwneud ponsh o'r hen un. Ei waelod yn edrych fel cacen.

Awst 19

Ocsiwn newydd Rhuthun yn cael ei hagor yn swyddogol, tyrfa dda yno. Dyma'r tro cyntaf ers yr Oesoedd Canol i anifeiliaid beidio cael eu gwerthu yng nghanol y dre.

Awst 25

Rhyw awdur wedi dweud yn rhywle mai melyster yw afal Awst ac mi ddywedodd Edna O'Brien, 'August is a Wicked Month.' Heddiw'n ddiwrnod chwerw iawn o Awst i'r teulu, sef angladd Huw Tre Ceiri yn 26 oed, mab i Alwena a Gwyn (cefnder Mam). Capel Mawr, Dinbych, yn llawn a'r oriel yn llawn o'i ffrindie. Bachgen peniog a golygus ond aeth i boeni'n fawr am ei waith ym Mharis. Roedd yr awel yn gynnes yn y fynwent ond dagrau yn y gwynt ar Hiraethog.

Awst 26

A diwrnod trist arall – angladd Tecwyn Lloyd yn Llawrybetws. Y capel yn llawer rhy fach i'r torfeydd oedd wedi heidio yno ac yn y festri y cawsom ni sedd. Yn eistedd y tu blaen inni roedd Mairwen a T. Gwynn Jones a thu ôl inni, Bedwyr yn sôn am y llythyrau difyr a gafodd gan Tecwyn dros y blynyddoedd. Hefyd yn y festri roedd Aled Rhys Wiliam, Islwyn Ffowc, Dyfed Evans, Myrddin ap Dafydd, Guto Roberts, pobl wedi dod o bedwar ban Cymru. Roeddwn mor falch fy mod wedi cael sgwrs hefo fo yn y Steddfod eleni yng nghefn y llwyfan yn ei gôt goch yn barod i fynd ar y llwyfan hefo Côr Meibion Edeyrnion. 'Tali-ho!' meddai a ffwrdd â fo.

Y peth cyntaf a wnaed oedd cyhoeddi bod yna ddau gar y tu allan heb ddiffodd eu goleuadau (roedd hi'n tywallt y glaw) ond symudodd neb: neb yn barod i ildio'i sedd. Byddai Tecwyn wedi mwynhau hynny. Talwyd teyrnged gan John Roberts Williams a Gwyn Erfyl, dau oedd yn teimlo i'r byw. 'Llwyd o'r Bryn wedi cael coleg oedd Tecwyn,' meddai John RW a dywedodd Gwyn hanesyn y Tali-ho yn y Steddfod gan ychwanegu fod Cymru wedi colli tipyn o liw pan fu farw Tecwyn. Dyn annwyl iawn oedd o, llawn hiwmor, ysgolhaig ac roedd yn meddwl bod *Y Bedol* y peth gorau dan haul.

Awst 29

Newydd syfrdanol. Mae Bedwyr wedi marw yn 58 oed. Roedd yn edrych yn iawn yn angladd Tecwyn. Hawdd cymharu'r ddau. Dau oedd yn caru eu milltir sgwâr – Edeyrnion ac Ynys Môn. Dau olygydd gofalus. Dau ysgolhaig chwilfrydig. Dau yn berchen dawn y plentyn i ryfeddu. A dau â'u synnwyr digrifwch yn pefrio. Dynion bro a dynion y bobl.

Medi 2
Recordio pum sgwrs ar gyfer y gyfres radio 'Dylanwadau'.

Medi 10
Rhoi sgwrs yn y Ship, Dolgellau, i Gymdeithas Hanes Teuluoedd Gwynedd ac mi gafwyd un o'r cyd-ddigwyddiadau bach hynny sydd bob amser yn fy ngoglais. Neithiwr, roeddem yn edrych ar lun o Ddosbarth 3 yn Ysgol Brynhyfryd yn y 60au, yn cynnwys Buddug a Myfanwy (dwy a briododd fy nau frawd), a Buddug yn gofyn, 'Ys gwn i ble mae Nan Lloyd Roberts?' Cefais yr ateb heno. Roedd yn y gynulleidfa. Ac yn byw yn y Blaene.

Medi 25
Helen ar y ffôn: 'Rwyt ti'n siarad hefo mam i ddoctor!' Walter wedi cael ei Ph.D. ac yn mynd i Seland Newydd i ddarlithio ym Mhrifysgol Gogledd Palmerston.

Hydref 18
Mae Angharad yn nain i Thomas Conrad Jurkeiwicz Ford, bron yn naw pwys, a'r hen ffrind Liz o Langaffo yn nain i Elinor Jayne. Ffrindie coleg, cyfnod sy'n ymddangos fel ddoe, a'r hen gyfoedion yn prysur fynd yn neiniau.

Tachwedd 2
Iorwerth Jones, tad Buddug, wedi marw yn 92 oed a hynny ar ben-blwydd Alan. Ganwyd ef ym Maesgamedd, Gwyddelwern, a'i fagu yn y Cilan, Llandrillo. Ceir hanes amdano pan oedd yn bwriadu mynd dramor am y tro cyntaf a cheisio am basbort. Methodd yn lân a chael hyd i'w dystysgrif geni er mynych chwilio yma ac acw. Bron na chredai pawb nad oedd yn bod. Yn y diwedd, darganfuwyd ei fod wedi cael ei gofrestru fel Edward ac nid Iorwerth.

Tachwedd 20

Tân difrifol yn creu difrod mawr i Gastell Windsor, ac Alun yn 17 oed ac yn cael ei wers yrru gyntaf.

Tachwedd 29

Ffion yn 17 a hithau hefyd wedi dechrau gyrru. Rydw i'n mwynhau gweld y plant i gyd yn tyfu, fy mhedair nith a phedwar nai.

Rhagfyr 9

Y Prif Weinidog yn cyhoeddi bod Charles a Diana wedi gwahanu. Neb yn synnu.

Rhagfyr 22

Ben yn dair oed ac eisiau i'w fam anfon llythyr at Siôn Corn i ofyn iddo ofalu na fydd y ceirw yn tarfu ar y cŵn.

Rhagfyr 29

Ar y *Stondin* bore hefo Robyn Lewis a Dai Jones yn trafod sut flwyddyn a gawsom. Medraf ddweud i mi fod yn anghyffredin o brysur ond fe fu hefyd yn un drawmatig rhwng colli'r *Faner* a'r llawdriniaeth egr a gefais. Ond rydym yma o hyd ac rwyf mor ddiolchgar i Helen ac Alan a Bryn a'u teuluoedd am fod yma o hyd hefyd. Ac rwyf yn medru rhoi llawer mwy o sylw i Cliff rŵan a'i atgoffa ar ddiwedd ein deuddegfed blwyddyn yn ôl yng Nghymru nad oes yna neb tebyg iddo fo. Byth yn cynhyrfu, byth yn gwylltio ac yn fwy na dim, dydyn ni rioed wedi ffraeo.